复旦联合国研究丛书

联合国与南南合作

The United Nations and South-South Cooperation

首届联合国研究青年论坛获奖论文集

张贵洪◎主　编

时事出版社

总　序

　　什么是联合国？联合国有什么作用？中国与联合国的关系如何？这是每一个对联合国有兴趣的读者都想知道的。

　　我的回答是：联合国是一个"不独立的多元体"。所谓"不独立"，就是说联合国没有独立的主权，它的权力来自于它的成员国。所谓"多元体"，就是说在联合国的所有机构中，没有一个能够完整地、全面地或在任何时候都代表联合国。因此，联合国只是"联合起来的国家们"的一个简称。它的主体是成员国，是联合国的成员以不同的形式组织起来，以不同的决策方式实现全球治理。

　　在成立后的七十年的时间里，联合国究竟起了怎样的作用呢？综合起来看，它的作用主要有五个方面：一是作为一面镜子，反映了国际形势的变化，折射了国际格局的演变；二是作为一个论坛，反映了世界上各种各样的声音；三是作为多边外交最活跃的舞台；四是一个国际合作的平台；五是国际行动合法性的象征。

　　联合国是多边外交的讲坛，联合国大会每年都云集了各国的元首、首脑和外长，这是任何一个国际机构都无法比拟的。联合国又是集团外交博弈的舞台，许多重

联合国与南南合作

大谈判都是在集团之间进行的，集团外交在联合国里面有很重的分量。集团外交有优势也有弱点，它的优势在于增加了弱小者的谈判分量，有利于在这个强弱不等、力量失衡的世界为弱小国家争得一份发言权、一份决策权；缺点在于增加了谈判的复杂性和难度，联合国常常议而不决，决而不行。

联合国是国际合作的平台，主要体现在以下几个方面：一是完成了非殖民化的进程，使得一大批亚非拉国家取得独立并参加了联合国；二是开展历史上最广泛、最持久的发展援助，联合国里面有三大机构专门从事援助工作，即联合国开发计划署、联合国人口基金会以及联合国儿童基金会；三是缓和了国际冲突，通过军控、预防外交、维和、建设和平等手段处理了一系列地区冲突，更重要的是避免了大战的发生；四是规范国际行为，确立行为准则，并通过一系列决议、宣言、行动纲领以至于法律文件如条约、公约等形式，确立战后国际社会应该共同遵守的游戏规则。

联合国还有一个作用是过去人们很少意识到的，就是它已成为某一国际行为是否合法的象征，这从两次伊拉克战争就能看出来，有无联合国的授权是行动合法还是非法的一个依据。

同时，联合国还是一面镜子，反映了国际形势的变化，折射了国际格局的演变。联合国成立到现在大概有这样几个时期：联合国成立初期，只有51个成员国，大部分是西方国家及其盟友，当时联合国是美国操纵的工具；20世纪60年代开始，情况逐步发生变化，到70年代就发生了质变，发展中国家成为联合国的多数；1971年中国代表权的恢复是一个分水岭，标志着美国一家操纵联合国的时代一去不复返了；70—80年代，联合国折射出来的是两对矛盾的交叉，一是南北矛盾，二是东西矛盾，既对抗又对话；进入90年代，苏联解体、冷战结束，联合国进入了一个新时期，这个时期的特点是两极争雄消失、南北矛盾缓和，联合国能够在政治、安全、经济、社会、人权等各个领域全面发挥作用。安理会在经历冷战时期的瘫痪之后恢复工作，成为联合国活动的一个中心。这十年被称为联合国的黄金时代。世界人民对联合国的期望值也大大提高。但是好景不长，第二次伊拉克战争撕裂了联合国，使联合国陷入空前危机，联合国在世界民众心中的形象也大为受损。在这样的背景下，要求联合国改革的呼声在世界范围内响起。

从现在来看，联合国将来会怎样？这里人类再次面临需要和可能的矛盾。需要是因为国际关系格局发生了重大的变化，从两极格局向多极格局迈进。在这个世界政治多极化、经济全球化和社会信息化的新时代，联合国面临一系列新的挑战。作为世界上最大、最高、最具代表性的国际组织，联合国需要进行改革，以反映国际关系格局的演变，适应新时代的挑战。

但是，多极化是一个漫长、渐进且含有种种变数的过程，目前还远没有"尘埃落定"。对于联合国大会和安理会等重要机构的改革，各国利益纵横交错，互利共赢的交汇点久求而不得，故当前对联合国机构进行重大改革的可能性甚微。

联合国改革的举步维艰，削弱了联合国应有的作用。二十国集团的出现，及由二十国集团承担在金融领域全球治理的功能，从一个侧面折射出联合国不改革可能面临的被边缘化的危险。当然，这种被边缘化在可预见的将来还只是局限在个别领域，且没有不可逆转之理。就全局而言，作为二战结束后肩负全球治理重任的联合国，它的地位和作用还是不可替代的。近日，美国未来学家戴维·霍尔做出大胆预测，称未来十年的某个时间点，将出现一个新的全球管理主体，可以称之为"全球委员会"，职责是监管全球事务。但他也认为，处理和裁决国家间政治经济冲突的职责仍然由联合国履行。

进入新世纪以来，联合国在变化，中国也在变化。中国的国家利益已经不再局限在国门以内，中国的影响也已超出了地区。有很多全球问题都事关中国的切身利益，这就要求中国以更积极的态度来参与联合国的事务，维护自身的利益。可以预见，中国将在财政、维和等方面做出更大贡

联合国与南南合作

献。同时中国也需要利用联合国这个平台来拓展自身利益,中国参与亚丁湾护航,中国海军合法走出国门就是一个成功的例子。

联合国需要中国、中国也需要联合国这样一个时代即将到来。

陈健

(联合国前副秘书长、上海联合国研究会名誉会长)

2015 年 10 月 24 日

于北京和平里

序
联合国与南南合作[*]

什么是南南合作？通俗地讲，南南合作就是指发展中国家帮助发展中国家、穷国帮助穷国、穷人帮助穷人共同发展的一项事业。

南南合作与南北合作有很大的区别。如果说南北合作是输血，授人以鱼，那么南南合作就是授人以渔。南南合作的宗旨包括以下几个方面：第一，尊重受援国的主权和领土完整；第二，不干涉内政；第三，合作双方是平等伙伴关系，不是拥有者和无产者之间的关系；第四，互利共赢。

南南合作的形式是多种多样的，它经历了以下几个发展阶段。第一阶段，在20世纪50—60年代，南南合作主要体现为援助，基本上是提供专家、组织培训班、帮助受援国家建立一些公共设施，比如体育馆、文化馆等。第二阶段，到了20世纪八九十年代，南南合作主要表现为经济合作，援助的内容充实了，例如给弱小国家、最不发达国家减免债务、提供无息贷款等。第三阶段，主要是现阶段，南南合作以贸易和投资为主，涉及

---

[*] 根据周一平先生于2014年3月27日在复旦大学的演讲整理。

到降低发展中国家之间的税收和贸易壁垒。例如，中国近些年来给非洲减免了很多债务，同时对非洲进口产品实施零关税政策，此外还向非洲国家注入大量投资。如今，发展中国家之间的贸易额已经占到全球贸易总额的55%，2008年金融危机以后，发展中国家之间的投资量也在不断增长。总体而言，南南合作的形式经历了几个阶段的发展，形成了一种多种多样、互利共赢的合作形式。

原则上，联合国不是南南合作的一个利益方。在南南合作框架下，任何一个第三者都不是利益方。但联合国为什么要参与南南合作，在南南合作中又发挥了什么作用？

第一，联合国是一个所有国家都参与的、被认为是公平公正的平台。它倡导普世价值，不代表某一方的利益，因此成员国可以通过这个平台让利益方进行交流，最终达成一个大多数人都能够接受的价值体系。联合国在这方面扮演重要角色，它使得南北价值观和南南价值观、南北体系和南南体系能够在公平、公开的平台上进行协调，最终达成共识。

第二，制定合作框架和规则。发展中国家之间经过一段时间的合作，逐渐形成一些多数国家都可以接受的规则。在多边援助框架下，联合国需要制定一些总体发展目标，同时在总目标的框架下制定一些相应的规则，从而为发展中国家之间的合作提供支持。千年发展目标就是联合国制定的一个总体发展目标，为南南合作的开展设立了一个合理的框架。

第三，发挥协调作用，避免机构之间的相互竞争。联合国由很多机构组成，它们各司其职，但是需要对它们进行协调。在南南合作领域，发展中国家将一些部门性技能提供给另外一个国家，就需要由不同的联合国组织来协调，帮助它们来流通。

联合国南南合作政策主要由联合国大会附属的高级别委员会，即南南合作高级别委员会来制定，而该委员会秘书处就是联合国南南合作办公室。因此，南南合作办公室的第一个职能或者主要职能是为联合国大会193个成员国制定有关南南合作政策提供政策研究的帮助。例如，提供对策、方案和选择，让成员国最终能够达成共识，最后形成联大决议。这样联合国各个系统的机构就有政策可循了。第二个层面是秘书处本身，除了帮助发展中国家成员国在联合国制定政策、做出决议以外，同时也要帮助秘书长完成报告。秘书长每年关于联合国南南合作的年度报告均是由南南合作办公室完成的，而且联大根据秘书长的报告所做出的一些决议以及每年秘书长所做出的一些决定，均出自于南南合作办公室，这是它的一个重要角色。

联合国南南合作办公室的第二个职能是帮助秘书长协调整个联合国系统南南合作的工作，同时贯彻联大制定的政策。南南合作的具体方案在贯彻执行中会涉及诸多机构，南南合作办公室负责协调它们之间的政策。

联合国南南合作办公室的第三个职能是帮助发展中国家建立直接交流的平台和机制。它包括三个层面：第一层面是发展中国家内部主管南南合作的部门之间的政策对话，南南合作办公室的任务是为这些国家层面的交流提供平台；第二个层面是南南合作办公室发现和推广发展中国家的成果和经验，构建互相交流成果和经验的平台；第三个层面是推动发展中国家之间的企业与政府的合作，联合国不仅参与了双边企业之间的贸易、投资、合作和合伙，也为发展中国家企业之间的合作搭建了一个平台。

南南合作办公室的第四个职能是筹资。一些最不发达的国家在发展中缺乏资金、技术、知识等，南南合作办公室通过各种渠道从国际社会获取这些国家需要的资金、技术和知识。

在过去八年中，南南合作办公室为提升广大发展中国家的发展自信做了很多努力，也取得了很好的效果。过去，各类媒体对很多发展中国家的报道往往是非常消极的，包括灾难、饥饿、贫穷等。但是，哪怕是一个最不发达的国家，在某一个小的城市、某一个边远的地区靠自己的努力，没有接受外部援助，把过去贫穷的小山沟经营到小康水平，这就值得骄傲，这种成就、成果和成功经验就要通过联合国的平台进行总结并发扬光大。例如中国农村的社保就是一个很具有创新意义的成果，因此应把它发掘出来作为一个好的经验收集起来。几年前印度国会通过了一个全国性的方案，宣布政府在印度的农村保证没有就业的家庭有 100 天的有薪工作日，这是在国家项目下招聘，也是对就业的保障，这同样是一个成功经验。巴西也有这样的成功案例，国家和其他机构联合资助一些贫穷的、支付不起学费家庭的儿童，但不是直接支付现金，而是与学校的体制结合起来，保障贫困家庭儿童的受教育权利。南南合作办公室正在把这些发展中国家的成果和经验形成体制化、机制化的东西，并在此基础上作为一种产品进行展示、推广。

为了把联合国对南南合作的支持变得更制度化、系统化和常态化，联合国南南合作办公室目前已建立起为所有成员国和联合国系统服务的三大南南合作和三边合作平台。

第一个平台是全球南南发展研究院（GSSD-ACADEMY）。这是一个专门为成员国和联合国系统各专职机构间推荐或招聘南南专家与传播交流南南发展经验和解决方案的平台。该平台目前可提供1.5万多名可为南南合作提供各类专业服务的专家。已经收集和出版南方创新发展经验系列共19册。其中第17册介绍了南方可持续发展能力建设的解决方案。第18册推广的是南方成功的社会保障网络建设经验。第19册发表的是南方解决人口与生育挑战的成功案例。同时，我们还组织专题研究并出版了《2010年全球创意经济产业报告——创意经济：一个可行的发展模式》、《联合国创意经济报告专辑》、《2010南方报告》、《促进南南与三角合作：对现阶段南南与三角合作领域的形势、政策、机构设置、项目运行的分析与研究报告》等。

第二个平台是全球南南发展博览会（GSSD-EXPO）。这是一个专门为联合国系统与所有南南合作和三角合作的国家及伙伴提供展示推广其发展经验和成果的平台，以实现经验分享，互鉴互助，创新发展，共同提高。比如，2013年我们在联合国环境署总部肯尼亚首都内罗毕承办的2013年南博会上展示了来自包括中国在内的南方发展中国家的100多个绿色经济和可持续发展方面的最佳方案。来自150多个国家、34个联合国机构、150多家私营企业以及400多个民间发展合作组织的1500多位代表参会。通过南南领导论坛、南南主体论坛，以及现场可转让技术挂牌和对接，南博会直接协助和见证了16个南南技术转让或投合资备忘录的签署，总金额达4.5亿美元。

第三个平台是全球南南技术产权交易所（SS-GATE，以下简称南交所）。这是一个专为所有联合国成员国家的公共和私营部门遵循市场供求规律和规范，直接从事南南经验交流和技术转让的公正、公平、公开的发布、对接、交割和交易平台。南交所的总部设在上海。它已经在其他40个国家建立了50个分交所，参与和受益单位已超过1000个。截至2014年，已有7000多项可转让技术在南交所挂牌，对接成功项目2300多个，转让成功项目100多个。比如，南交所帮助越南和贝宁实现近80万美元的农畜业技术转让；帮助几内亚木材生产与制造行业实现近500万美元的商业模式改造；协助加纳政府与中国企业达成约1.5亿美元的低成本住房商业合作；帮助马来西亚企业与越南企业签订节约能源技术谅解备忘录等。南交所也为中国中小企业技术出口和投资广大发展中国家市场打开了一扇大门。

关于南南合作可持续发展的未来，有三个问题值得我们深入思考：第一，官方援助，即由政府提供资金来开展南南合作的未来趋势会是什么样的？既然南南合作的资金主要来自发展中国家，这个资金是通过双边的渠道或区域的合作框架，还是多边的合作框架？第二，南南合作怎样让更多的企业参与进来？政府不可能做所有的事，企业怎么参与发展中国家之间的合作，企业怎么在其他国家寻找商机，它的投资方向是什么？第三，发展中国家的社会、人民怎么参与发展中国家之间的合作与交流？

要回答和解决这些问题，我们需要有创新的思维和方法。比如，官方发展援助（ODA），未来应该是人民对人民的援助（Citizen Development Assistance，CDA），国家应该提供一个机制，然后人民和企业实现他们的社会责任，我们需要一个机制来取代ODA机制。比如在非洲某地要建一所小学，需要200万美元，可不可以由这个国家政府委托联合国南南合作办公室代为发售200万份国际社会责任信用券（一种荣誉股票），任何国家、企业或个人都可购买，代代相传。

（联合国秘书长南南合作特使、联合国南南合作办公室主任）

目录

中国与新兴国家间合作：南南合作的新动力 …………… (1)
    一、新兴国家群体性崛起与南南合作 ………………… (1)
    二、中国与新兴国家间合作推动南南合作的动力分析 ……… (7)
    三、中国加强与新兴国家合作推动南南合作的思考 ………… (15)
    四、结语 …………………………………………………… (22)

中国发展理念的全球共享与联合国的作用 ……………… (24)
    一、中国改革开放30多年来的发展成就及其
        对全球发展的贡献 …………………………………… (25)
    二、中国的五个发展理念 ………………………………… (30)
    三、将中国发展理念通过联合国共享给全球的政策启示 …… (36)
    四、共享发展理念还需自身转变理念 …………………… (40)

全球互联网治理与南南合作 ……………………………… (42)
    一、南北数字鸿沟及其影响 ……………………………… (42)
    二、南南互联网治理合作的政治基础与初步尝试 …………… (45)
    三、南南互联网治理合作的问题与挑战 ………………… (49)
    四、加强南南合作推进全球互联网治理 ………………… (53)

从巴西峰会看金砖国家对南南合作的推动 ……………… (57)
    一、巴西峰会的主要成就与意义 ………………………… (58)

二、金砖国家在南南合作中的定位 …………………………………（60）
　　三、金砖国家实体化发展强力推动南南合作 ………………………（62）
　　四、金砖国家峰会助推南南合作纵深发展的思考 …………………（66）
　　五、结语 ………………………………………………………………（71）

创意产业与南南合作：推进全球可持续发展 …………………………（72）
　　一、引言 ………………………………………………………………（72）
　　二、创意产业南南合作现状 …………………………………………（74）
　　三、创意产业南南合作推动全球可持续发展的方式 ………………（80）
　　四、南南合作中创意产业的经验教训和发展道路 …………………（83）
　　五、结语 ………………………………………………………………（89）

论南南合作中的公私伙伴关系
　　——以小水电南南合作为例 ……………………………………（90）
　　一、公私部门的合作平台 ……………………………………………（92）
　　二、公私部门的合作动机 ……………………………………………（93）
　　三、公私部门的合作模式 ……………………………………………（95）
　　四、公私部门的合作成果 ……………………………………………（98）
　　五、公私部门合作中存在的问题 ……………………………………（98）
　　六、结语 ………………………………………………………………（100）

联合国与保护的责任 ……………………………………………………（103）
　　一、保护的责任 ………………………………………………………（104）
　　二、联合国是推动保护的责任的主要力量：历史视角 ……………（105）
　　三、联合国是推动保护的责任发展的主要力量：机构视角 ………（111）
　　四、联合国推动保护的责任发展的原因 ……………………………（113）
　　五、结语：联合国将保护的责任从国际公众议程推入国际
　　　　政策议程 …………………………………………………………（115）

联合国中、长期选举援助及其功效分析 …………………… (116)
　　一、引言 ………………………………………………………… (116)
　　二、从即时性援助到"选举周期"：联合国选举援助
　　　　模式的演变 ………………………………………………… (118)
　　三、中、长期选举援助与国家——社会领域的建设 ………… (124)
　　四、中、长期选举援助与选举管理机构的制度和能力建设 … (131)
　　五、联合国选举援助的缺陷 …………………………………… (138)

新南南合作与联合国的作用 ……………………………………… (140)
　　一、"南南合作"的历史沿革及局限 ………………………… (140)
　　二、新南南合作的背景、内涵及动力 ………………………… (144)
　　三、联合国在新时期南南合作中的作用 ……………………… (152)
　　四、结论 ………………………………………………………… (153)

联合国与阿富汗民主重建 ………………………………………… (155)
　　一、引言 ………………………………………………………… (155)
　　二、联合国与"后内战国家"理论 …………………………… (157)
　　三、联合国在阿富汗的民主重建 ……………………………… (162)
　　四、余论：联合国与阿富汗民主进程的反思 ………………… (169)

从"软制衡"理论看非正式国际组织在新兴国家间的发展
　　——以印度、巴西、南非对话论坛（IBSA）为例 ………… (174)
　　一、非正式国际组织的概念辨析 ……………………………… (175)
　　二、"软制衡"与非正式国际组织的战略意义 ……………… (178)
　　三、印度、巴西、南非对话论坛（IBSA）的案例研究 …… (184)
　　四、结论 ………………………………………………………… (195)

金砖国家机制与南南合作 ………………………………………… (200)
　　一、非正式国际机制的发展 …………………………………… (201)
　　二、金砖国家参与南南合作历史 ……………………………… (205)

三、金砖国家参与南南合作机遇 …………………………（208）
　　四、金砖国家参与南南合作挑战 …………………………（211）
　　五、结论 ……………………………………………………（214）

第三世界中的族群冲突：社会革命、国家内战与人道干预 ……（217）
　　一、问题背景：冷战结束、失败国家与国际法规范 ……（219）
　　二、族群冲突爆发的内部因素 ……………………………（221）
　　三、案例：国家内部的冲突类型 …………………………（225）
　　四、族群冲突中的外部变量 ………………………………（227）
　　五、国家间战争与国家内战：国际社会的认知反应 ……（229）
　　六、如何处理族群冲突：中国政府的策略选择 …………（234）

中国在安哥拉投资开发石油资源的现状与利益保护 …………（238）
　　一、安哥拉的石油资源与早期勘探开发 …………………（239）
　　二、中国与安哥拉石油合作的概况和优势 ………………（241）
　　三、中国和安哥拉石油合作面临的挑战 …………………（246）
　　四、加强中安石油开发合作的几点对策 …………………（251）

附录 ……………………………………………………………（256）

后记 ……………………………………………………………（294）

中国与新兴国家间合作：南南合作的新动力

邹志强[*]

南南合作是发展中国家团结协作、联合自强、寻求共同发展的重要途径，其理念是立足于发展中国家自身的力量与实际探索经济社会发展的有效路径和方式。当代新兴国家的群体性崛起成为影响全球经济政治格局的突出因素，新兴国家逐步成为具有重大影响力的全球性力量，也成为当今发展中国家力量与利益的核心代表。全球经济格局与经济治理经历着持续而深刻的变革进程，新兴国家在当前的全球经济发展及其治理变革中发挥着重要推动作用。在此背景下，新兴国家群体的发展日益决定着发展中国家的整体发展状况，新兴国家间的合作也成为推动当今全球经济增长与南南合作的新动力和决定性因素。

一、新兴国家群体性崛起与南南合作

冷战结束以来，国际体系经历着深刻而复杂的变革，新兴国家或新兴经济体群体性崛起的态势日益突出，逐步改变了世界政治经济的旧有格局。对新兴国家的研究和界定存在不同的方法和结论，没有获得一致认同的衡量标准和名单，范围与数量不一而足。有的认为新兴经济体只有20

---

[*] 邹志强，上海外国语大学中东研究所助理研究员、博士。

余个或 10 几个，也有的将所有中高收入的发展中国家均列为新兴国家，认为多达 133 个。[①] 有的认为新兴国家具有经济、政治和历史三重内涵，得出新兴国家的数量为 17 个。[②] 联合国贸发会议、世界银行、国际货币基金组织等政府间权威国际组织和八国集团、欧盟、二十国集团（G20）以及一些国际研究机构和跨国企业都从不同的角度对新兴国家做了某种划分和界定。一般来说，新兴国家在相当长的时期内具有较快的经济增长速度，具有较高的经济开放度和现代化水平，市场发展潜力巨大，也是全球资本的重要汇聚地，同时相对于发达国家具有较低的国民收入水平或发展水平，具有一定的国际影响力和代表性，具有较大的国际认可度等，包含了亚非拉地区的一批发展中国家群体，是当今世界发展中国家的重要组成部分。

第一，群体性崛起的新兴国家成为推动全球经济发展的重要发动机，也成为全球经济体系转型的突出影响因素。

当代西方国家整体实力出现相对削弱迹象，以金砖国家为代表的新兴国家则抓住了全球化的发展机遇，迅速增强了国力，在国际事务中发挥着越来越大的作用。[③] 金融危机爆发后，新兴国家拥有的日益庞大的经济规模、更快的经济发展势头、巨额的美元资产或丰富的能源资源等条件和相对快速的复苏备受世界瞩目。近年来新兴国家对全球经济增长的拉动作用日益突出，世界银行和国际货币基金组织在多个报告中明确指出，新兴国家是世界经济发展的主要动力。全球经济治理的变革与 G20 地位的凸显也为新兴国家特别是新兴大国参与全球经济转型与治理提供了重要契机和主要平台。中国、印度、巴西、俄罗斯、南非、印度尼西亚、韩国、沙特

[①] 方晋等：《新兴经济体崛起——理论、影响和政策分析》，中国发展出版社 2012 年版，第 9 页。

[②] 周鑫宇：" '新兴国家' 研究相关概念辨析及其理论启示"，《国际论坛》2013 年第 2 期，第 69 页。

[③] 王缉思："当代世界政治发展趋势与中国的全球角色"，《北京大学学报》2009 年第 1 期，第 12 页。

阿拉伯、土耳其、墨西哥、阿根廷等新兴经济体（即 E11）在 G20 中占有重要席位，在全球经济治理中的地位日益上升。新兴国家特别是 E11 在总体经济规模、经济发展速度、国际贸易、国际资本流动、大宗商品市场稳定以及对世界经济发展的贡献等方面已经具有世界性影响力和系统重要性。根据国际货币基金组织 2014 年发布的统计数据，2013 年 G20 中 E11 的经济总量达到 22.7 万亿美元，约占到 G20 全体 19 个主权国家和世界经济总量的 38.6% 和 30.7%，金砖五国 GDP 已占全球总量的 21.3%。[1] 新兴国家对全球的经济贡献率超过一半，特别是中国已成为全球经济增长的发动机之一。近年来，新兴和发展中国家 GDP 所占全球份额的比重达到 40% 左右；占全球货物和服务出口比例也达到四成左右，在货物贸易领域占比更高；发展中国家和地区吸收的 FDI 流量更是超过了发达国家和地区，占全球的 50% 以上，新兴国家已经日益崛起为国际投资市场不容忽视的对外直接投资主体。

第二，新兴国家已经成为全球经济发展及其治理变革的最大推动力量，在全球经济发展中的话语权与议程设置能力不断提升。

当代全球经济发展与治理逐渐超出了西方国家与 G8 所能控制的范畴，新兴国家在自身实力增强的基础上强烈要求提升其在全球经济治理中的地位与话语权。正是新兴国家群体性崛起改写了全球经济版图，推动全球权力格局朝着均衡民主方向发展，进而带来了全球经济结构转型与治理机制的变革，金砖国家等新兴国家越来越成为全球经济格局与治理变革的主动推动者。在金融危机的刺激与新兴国家的推动下，全球经济治理机制经历了从"G7 时代"到"G20 时代"的重大转变，[2] 转变的根本原因就在于新兴经济体的崛起及由此引发的世界经济结构变迁。[3] G20 作为国际

---

[1] IMF, International Financial Statistics, 2014.

[2] 崔志楠、邢悦："从'G7 时代'到'G20 时代'"，《世界经济与政治》2011 年第 1 期，第 134 页。

[3] 李因才："结构变迁与治理制度的演化：从 G7 到 G20"，《当代世界社会主义问题》2011 年第 4 期，第 101 页。

经济合作的主要平台把具有系统重要性的新兴国家纳入进来,顺应了全球经济格局变迁的大趋势,使全球经济治理由西方国家单一治理走向全球多边治理,扩大了全球经济治理的合法性、民主性与有效性。IMF 通过与实施的改革方案主要是将份额和投票权从发达国家向发展中国家转移,世界银行治理结构改革也与此类似,由此新兴国家获得了从发达国家转移过来的部分份额与投票权。这些改革措施的实施增强了全球经济治理的合法性与有效性,也标志着新兴国家在全球经济治理中的地位、发言权和代表性得到了大幅提升,正逐渐从边缘走向中心。新兴国家以 G20 为平台推动了 IMF 等全球经济治理机制与规则的大幅度改革,提高了其合法性与有效性,推动全球对发展问题的关注,"将发展的理念广泛融入到经济、金融、贸易、气候等 G20 治理的各个方面"。[1] 新兴国家在全球贸易治理进程中的地位与话语权提升最为明显,与发达国家一起成为规则制定者与责任承担者,是全球经济增长的主要动力和贸易自由化的推动者,日益成为当前全球多边贸易体制的主要维护者。特别是以金砖国家为代表的新兴大国在国际金融机构改革与全球经济治理议程塑造等方面发挥了突出的积极作用。2014 年金砖国家开发银行的成立是金砖国家致力于向新兴与其他发展中国家发展提供金融公共产品与服务的一种制度性安排尝试,展现出新兴经济体对全球经济发展与金融稳定日益增长的国际责任。新兴国家的崛起不同于历史上的崛起大国,正在形成一种超越传统的新形式的多极体系。[2]

第三,新兴国家成为发展中国家力量与利益的突出代表,新兴国家间合作正在成为南南合作的重心与引领力量。

当今新兴与其他发展中国家在国际事务中发挥着越来越重要的作用,

---

[1] [加]约翰·柯顿著,朱杰进译:"G20 与全球发展治理",《国际观察》2013 年第 3 期,第 13 页。

[2] Andrew F Cooper & Daniel Flemes, "Foreign Policy Strategies of EmergingPowers in a Multipolar World: anIntroductory Review", *Third World Quarterly*, Vol. 34, No. 6, 2013, pp. 943 – 962.

南南合作也逐步走向全方位、宽领域的合作新时期，而群体性崛起的新兴国家成为南南合作的主要推动力量。金砖国家等新兴大国经济发展速度快，互补性强，合作潜力巨大，影响力不断上升，并通过新兴贸易大国、新兴投资主体、新兴援助国等身份正在改变南南合作的传统模式，为新时期南南合作打开了新局面。从合作基础来看，大多数新兴国家经济发展水平相近，拥有相对一致的利益诉求，也面临相似的发展问题，同时其经济实力取得了长足进步，在全球经济、贸易和投资格局中的地位大幅提升。新兴国家大多有着南南合作的历史传统，很多新兴国家本身就是77国集团成员。"77国集团＋中国"的合作模式也已经建立，新兴国家特别是中、印、巴、南等新兴大国也一向重视发展中国家外交和南南合作。[1] 因此，新兴国家间存在合作的基础，为国际关系带来了新活力，也使南南合作真正获得了实力支撑与发展动力，成为新时期南南合作复兴的引领力量。新兴国家已经成为发展中国家力量与利益的突出代表，成为决定全球经济增长与发展中国家整体经济状况的核心因素。推动新兴国家间合作不仅有助于新兴国家群体的持续崛起，也是推动南南合作迈上新台阶的重要途径。

在此基础上，新兴与其他发展中国家间合作取得了飞速发展，新兴发展中大国在南南合作中发挥着主动引领与核心推动作用。一方面，新兴国家之间建立起形式多样、相互交叉的合作对话机制，成为当今发展中国家间合作的突出亮点；另一方，新兴国家特别是新兴大国日益发挥出带动南南合作前进的主力军作用。金砖国家合作机制是典型代表，新成立的金砖国家开发银行与应急储备安排立足于解决金砖国家及其他发展中国家发展的实际瓶颈，为其基础设施建设和发展项目提供融资，应对金融危机等可能的突发情况，这一新平台使南南合作获得机制性的进展。金砖国家与亚非拉发展中国家之间的联系日益增强，正在逐步改变以南北对话为主导的地区发展现实，成为各地区南南合作的重要引擎。例如，随着贸易、投资及其他形式往来与对话的增加，金砖国家日益与南大西洋地区密切联系起

---

[1] 周志伟："新兴大国合作的现状与前景"，中国当代世界研究中心、德国卢森堡基金会：《新兴大国与全球治理》，当代世界出版社2012年版，第75页。

来，成为这一地区经济政治事务的重要行为体。① 作为世界第二大经济体，中国一直是南南合作的倡议者和实践者，当前中国正以自身的发展成就与经验引领南南合作，中非合作论坛、中阿合作论坛等均是南南合作的典范。而印度、巴西、南非、土耳其等新兴大国也纷纷与所在地区及其他发展中地区建立起各种形式的合作机制，通过多种机制渠道深化相互合作，加强经济往来与合作交流，引领和带动更大范围的发展中国家合作，共同推动了南南合作的进展。以对外援助为例，新兴大国正成为国际援助的生力军与变革力量。"新兴"援助国的对外援助不附加任何政治条件，强调互利双赢和对受援国经济增长以及减贫的作用，属于增长驱动型的援助模式，倡导的"发展有效性"理念和直接的经济促进效应得到伙伴国家和国际社会的认可。② 总体上来看，新兴国家成为世界发展中国家力量与利益的突出代表，新兴国家间合作也正在成为南南合作的重心与决定性力量。

第四，全球经济及其治理格局的变迁使新兴国家间加强合作以推动南南合作日益具有重大的经济与战略意义。

新兴国家的群体性崛起成为推动全球经济结构转型及其治理变革的最大推动力量，同时新兴国家群体的共同利益与经济发展的联动性不断增强，相互成为重要经济伙伴，也共同受到全球经济形势波动的影响，在推动全球经济治理变革、维护自身权益上拥有明确的共同利益，客观上要求新兴国家间加强合作，共同应对外部挑战。以金砖国家为例，资源禀赋、产业结构、发展阶段互补性强，既有促进经济社会发展升级的内在需求，又有提升国际话语权的外部需求，因而具有共同拓展全球经济与战略利益的强烈动机。而发达国家经济正处于缓慢复苏与调整之中，市场需求疲弱，保护主义上升，采取量化宽松政策转嫁本国经济危机，同时通过塑造

---

① Adriana Abdenur, Maiara Folly, Kayo Moura, Sergio Jordão and Pedro Maia, "The BRICS and the South Atlantic: Emerging Arena for South – South Cooperation", *South African Journal of International Affairs*, 2014, Vol. 21, No. 3, p. 303.

② 黄梅波、唐露萍："南南合作与南北援助——动机、模式与效果比较"，《国际展望》2013年第3期，第8页。

排他性的、更高标准的贸易与投资新规则，企图主导新一轮全球经济规则的塑造，架空既有的国际多边经济机制，美国在亚太与欧洲方向同时推进的 TPP 与 TTIP 等谈判是最为鲜明的表现。TPP 和 TTIP 确立的新标准、新规则很可能会极大地影响全球多边贸易体系的演变。[①] 发达国家主导的全球经济新规则塑造超越了新兴与其他发展中国家的发展水平，从技术与事实上将新兴国家排除在外，自由开放的全球多边贸易体系遭到破坏，新兴国家的固有竞争优势将受到极大削弱，外部市场与投资来源将被大幅压缩，面临的全球经济环境进一步恶化，全球经济治理的前景也日益堪忧。

当前发达国家依然在全球经济体系及治理中占据优势地位，在经济实力、人力资源、技术、规则制定等方面的优势不可能朝夕发生改变，国际权力转移与全球经济治理变革将是一个曲折漫长的过程。发达国家作为既得利益者不愿意看到国际经济机构的根本变革，即使同意变革往往也是被动和迫不得已的，实际上正在妨碍全球经济转型与治理的民主化进程。发达国家不愿兑现改革承诺，并采取转移自身经济风险与压力的自私措施，以至利用现有优势紧密合作打压新兴国家的势头上升。近年达成的有限改革措施并没有得到有效落实，实质性改革日益步履维艰，G20 在全球经济治理中的权力地位也受到发达国家的有意挤压。相对而言，新兴国家群体依然处于明显的劣势地位和分散状态，必须从战略高度充分认识与积极推进新兴国家间合作，否则难以在与发达国家的博弈中取得实质性进展。南南合作特别是新兴国家间合作不仅是推动全球经济体系变革与转型的客观需要，也是维护发展中国家整体发展权益与外部利益的必然要求。

二、中国与新兴国家间合作推动南南合作的动力分析

南南合作虽然拥有历史基础与巨大空间，但冷战结束以来，受到国际

---

① 樊勇明、沈陈："TPP 与新一轮全球贸易规则制定"，《国际关系研究》2013 年第 5 期，第 15 页。

格局发生重大变化、发展中国家利益出现分化、相互之间经济互补性较差、合作机制缺乏等因素的影响，南南合作进展较为缓慢，并表现出合作动力丧失或明显不足的特征。新世纪以来新兴国家的群体性崛起使发展中国家的经济面貌发生了巨大改观，也在合作基础、能力等方面为南南合作注入了新的活力，新兴国家间合作正在成为新时期南南合作的动力之源。具体来说，主要表现在以下三个方面：首先，快速崛起的数个新兴大国逐步成为带动南南合作的中心力量，使新时期南南合作拥有了事实上的引领核心。中国、印度、巴西、南非、土耳其等新兴大国纷纷加强了与各地区发展中国家的经济合作，重视程度不断提升，成为新时期南南合作的引领核心。其次，新兴国家群体的经济崛起大大提升了南南合作的层次与结构，使新时期南南合作具备了日益牢固的经济合作基础。新兴国家经济发展水平不断提升，在全球经济体系中的实力地位、议程设置能力与治理话语权均大大提高，正在从南北对话的配角向拥有平等身份的参与主体转变，这在推动国际经济关系民主化的同时，也为开展国际经济合作提供了客观基础，提升了新时期南南合作的层次与结构。最后，新兴国家群体在全球贸易、投资与发展援助中地位的提升为南南合作提供了新渠道，使新时期南南合作的渠道日益多元和畅通。新兴国家群体贸易条件的改善、投资能力和技术水平的提升改变了过去南南合作依赖北方国家提供资金和技术、经验等要素的被动局面，新兴国家间合作基本可以满足南南合作的现实需求。考虑到新兴国家日益上升的贸易、投资与国际参与，新时期的南南合作必须将新兴国家纳入非洲国家及整个大陆发展进程的有效战略之中。[①] 在这一南南合作的新动力体系中，以中国为代表的新兴大国的引领作用日益突出，全球最大新兴国家——中国与其他新兴国家间的合作正在成为新时期南南合作的重要推动力量。

第一，随着全球经济格局的变迁，中国与新兴发展中国家群体的经济

---

① Francesco Rampa, Sanoussi Bilal and Elizabeth Sidiropoulos, "Leveraging South-South Cooperation for Africa's Development", *South African Journal of International Affairs*, Vol. 19, No. 2, August 2012, p. 247.

联系日益紧密，这为加强新兴国家间合作与推进南南合作提供了重要机遇。

中国无疑是新兴国家群体中最为耀眼的成员，十余年来世界见证了中国成长为全球第二大经济体和全球经济增长的重要发动机，中国对全球经济发展的系统重要性日益突出。但一花独放不是春，当前新兴与其他发展中国家群体的发展状况也关系到中国自身的发展前途，中国与新兴国家在一定意义上成为利益休戚相关的"命运共同体"。全球经济格局的变迁以及权力向新兴国家的转移对于中国的和平崛起具有重大的经济与战略意义，新兴国家群体是推动和平发展与促进全球治理转型的重要战略力量。进入新世纪以来，中国与新兴和发展中国家经贸增长连年快于发达国家，新兴国家的比重不断上升，很多新兴国家成为中国重要的贸易与投资合作伙伴，是中国企业走出去、国际化发展的主要开拓目标，也是南南合作的重要组成部分。从2001年至2012年，中国和新兴与其他发展中国家的贸易额从约2400亿美元增长为约22800亿美元，在中国对外贸易总额中的比重从47%上升至59%。[1] 近年来，无论是进出口、出口还是进口，新兴与其他发展中国家地区在对华贸易中所占份额都超过了50%。新兴市场在中国对外直接投资领域所占份额更为显著，在发展中国家和地区的直接投资存量占到80%以上。[2] 经过十多年的快速增长，发展中国家作为整体已经成为中国重要的贸易与投资伙伴，模型显示中国已经成为大多数发展中国家的贸易聚合点，紧密的贸易关系为包括直接投资在内的更广泛的南南合作奠定了坚实基础。[3]

另一方面，中国和广大新兴与其他发展中国家的合作已经成为南南合作的典范，对新兴和发展中国家经济发展以及全球经济结构转型产生了深

---

[1] 根据《中国海关统计》历年数据计算。

[2] 梅新育："南南合作从良好愿望走向现实"，《北大商业评论》2013年第8期，第43页。

[3] Xiaodong Lu and Ronglin Li, "South-South Cooperation: Is There a Foundation in Trade?", *Journal of Chinese Economic and Foreign Trade Studies*, Vol. 3 No. 3, 2010, p. 22.

远影响。中国根据自身经验不断探索形成了具有中国特色的南南合作新模式。以国际援助为例,近年来中国是援助额度最大的新兴和发展中国家。据统计,2009—2010年中国至少向发展中国家提供了1100亿美元的贷款,超过世界银行2008—2010年三年发放贷款的总额。[①] 中国的对外援助注重民生和铺路搭桥的基础建设,注重增强受援国自主发展能力,为南南合作树立了一个榜样,它所取得的成效要比世界银行更为当地国所认可,在国际经济合作与治理中占有独特地位。[②] 中国连续五年成为非洲最大贸易伙伴,2013年中非贸易额达到2102亿美元,2012年对非直接投资达到212亿美元。中国也是拉美国家第二大贸易伙伴,中拉贸易额2012年达到2612亿美元,中国对拉直接投资达到682亿美元。中非合作论坛、中阿合作论坛与新成立的中拉合作论坛都成为南南合作的典范。而金砖国家合作在区域与全球层面都产生了巨大影响,也必将在南南合作进程中发挥重要作用。

　　推进南南合作向前发展一直以来就是中国加强与亚非拉广大发展中国家关系的既定政策和重要考量因素之一,新时期以来发展中国家也见证了中国在全球南南贸易、南南投资中的重要地位。当前中国致力于从经济大国向经济强国迈进,并进入主动引领全球经济合作和推动全球经济治理变革的新时期,"中国需要构思新的全球经济治理战略,需要高度重视与金砖国家以及其他新兴经济体之间的协调与合作"。[③] 中国既要真正走出国门参与国际竞争,占据有利的国际分工地位,也要在国际经济规则的变革与塑造中获得与实力相称的影响力。新兴国家普遍面临着结构性改革的紧

---

① "外媒:中国向发展中国家提供的贷款比世行还多",新华网,2011年1月19日,http://news.xinhuanet.com/world/2011-01-19/c_12998952.htm。

② 陈志敏、苏长和主编:《增量改进——全球治理体系的改进与升级》(复旦全球治理报告2014),2014年5月,第44页。复旦大学网站:http://www.sirpa.fudan.edu.cn/3697/list.htm。

③ 庞中英:"全球经济治理处在不进则退的关键时刻",《当代世界》2013年第10期,第18页。

迫任务，在资源开发、项目运作、技术合作等方面为中国经济创造发展机会，实现产业链对接，促进战略性新兴产业的崛起，并在国际经济谈判、经济机构改革、经济规则制定等方面进行合作，形成新的国际合作模式。而鉴于中国在当前全球经济增长与发展中的地位，其他新兴国家对于与中国的合作期待也日益增大，为中国推动新兴国家间合作提供了良好机遇。

第二，随着自身经济实力的增强，中国逐步有能力在新兴与其他发展中国家的经济增长过程中扮演安全港与稳定锚的角色，通过相互合作推动其在贸易、投资与金融领域的发展与转型。

大多数新兴国家经济对发达国家市场与资金存在高度依赖，且部分新兴国家经济结构性问题较为突出，特别是金融市场脆弱，易受到外部经济形势波动的影响。当前全球经济形势出现了不利于新兴国家的新变化，资金外流加剧，金融市场震荡，经济风险上升，部分新兴国家经济遭遇很大困难与挑战。阿根廷、南非、土耳其、巴西等新兴国家货币普遍遭受重创，国际收支赤字扩大，对低迷增长可能加剧社会动荡的预期进一步使投资者撤出一些新兴国家。受到较大冲击的"脆弱五国"（Fragile Five）均是 G20 成员与新兴大国，这正验证了新兴国家对发达国家的依赖性与被动性。

在此背景下，经济实力日益增强的中国可以在一定程度上逐步代替发达国家的角色，为新兴国家的经济持续增长提供市场与资金支持，扮演未来新兴国家经济增长安全港与稳定锚的关键角色。中国参与全球治理的重要性已经毋庸置疑，而其也日益有能力和意愿为全球治理提供公共产品，肩负起更大责任。[①] 目前中国已经成为全球第二经济大国、第一货物贸易大国及第一出口大国、第三投资大国、最大外汇储备国等，经济实力与影响力日益显著，国内市场容量日益扩大，资金实力日益雄厚。中国有能力成为其他国家的出口消费市场与投资资金来源，既可以凭借广阔的国内市场吸收新兴国家的商品，也可以为新兴国家提供资金来源，在更大程度上

---

① Gerald Chan, Pak K. Lee and Lai-Ha Chan, *China Engages Global Governance: A New World Order in the making?*, London and New York: Routledge, 2012, p.4.

满足新兴国家的市场与资金需求。中国的这种新角色并带动金砖国家成为新兴发展中国家的经济稳定之锚,在长期内有助于逐步降低新兴国家对发达国家的依赖,并推动新兴国家之间的合作与南南合作迈向新阶段。

中国国内经济持续快速增长,国内消费连续十余年保持两位数或接近两位数增幅,进口需求旺盛,持续经常项目收支顺差和巨额外汇储备又确保了中国的进口支付能力,从而使中国得以凭借强大进口能力带动贸易伙伴经济增长。2013年中国对外贸易额达到4.16万亿美元,是120个国家和地区的最大贸易伙伴,每年进口2万多亿美元商品,为全球贸易伙伴创造了大量就业岗位与投资机会,更让许多贸易伙伴看到了新的希望。① 按照目前对外贸易的增长速度以及经济总量的变化,中国未来几年内就会超过美国成为全球最大货物与服务贸易国,这必将带来全球贸易格局的重塑与贸易地理分布的重大变化。在投资领域,中国的全球投资地位日益凸显,已经连续数年超过美国成为全球最大的投资接收国,在对外投资上也已成为全球第三。近年来对外直接投资流量保持了高速增长,占全球对外直接投资流量的比重也快速上升,2013年中国对外直接投资流量达到1078.4亿美元,自2012年以来保持全球第三大对外直接投资国;对外投资存量达到6604.8亿美元,全球排名从第13位上升至第11位。② 2014年中国领导人宣布未来五年中国将进口10万亿美元的商品,对外投资规模将达到5000亿美元。可以预见,未来中国对外投资流量将会继续快速增加,对新兴和发展中国家的经济社会发展将会起到更大作用,中国投资带动它们经济和社会发展的领域和方式也将有所改变。根据世界银行的报告,新兴与其他发展中国家在世界投资额中的比重到2030年将达到3/5,

---

① "中国2013年成为世界第一货物贸易大国",《新华每日电讯》2014年3月2日,第1版。

② 中国商务部、国家统计局、国家外汇管理局:《2013年度中国对外直接投资统计公报》,中华人民共和国商务部网站,http://www.mofcom.gov.cn/article/ae/ai/201409/20140900725025.shtml。

其中中国一国就将达到30%，作为世界投资者的作用将不断增强。①

第三，国际贸易、投资、技术与发展援助等合作渠道成为中国与新兴国家间合作推动南南合作的直接动力。

从历史与现实来看，外向型经济发展模式是新兴国家群体取得经济成功的关键因素之一，只有融入全球经济体系才能获得发展机遇与动力。在中国与新兴国家群体崛起及相互联系日益紧密的背景之下，中国与新兴国家间合作成为南南合作的新动力，这一新的动力机制主要通过贸易、投资、发展援助等途径实现并不断得以加强。贸易与投资一向是推动新兴国家经济发展的两大驱动力，也是新兴国家经济繁荣外溢从而带动其他发展中国家经济发展的主要渠道，而技术合作与发展援助正在逐步崛起为新兴国家经济外溢的重要渠道，它们有望成为新兴国家开创南南合作新局面的直接推动力。国际社会已经普遍认识到以中国为代表的新兴大国正在极大地改变着国际发展图景，作为拥有日益上升的影响力的有力国际捐助主体在南南合作中发挥着重要推动作用。为更好地推进这些合作动力机制建设，中国与新兴国家应通过国内、双边与多边层面的持续改革与制度化建设，不断优化贸易投资环境，放宽市场准入，反对贸易与投资保护主义，形成开放、包容、合作、共赢的合作模式，让中国与新兴国家间合作成为推进南南合作的持久动力。

在贸易层面，新兴贸易大国在全球贸易体系和南南贸易中地位日益突出。首先，中国与新兴国家日益成为重要贸易伙伴，如上所述，中国已成为120个国家和地区的最大贸易伙伴，而新兴与其他发展中国家也超过发达国家成为中国的主要贸易伙伴，这为相互扩大贸易合作推动南南合作奠定了基础。其次，中国与新兴国家群体的崛起带动了全球矿产资源等大宗商品的需求上升和价格飙涨，作为矿产资源等大宗商品主要生产国和出口国的广大发展中国家从中获益巨大。有学者研究发现，新世纪以来国际油

---

① "世界银行报告：新兴国家将成最大投资者"，中华人民共和国商务部网站，http://www.mofcom.gov.cn/article/i/jyjl/m/201305/20130500132936.shtml。

价的飙涨就是新兴国家带来的。① 近年来国际市场上出现的"中国买什么、什么涨"现象就在一定程度上说明了中国经济的这一影响力。再次,中国致力于与更多的新兴国家签订自由贸易协定,推动区域经济一体化和跨区域合作,反对贸易保护主义,与新兴国家一起成为维护自由开放的全球贸易体系的主力军,也推动了新兴国家间合作和南南合作的进展。

在投资层面,新兴投资主体在全球特别是发展中国家投资中作用不断上升。首先,新兴国家正在崛起为国际新兴投资主体,特别是中国已成为世界第三大对外投资国,而中国的对外投资主要集中在发展中国家,这为新兴国家间通过投资合作带动南南合作奠定了良好基础。其次,工程承包作为传统的对外投资和经济合作形式在发展中国家间合作中发挥着重要作用,而新兴国家既包括全球主要的工程承包大国如中国、土耳其等,也包括了全球主要的工程承包市场,这为新兴国家间投资合作提供了重要机遇和潜力。再次,基础设施建设是制约发展中国家经济发展的重要瓶颈,同时正是新兴国家对外投资的重点领域,也成为拉动新兴国家间合作与整个南南合作的重要动力。新成立的金砖国家银行和亚洲基础设施投资银行就是最新的成就,中国在其中均发挥着引领和主力军作用。

在发展援助层面,新兴援助主体极大地改变着全球发展援助的面貌。首先,中国、印度、巴西、韩国等新兴大国成为新兴援助主体,援助规模日益增大,显著改变了过去发达国家垄断发展援助的局面。其次,新兴援助主体带来了迥异于传统的援助理念与模式,更加强调平等、共赢,注重增强受援国的自主发展能力,实效性更强,为国际发展援助注入了新活力。再次,新兴援助主体利用自身的经济力量将发展援助与对外贸易、投资紧密结合起来,推动了发展中国家间经济合作。21世纪以来国际发展援助经历着根本变化,日益重要的新兴国家行为体向与经合组织发展援助

---

① 方晋等:《新兴经济体崛起——理论、影响和政策分析》,中国发展出版社2012年版,第124页。

委员会（DAC）密切联系的传统路径提出了挑战。① 中国、印度、巴西、南非等新兴捐助国地位的快速上升开启了构建新的援助范式的可能性，这一新模式重点放在伙伴国的战略需要而不是提升捐助国的意识形态利益上。② 在此基础上，近年来联合国发展合作论坛（DCF）影响力的扩大使得国际发展援助的多中心化趋势日益明显。新兴大国在国际发展合作特别是非洲地区的有效作为带来发展范式的转型（paradigm shifts）。③ 中国对非洲发展援助的快速上升已经引起了全球范围的关注，中国发展模式已经显著地影响到传统捐助国与捐助对象。"北京模式"与南南合作的关联凸显了中国在发展援助进程中作为捐助国与伙伴国的双重身份。④ 这为受援国提供了更大的选择空间，新兴援助主体与受援国之间在历史与现实基础上形成的良好关系成为推动南南合作的重要动力。

三、中国加强与新兴国家合作推动南南合作的思考

随着中国经济实力与综合国力的显著增强，中国与其他国家（包括新兴国家与其他发展中国家）的互动关系也进入新阶段，中国的国际经济战略正在发生更为积极主动的转变，同时国际社会对中国的认知与政策

---

① Paolo de Renzio and Jurek Seifert, "South‐South Cooperation and the Future of Development Assistance: apping Actors and Options", *Third World Quarterly*, 2014, Vol. 35, No. 10, p. 1860.

② FahimulQuadir, "Rising Donors and the New Narrative of 'South‐South' Cooperation: What Prospects for Changing the Landscape of Development Assistance Programmes?", *Third World Quarterly*, Vol. 34, No. 2, 2013, p. 321.

③ Mehmet Ozkan, Does "'Rising Power' Mean 'Rising Donor'? Turkey's development aid in Africa", *Africa Review*, 2013, Vol. 5, No. 2, p. 140.

④ Monica DeHart, "Remodelling the Global DevelopmentLandscape: the China Model and South‐SouthCooperation in Latin America", *Third World Quarterly*, Vol. 33, No. 7, 2012, p. 1372.

也处于重大变化之中，欢迎、期待与疑虑可能同时存在，要求中国发挥更大责任的呼声也以不同形式不断涌现。新形势下中国既要抓住发展机遇、有所作为，也应更加理性地看待国际体系的变迁和自身国际地位的提升，有效借重外部多方力量推动国际合作与国际体系变革，联合新兴国家群体共同推动南南合作迈入新阶段。

第一，中国与新兴国家的合作应继承和发展平等、互利、共赢的理念，推动南南合作朝真正互惠、均衡、可持续的包容性增长方向发展。

包容性增长已成为世界普遍认同的发展理念，它既包括一国之内实现就业、公平与平衡发展，也包括国家和地区之间实现平衡发展。经过长期发展，中国对外经济合作已逐步形成区别于传统西方大国对外经济合作理论和实践的平等性、互利性、开放性和战略性等四大理论内核。① 随着中国经济的崛起及与世界各地区国家经济联系的不断增强，其他新兴与发展中国家对来自中国的经济合作与经验借鉴的期待也日益增强。中国在与新兴国家的合作中应始终坚持平等、互利、共赢、持续、协调的原则，扮演推动全球经济增长与发展的关键角色，增强全球大国责任的主动性与能动性，通过投资、贸易、货币合作以及发展援助等多种手段在更大程度上主动承担起带动新兴与其他发展中国家经济增长的责任，以新的全球经济合作理念引领世界经济合作与发展，实现普惠、均衡、可持续的增长。以发展援助为例，中国既是对外援助大国，也是接受外国发展援助的国家之一，本身是国际社会发展援助体系的受益国之一。中国一直强调受援国自主发展能力，并在更大的国际经济新秩序与和平发展框架下看待发展援助问题，援助的目标不是以控制对方的经济体系为目的，而是确立平等互利的新型双边或国际经济关系，更重视与平等互利的经济关系和可持续的安全理念结合起来。"中国的爆炸式增长与日益提升的国际影响力已经促使政策制定者和学者探讨其将如何重塑全球发展图景"，"当西方观察家们使用'中国模式'（China Model）的概念来描述中国的发展战略及其给

---

① 陈友骏："论中国对外经济合作的发展"，《国际展望》2013年第2期，第68页。

西方自由传统带来的潜在威胁时，中国政策制定者推动南南合作进展以凸显基于国家主权和相互利益的和谐世界秩序目标"。① 中国应不断扩大内需、鼓励对外直接投资、对外转移过剩产能、推进人民币国际化等，有意识地利用在市场、资金以及基建等方面的优势不断扩大与其他新兴国家的多维度、制度化合作，通过谈判达成更高水平的贸易、投资与金融合作协定，将新兴国家的经济发展与中国的发展进一步紧密联系起来。借鉴过去参与全球经济协调与推进南南合作的成功经验，在与新兴国家的经济合作中应坚持主动参与，发挥建设性推动作用但不追求主导地位，以自身的实际行动推动南南合作朝真正互惠、均衡、可持续的包容性方向发展。

第二，中国与新兴国家合作应结合自身优势选准重点推进领域，按照市场化为主导的方式通过相互间发挥比较优势来推进南南合作可持续发展。

南南合作根植于发展中国家之间可通过伙伴关系探索符合自身实际的发展路径的理念。② 加强发展中国家的可持续发展能力建设是南南合作的重要内容。中国与新兴国家应发挥比较优势，不断夯实合作基础，通过多种方式促进贸易往来，拓展相互投资领域，重视资金和技术合作，发展项目援建、培训等，并对外转让技术，加强其他国家自主发展能力建设。首先，基础设施是中国与新兴国家间最具前景的合作领域。基础设施发展滞后是发展中国家经济社会发展的普遍瓶颈，即使印度、巴西等金砖国家也不例外，就此开展重点合作既能促进投资和贸易，又能改善当地国的经济发展条件。作为世界最大的货物贸易出口大国和国际工程承包大国，中国拥有实现工程承包与设备出口相互促进策略、输出中国标准的突出比较优势，更有充裕的资本积累在基础设施领域实施与发展中国家间的相关经济

---

① Monica DeHart, "Remodelling the Global DevelopmentLandscape: the China Model and South - SouthCooperation in Latin America", *Third World Quarterly*, Vol. 33, No. 7, 2012, p. 1359.

② Carolina Milhorance de Castro, "Brazil's Cooperation with Sub-Saharan Africa in the Rural Sector", *Latin American Perspective*, Issue 198, Vol. 41, No. 5, September 2014, p. 75.

合作。① 例如，中国的高铁同时拥有世界先进制造技术、低廉制造成本以及强大资本信贷能力使之具有明显的全球竞争优势。其次，中国与新兴国家加强投融资合作的未来潜力很大。加强投融资合作有助于增强新兴和发展中国家内部资本的形成能力，降低对发达国家的依赖，减轻由此带来的债务与金融风险。在充足外汇储备与丰裕资本供给能力的基础上，中国与新兴国家应签署货币互换协议和金融合作协议，设立多双边发展基金或融资基金，扩大货币互换安排，以货币流通促进经贸投资畅通，增加贸易、投资的便利化与成功度。金砖国家开发银行、亚洲基础设施投资银行都是此类合作的具体形式，不仅可以发挥对新兴国家迫切需求的融资协助作用，为各国基础设施建设与社会发展提供有力资金支持，也可以帮助新兴国家更好地应对国际资本流动风险和金融动荡的冲击。再次，应在尊重全球化与市场规律的基础上加强对发展理念与模式的探讨合作。南南发展合作（SSDC）是一个经济、文化与技术合作进程，② 中国与新兴国家应在全球化发展趋势与国际经济秩序背景下看待相互间合作与南南合作，分享借鉴有益经验，相互借力发展自身经济。中国与新兴国家可借助现有并创立新的机制与平台，形成反思与探讨发展中国家经济发展与南南合作理念与模式的潮流，在各个层次与发展领域加强相互间互动交流，将现有的经济发展与南南合作的有益经验、机制尽可能地加以复制推广，让更多的国家受益，也推动新的有效理念模式的产生。

第三，中国应系统思考与新兴国家之间的合作机制建设，构建以"金砖国家"机制为核心的发展中国家多层次合作机制。

新兴大国合作缺乏机制化建设使相关决策与决议难以得到有效贯彻落

---

① 梅新育："南南合作：从良好愿望走向现实"，《北大商业评论》2013年第8期，第45页。

② OlabisiDelebayoAkinkugbe, "South – South Cooperation: Africa on the Centre Stage", *Review of African Political Economy*, 2013, Vol. 40, No. 136, p. 339.

实,各自发展潜力难以得到充分发挥。① 新兴大国经济联系日益密切,合作需求日益增大,国际经济事务协商日渐增多,要求加强合作机制建设。研究显示,处于网络化机制中的新兴大国或者"网络化大国"(Network Powers)可以在国际体系变革中获得更大利益和发挥更大作用。② 在新兴国家群体日益崛起及中国成为世界第二经济大国的背景下,中国与新兴国家之间的合作机制比较单薄,既不能适应新兴国家推动全球经济治理变革的需要,也无法满足中国经济利益全球快速扩展的需求。首先,中国应继续推动金砖国家合作机制化,同时发挥"金砖国家合作机制"在带动新兴国家间合作的龙头作用。金砖国家在地区与全球事务中拥有重要影响力,当前扩大金砖国家间合作对于本世纪世界发展来说意义重大。③ 金砖国家合作是新形势下发展中大国在多边框架内开展南南合作的新平台,是新兴国家多边合作机制的典型代表,是新形势下发展中大国之间"内谋发展、外促改革"的南南合作新平台。④ 中国应在现有基础上进一步推动金砖国家深化合作,在条件成熟的领域积极推动合作制度化,扩大货币互换与本币结算,加快落实金砖国家开发银行和应急外汇储备库,减少对美元依赖,共同倡议和推动国际经济机构改革,推动金砖国家合作实效化的同时迈向利益共同体。通过融合创建将金砖国家合作机制建成新兴国家间合作的核心机制,考虑通过对话伙伴或联系伙伴等形式将更多新兴国家纳入这一合作范畴,形成以金砖国家合作机制为"龙头"的新兴国家间合作新局面。其次,推动G20内部的E11形成更为紧密的全球合作关系,

---

① 刘友法:"新兴大国合作现状和前景",中国当代世界研究中心、德国卢森堡基金会:《新兴大国与全球治理》,当代世界出版社2012年版,第57页。

② Andrew F Cooper & Daniel Flemes, "Foreign Policy Strategies of EmergingPowers in a Multipolar World: anIntroductory Review", *Third World Quarterly*, Vol. 34, No. 6, 2013, pp. 948-949.

③ P. A. Jayan, "BRICS: Advancing Cooperation and Strengthening Regionalism", *India Quarterly*, 68 (4), 2012, p. 363.

④ 朱杰进:"金砖国家合作机制的转型",《国际观察》2014年第3期,第73页。

考虑建立"新兴十一国合作机制"。E11 均是具有系统重要性与全球影响力的新兴大国，在 G20 中占有重要席位，推动建立 E11 合作机制具有重大意义。针对 G7 的紧密协调，推动新兴成员在 G20 内像 G7 一样以一个核心集团的面目出现，关注发展议题，支持建立"基础设施基金"等，与韩国等推动的中等强国集团联合起来，以与发达国家形成一定的平衡。再次，针对具体国际问题领域建立相应的新兴国家间合作专题机制。当前国际金融市场震荡、能源价格波动、应对气候变化等突出问题直接影响到新兴国家的发展与利益，也往往是新兴国家相对于发达国家处于劣势的突出领域，应针对具体问题领域建立专题合作机制。如中国可与印尼、土耳其、巴西等受到国际资本冲击的国家以现有货币互换协议为基础建立更大规模的稳定支持基金，以防范国际游资与热钱的冲击。

第四，与新兴国家的合作应与中国对外区域经济合作战略紧密结合起来。

习近平主席 2013 年和 2014 年对俄罗斯、非洲、拉美、中亚、东南亚等地进行密集出访，提出了多项对外经济合作战略，凸显了新时期中国全方位走出去的战略布局。与新兴国家的合作应与中国针对不同地区的经济合作战略紧密结合起来，将新兴大国作为其所在地区经济合作战略的重要支柱。如统筹考虑中国与巴西、阿根廷的合作和对南美的经济发展合作战略的关系；中国与南非的合作和对非洲的经济发展合作战略的关系；中国与沙特、土耳其的合作和对中东经济发展合作战略的关系等，起到以点带面、联动发展的积极作用。应特别重视亚太地区与欧亚大陆经济格局变迁的关联，当前全球地缘政治和地缘经济中心继续偏向亚太地区，而聚集了世界重要大国、重要新兴国家与发达国家的亚欧大陆在位居世界地缘政治舞台中心的同时，也将成为世界大国经济角力的重要舞台、全球地缘经济格局变迁的中心。中国作为这两大全球经济格局演变特征的中心和焦点，以开阔的视野适时提出"丝绸之路经济带"与"21 世纪海上丝绸之路"战略就是把握住了这一全球经济格局变迁的机遇，在占据亚太经济增长中心的同时开始着力向西经营亚欧大陆，力争在未来的欧亚大陆地缘政治经济竞争中占得先机。因此，中国与亚欧大陆上的俄罗斯、印度、土耳其、沙特阿拉伯等新兴国家合作具有了新的战略与经济意义，应将之与中国西进经营亚欧大陆的"丝绸之路经济带"与"21世纪海上丝绸之路"战略紧密结合起来。中国应将这些具有经济实力与参与能力、又具有全球经济与地区影响力的新兴大国作为重点合作对象，在"一条线"上选准"一些点"开展合作以更加有效和顺利地推进"一带一路"建设，更好地服务于国家的发展战略，同时将"一带一路"建设为新时期南南合作的平台和典范。

第五，认真研究发展中国家及新兴国家群体内部的利益差异与分化，高度重视和妥善处理中国与新兴国家间合作中的竞争和冲突问题。

应该注意到的是，当今发展中国家因基本国情、发展水平与利益需求等方面的差异出现了明显分化，特别是新兴国家群体的崛起使之与大多数其他发展中国家出现了显著差异，这也使南南合作表现出不同的发展层次。推进南南合作要综合考虑不同层次发展中国家的发展实际与利益需求，综合协调新兴国家间合作、新兴国家与其他发展中国家的合作、发展中国家整体合作应对与北方国家之间的关系，以及当前全球问题日益突出，2015后发展议程、气候变化等与所有发展中国家均密切相关的全球问题上的利益分歧与合作需求也都日益突出。在此背景下，既不能因国家分化与利益差异而坐视南南合作僵持不前，也不能为追求效率由少数新兴大国完全主导南南合作，从而导致发展中国家整体的进一步分散化。因此，推进南南合作既要根据客观现实发挥新兴国家间合作的主力军作用，也要兼顾其他发展中国家的利益和诉求，维护发展中国家整体的团结，对中国开展与新兴国家间合作以推进南南合作事业来说更是如此。

与此同时，虽然存在良好的合作基础与诸多有利条件，中国与新兴国家间合作也在内部与全球层面面临着诸多挑战。一直以来，同为新兴工业化国家的中国与其他很多新兴国家存在产业结构重叠与国际市场竞争，作为"世界工厂"的中国与其他新兴国家间在经济上的竞争的确日益激烈，中国制造的大规模流出对很多新兴国家经济产业造成较大冲击并带来对方逆差等问题，使得贸易失衡问题不断加大，经贸关系中的摩擦与紧张一直加剧。土耳其、印度等新兴国家也是发起针对中国产品的反倾销与保障措施调查最多的国家，在经贸方面的竞争博弈与协调需求都出现结构化、长期化的趋势。有学者对新兴国家间能否脱离彼此竞争性关系而开展长期合作提出了质疑；有观点认为中国和某些新兴国家（如印度、俄罗斯）以及与其它发展中国家之间的贸易结构（制成品—资源和初级产品）可能会形成新的中心—外围关系；对中国对发展中国家贸易、投资与援助的急剧扩大特别是矿产资源开发参与多有非议，甚至认为中国在搞"新殖民主义";① 发达国家也加大了对新兴国家与发展中国家的分化力度，这都对中国与新兴国家间合作以及新时期南南合作构成了一定挑战和威胁。新兴国家间保持和扩大合作是大的趋势和方向，在不断扩大经济往来、共同应对外部挑战、加强合作机制建设、彼此尊重核心利益的基础上完全可以做到合作共赢，并推动全球经济转型与南南合作的发展。为此，中国应认真对待其他新兴国家的合理关切，增加从相关国家的商品进口，加大本地投资生产，努力缓解贸易失衡问题，设法改善贸易结构，建立经济交流与对话机制，增强战略与经济互信，维护新兴国家间合作局面。② 在与新兴国家合作推动南南合作进程中，注意遵循投资开发、环保等国际标准，塑造平等、包容、共赢的合作氛围与理念，共同带动发展中国家的经济社会发展，以发展实效推进南南合作。

四、结语

南南合作是新兴国家与其他发展中国家依靠自身力量加快发展的重要

---

① 参见 V. N. Balasubramanyam, "China and India's economic relations with African Countries – neo-colonialism eastern style?", *Journal of Chinese Economic and Business Studies*, Vol. 13, No. 1, 2015, pp. 17 – 31。

② Chen Zhong, "Global Development Equity: Its Ethical Nature and Historical Construction—With a Discussion of the Essence and Problems of the 'Theory of China's Neo – colonialism'", *Social Sciences in China*, Vol. XXXII, No. 2, May 2011, pp. 35 – 50.

渠道，也是其积极融入和参与全球经济进程、抵御国际经济风险与压力的有效途径，在促进新兴国家与其他发展中国家共同发展方面发挥了重大作用。当前，群体性崛起的新兴国家正在南南合作中发挥着日益显著的推动作用，而不同地区的数个新兴大国的带动作用更为突出。作为最大的发展中国家，中国一直是南南合作的积极倡导者和实践者，通过负责任的实际行动和不断创新合作模式在南南合作进程中扮演着主力军和驱动力的角色，中非合作、中拉合作等都成为国际南南合作的典范。当前新兴国家的群体性崛起以及利益共同体的显现使中国与新兴国家合作具有了日益重要的战略与经济意义，中国作为最大的新兴国家在全球经济中地位的日益凸显也使中国与新兴国家间合作成为新时期南南合作的重要动力。在全球经济结构与治理变革进程中，中国需要从战略高度认识加强新兴国家间合作的重要性，既将新兴国家群体作为自身发展崛起的重要依托，也应主动承担起新兴国家间合作的重大责任，进一步推动新兴国家间合作成为新时期南南合作的推动力。中国与新兴国家间合作通过贸易、投资与发展援助、技术合作等途径为南南合作提供了新的多元化动力渠道。未来中国应将新兴国家间合作与南南合作紧密结合起来，推动新兴国家间合作机制与南南合作机制的交叉融合，使二者相互促进、相得益彰，更为主动和有效地承担起新兴国家间合作以及南南合作事业的更大重任，开创南南合作的新局面。而如何在新兴发展中国家群体之间形成新的全球价值链以及贸易、金融与发展援助上的有效分工合作，也是新时期南南合作需要进一步研究的迫切问题。还应注意的是，对南南合作的强调并不是要排斥或取代南北合作，包括中国在内的新兴国家应维持与发达国家的合作态势，以全球经济体系内的国际合作为基本原则推动南南合作顺利开展。

中国发展理念的全球共享与联合国的作用[*]

祁怀高[**]

理念决定着发展能否取得成功。经过30多年的改革开放,中国在经济和社会发展领域取得了举世瞩目的成就,也逐渐形成了具有"普世"意义的发展理念。在这一背景下,其他发展中国家对借鉴中国的发展理念表现出浓厚的兴趣。联合国的中立地位和全球经验有助于中国发展理念的全球共享。中国可以通过联合国向其他发展中国家共享中国的发展理念。

将中国的发展理念通过联合国共享给全球,对于总结中国发展理念、提升国家软实力、扮演中国在联合国中的新角色、增进国内良善治理等都有着重要的意义。一是有助于总结中国改革开放35年来形成的具有"普世"意义的发展理念。改革开放35年来,中国减贫成效显著,成功建起了世界上覆盖人口最多的社会保障网,在经济落后的情况下完成农村公共卫生体系的覆盖,基础设施明显改善,降低文盲率取得重大进展。中国好的发展理念和经验亟需总结,以便通过联合国向发展中国家推广。二是为

---

[*] 本文曾以"中国发展理念的全球共享与国际组织的作用"为题发表在《国际观察》2014年第6期上,收入本论文集时做了资料和数据更新。作者要感谢哈佛大学肯尼迪政府学院托尼·赛奇(Anthony Saich)教授、约翰·鲁杰(John Ruggie)教授、浦山香(Kaori URAYAMA)博士,以及复旦大学国际问题研究院张维为教授、张贵洪教授、吴心伯教授对本文写作给予的帮助。文中错漏之处由笔者负责。

[**] 祁怀高,复旦大学国际问题研究院联合国与国际组织研究中心副研究员、博士。

中国国家软实力的提升提供新的思路。中国在发展领域取得的成就和形成的发展理念能够彰显中国的软实力，也对发展中国家有着极大的吸引力。向发展中国家共享中国发展理念和经验的过程，也是中国构建国家软实力和贡献知识类公共产品的过程。三是推动中国在联合国系统中扮演更为重要的角色。如果中国能够成功地将其发展理念通过联合国系统共享给全球，中国将可望在联合国系统和全球发展议题的解决中获得更大的话语权、影响力和创制力。四是能够增进未来中国国内良善治理的实现。中国发展理念在与联合国双向互动的过程中，以人为本、可持续发展、包容性发展等联合国倡导的发展理念也在影响中国的发展转型与国内治理。这一互动将是增进未来中国国内良善治理的重要方式之一。

本文在结构上分为四个部分。首先，概述中国对于全球发展的贡献；其次，分析中国有哪些好的发展理念能够共享给全球；再次，阐述中国如何通过联合国将其发展理念传播到世界、共享给其他发展中国家；最后，指出中国共享发展理念还需自身转变理念。

一、中国改革开放 30 多年来的发展成就及其对全球发展的贡献

自 1978 年以来，中国经济发展和各项社会事业取得举世瞩目的成就。比如，1979—2012 年，中国的国内生产总值（GDP）年均增长 9.8%，同期世界经济年均增速只有 2.8%。中国高速增长期持续的时间和增长速度都超过了经济起飞时期的日本和亚洲"四小龙"，创造了人类经济发展史上的新奇迹。2008—2012 年，中国对世界经济增长的年均贡献率超过 20%。[1] 2010 年，中国成为仅次于美国的世界第二大经济体；2014 年，

---

[1] 国家统计局："改革开放铸辉煌 经济发展谱新篇——1978 年以来我国经济社会发展的巨大变化"，《人民日报》2013 年 11 月 6 日，第 11 版。

中国的 GDP 达到了 10.36 万亿美元（以美元现价计算）。① 中国的人均国民总收入也实现同步快速增长，根据世界银行数据，中国人均国民总收入由 1978 年的 190 美元上升至 2014 年的 7380 美元。② 按照世界银行的划分标准，已经由低收入国家跃升至上中等收入国家。③ 对于中国这样一个经济发展起点低、人口基数庞大的国家，能够取得这样的进步确实难能可贵。

中国的发展成就尤其体现在中国实施千年发展目标的进展上。中国在落实千年发展目标上取得了卓越成就，已基本完成发展目标。中国在消除贫困与饥饿领域取得巨大成就，中国贫困人口从 1990 年的 6.89 亿下降到 2011 年的 2.5 亿，减少了 4.39 亿，为全球减贫事业做出了重大贡献。中国九年免费义务教育全面普及，就业稳定增长，基本实现了教育与就业中的性别平等。中国医疗卫生服务体系不断健全，儿童与孕产妇死亡率显著下降，在遏制艾滋病、肺结核等传染性疾病蔓延方面取得积极进展。中国扭转了环境资源持续流失的趋势，获得安全饮水的人口增加五亿多人，保障性安居工程全面启动。中国在南南合作框架下，为 120 多个发展中国家实现千年发展目标提供力所能及的支持和帮助。④

---

① World Bank, "World Bank Open Data", 参见：http://data.worldbank.org/country/china（访问日期：2015 年 9 月 25 日）。

② 同上。

③ World Bank, "World Development Indicators", 参见：http://databank.worldbank.org/data/views/reports/tableview.aspx（访问日期：2014 年 3 月 8 日）。世界银行以人均国民总收入（GNI per capita）来区分全球的经济体。基于各个经济体的人均国民总收入，可区分为低收入经济体（人均国民总收入等于或少于 1035 美元）、低中等收入经济体（人均国民总收入在 1036 美元至 4085 美元之间）、上中等收入经济体（人均国民总收入在 4086 美元至 12615 美元之间）、高收入经济体（人均国民总收入等于或多于 12616 美元）（访问日期：2014 年 3 月 8 日）。

④ 中国外交部、联合国驻华系统：《中国实施千年发展目标报告（2000—2015 年）》，第 6—8 页。

表2—1　千年发展目标在中国的实施情况

千年发展目标及其指标	进展情况
目标一：消灭极端贫穷和饥饿	
1.A 1990年至2015年间，将每日收入低于1美元的人口比例减半	已经实现
1.B 使所有人包括妇女和青年人都享有充分的生产就业和体面工作	基本实现
1.C 1990年至2015年间，挨饿的人口比例减半	已经实现
目标二：普及小学教育	
2.A 2015年前确保所有儿童，无论男女，都能完成全部初等教育课程	已经实现
目标三：促进两性平等并赋予妇女权力	
3.A 争取到2005年消除小学教育和中学教育中的两性差距，最迟于2015年在各级教育中消除此种差距	已经实现
目标四：降低儿童死亡率	
4.A 1990年至2015年间，将五岁以下死亡率降低2/3	已经实现
目标五：改善产妇保健	
5.A 1990年至2015年间，产妇死亡率降低3/4	已经实现
5.B 到2015年实现普遍享有生殖保健	基本实现
目标六：与艾滋病病毒/艾滋病、疟疾和其他疾病做斗争	
6.A 到2015年遏制并开始扭转艾滋病病毒/艾滋病的蔓延	基本实现
6.B 到2010年向所有需要者普遍提供艾滋病病毒/艾滋病治疗	基本实现
6.C 到2015年遏制并开始扭转疟疾和其他主要疾病的发病率	基本实现
目标七：确保环境的可持续能力	
7.A 将可持续发展原则纳入国家政策和方案，并扭转环境资源的损失	基本实现
7.B 减少生物多样性的丧失，到2010年显著降低丧失率	没有实现
7.C 到2015年将无法持续获得安全饮用水和基本卫生设施的人口比例减半	已经实现
7.D 到2020年明显改善约1亿棚户区居民的居住条件	很有可能
目标八：全球合作促进发展	—

资料来源：中国外交部、联合国驻华系统：《中国实施千年发展目标报告（2000—2015年）》，第7—8页。

中国有效地致力于自身发展，本身就是对全球发展的重大贡献。而这一点常为西方观察家和批评者所忽视。① 考虑到中国人口占世界人口的近1/5，满足中国13亿多人口的衣食住行、提供教育和就业等，本身就是对全球发展的巨大贡献。比如，中国减贫取得的成就加速了全球减贫的进程。从1990年到2005年，全球生活在1美元/天贫困线下的人口减少到14亿，共减少了4.18亿，降低了23%。世界银行公布的数据表明，过去25年全球减贫人口的70%左右来自中国，如果不包括中国，则全球的贫困人口实际增加了5800万人。② 中国还积极为其他发展中国家和地区消除贫困提供力所能及的帮助。中国与亚非拉等十几个发展中国家签订了减贫合作协议，加强减贫经验与知识共享。2014年，中国政府提出了"东亚减贫合作倡议"，与非洲联盟共同发表了《中非减贫合作纲要》，并在中拉合作论坛框架下积极推动中拉减贫交流合作。③

中国除了通过努力发展自身来推动全球发展外，还建立促进发展的全球伙伴关系。中国与国际社会密切合作，共同维护多边贸易体制和金融体制，完善全球经济治理。2010年以来，中国先后发起或共同发起成立了金砖国家开发银行和丝路基金、倡议筹建亚洲基础设施投资银行，为弥补现有国际金融体制的不足发挥了积极作用。中国高度重视最不发达国家、内陆发展中国家和重债穷国的特殊需要，先后六次宣布无条件免除重债穷国和最不发达国家对华到期政府无息贷款债务，累计金额约300亿元人民币。2015年1月1日，中国政府正式实施给予与中国建交的最不发达国家97%税目产品零关税待遇措施。④ 2013年9月和10月，中国国家主席

---

① David Shambaugh, *China Goes Global: The Partial Power*, New York: Oxford University Press, 2013, p. 132.

② 中国外交部、联合国驻华系统：《中国实施千年发展目标进展情况报告（2010年版）》，第10页。

③ 中国外交部、联合国驻华系统：《中国实施千年发展目标报告（2000—2015年）》，第12页。

④ 同上，第60页。

习近平在出访中亚和东南亚国家期间，先后提出共建"丝绸之路经济带"和"21世纪海上丝绸之路"的重大倡议。共建"一带一路"顺应世界多极化、经济全球化、文化多样化、社会信息化的潮流，有利于推动沿线国家开展更大范围、更高水平、更深层次的区域合作。中国积极向其他第三世界国家提供力所能及的对外援助。中国的援助方式包括援建成套项目，提供一般物资，开展技术合作和人力资源开发合作，派遣援外医疗队和志愿者，提供紧急人道主义援助，以及减免受援国债务等。60多年来，中国共向166个国家和国际组织提供了近4000亿人民币的援助，培训了1200多万受援国各类人才。① 中国的一些外援项目已经非常知名，如坦桑尼亚—赞比亚铁路（"坦赞铁路"）、连接中国和巴基斯坦的喀喇昆仑公路（"中巴友谊公路"）等。

对于中国的发展成就和其对全球发展的贡献，中外人士都给予了积极的评价。1985年8月，中国改革开放的总设计师邓小平先生在会见坦桑尼亚联合共和国总统朱利叶斯·尼雷尔（Julius Nyerere）时指出："我们的改革不仅在中国，而且在国际范围内也是一种试验，我们相信会成功。如果成功了，可以对世界上的社会主义事业和不发达国家的发展提供某些经验。"② 对于中国在非洲提供的基础设施和大量投资，非洲领导人给予了出非常正面的评价。比如，塞内加尔总统阿卜杜拉耶·瓦德（Abdoulaye Wade）于2008年1月在英国《金融时报》（Financial Times）上撰文指出："与欧洲投资者、捐赠机构和非政府组织缓慢而且有时带有施恩性质的后殖民主义方式相比，中国满足我们需求的方式更为适宜。""中国要比批评它的人更有竞争力，官僚作风更少，更擅长与非洲打交道。""事实上，刺激经济迅速发展的中国模式可以让非洲吸取很多经验。""不仅是非洲需要向中国学习，西方也有很多需要向中国学习的地方。西方曾

---

① 中国外交部、联合国驻华系统：《中国实施千年发展目标报告（2000—2015年）》，第8页。

② 邓小平：《邓小平文选》（第三卷），人民出版社1993年版，第135页。

宣扬市场激励的价值,现在该是身体力行的时候了。"①

二、中国的五个发展理念

许多西方观察家把中国的发展理念简化为"威权体制"加"自由经济"。笔者认为,诸如"威权主义"、"自由市场"等西方社会科学概念并不能准确地解释中国的发展理念和经验。尽管中国作为一个发展中国家,其在经济发展中的确体现出"自由市场"和"政府干预"的结合;但中国的发展理念已经超越了这一简单结合,呈现出以下五方面的发展理念。

(一) 中国政府明确确立民生优先的导向性

保障和改善民生是中国发展的指导思想和最终目标。在发展过程中,中国优先解决劳动就业、教育医疗、社会保障、居民住房等基本民生问题,努力使改革发展成果惠及全体人民。2011年,中国政府制定了国民经济和社会发展第十二个五年(2011—2015年)规划纲要,在该纲要中推出了"改善民生十大行动计划"。"改善民生十大行动计划"旨在努力使全体人民学有所教、劳有所得、病有所医、老有所养、住有所居,鲜明地体现了民生优先的导向。以减贫领域为例,中国政府把解决农村大量绝对贫困人口的温饱问题视为最大的发展问题和人权问题。1978年,中国有2.5亿的贫困人口,农村贫困人口占农村人口的比重为30.7%。到2010年底,按1274元的扶贫标准计算,中国贫困人口下降到2688万人,

---

① Abdoulaye Wade, Senegal's President, "Time for the West to Practice What it Preaches", *Financial Times*, January 23, 2008, http://www.ft.com/intl/cms/s/0/5d347f88-c897-11dc-94a6-0000779fd2ac.html#axzz2lP3fAdVw (访问日期:2013年11月22日)。

农村贫困人口占农村人口的比重下降到2.8%。[1] 中国率先实现联合国千年发展目标中贫困人口减半的目标。以卫生领域为例,中国在总体经济发展水平偏低的条件下,把加强卫生系统建设、改善人民健康放在突出位置。

(二) 在市场与政府之间把握好动态平衡

对任何一个发展中国家而言,合适的市场—政府关系对其经济发展至关重要。自1978年改革开放以来,中国为如何处理市场与政府之间的关系经历了相当长时期的政策辩论。在20世纪80年代,中国的一些"教条主义者"认为社会主义和市场经济不相容。直到1992年10月召开的中共十四大上,在中国建立社会主义市场经济体制才成为各界的共识。中共十四大明确了"发挥市场机制在资源配置中的基础性作用"。现在,中国领导人认为在中国的市场与政府关系上提出新的理论解释的时机已经成熟。根据中共十八届三中全会于2013年11月通过的《中共中央关于全面深化改革若干重大问题的决定》,要"使市场在资源配置中起决定性作用"。[2] 中国政府接受"市场在资源配置中的决定性作用"有助于其在处理市场与政府关系时确立正确的理念。与此同时,中国政府在维护市场秩序、推进可持续发展和制定发展政策上仍扮演着重要角色。比如,中国减贫的一个重要理念是通过发展来解决贫困问题,这一理念就体现了市场和政府的共同作用。就市场发挥的作用而言,中国努力遵循市场经济的规律,通过市场配置资源和发展经济从而战胜贫困。采取的措施主要体现在投资基础

---

[1] 中国国务院新闻办公室:《中国农村扶贫开发的新进展》白皮书,2011年11月,参见网址: http://www.scio.gov.cn/zxbd/tt/Document/1048386/1048386_2.htm (访问日期: 2014年3月7日)。

[2] 《中共中央关于全面深化改革若干重大问题的决定》(2013年11月12日中国共产党第十八届中央委员会第三次全体会议通过),新华网,http://news.xinhuanet.com/politics/2013-11/15/c_118164235.htm (访问日期: 2013年11月30日)。

设施建设、发展农业和工业、在农村地区修建学校等方面。① 就中国政府发挥的作用而言，中国在各级政府都设立了由多部门广泛参与的扶贫开发领导小组，负责动员和协调扶贫资源、组织实施扶贫工作。② 比如，在中央政府层面，中国设立了"国务院扶贫开发领导小组"。中国政府还于2011年制定了《中国农村扶贫开发纲要（2011—2020年）》，从而在减贫中更好地发挥政府的指导性作用。

（三）以科学发展观推动发展的转型升级

发展模式转型可以帮助贫困的发展中国家走上可持续发展之路，从而顺利地转变为富裕国家。中国在经济快速发展过程中曾经历一段时期的粗放发展模式，粗放发展模式给中国带来了高污染、高能耗、粗放经营、经济结构不合理等弊端。21世纪初，中国政府已经意识到粗放发展模式不可持续，中国必须推动经济的转型升级以寻求可持续发展。2003年10月，中国国家主席胡锦涛在中共十六届三中全会上完整地阐述了"科学发展观"。中共十六届三中全会审议通过的《中共中央关于完善社会主义市场经济体制若干问题的决定》指出，"坚持以人为本，树立全面、协调、可持续的发展观，促进经济社会和人的全面发展"。③ "科学发展观"的提出正是为了应对中国粗放发展模式给中国经济带来的诸多弊端。"科学发展观"提出十多年来，中国经济不断地转型升级，推动中国成功地实现

---

① World Bank, *From Poor areas to Poor People: China's Evolving Poverty Reduction Agenda-An Assessment of Poverty and Inequality in China*, Main report. Vol. 1 of China, Washington, D. C.: World Bank, March 2009, p. 78.

② 中国外交部、联合国驻华系统：《中国实施千年发展目标进展情况报告（2010年版）》，第10页。

③ 《中共中央关于完善社会主义市场经济体制若干问题的决定》（2003年10月14日中国共产党第十六届中央委员会第三次全体会议通过），新华网，http://news.xinhuanet.com/newscenter/2003-10/21/content_ 1135402.htm（访问日期：2013年11月30日）。

了从一个贫穷的、以农业为基础的国家转型为一个上中等收入的国家。正如时任世界银行副行长林毅夫所言,"因为中国经济转型的成功和长期的稳定增长,每一个人都想知道背后的原因"。[1]

(四) 大力整合发展利益攸关者的力量

中国的经济和社会发展不仅是一个中国中央政府与地方政府之间的协约,而且也是包括政府、民间社会组织、私营部门等所有发展利益攸关者之间的协约。中国的每个发展利益攸关者都必须侧重于其资产的最佳利用,以高效、有效和集体协作的方式行动起来。比如:(1)中国政府部门要制定政策和构建机制以实现发展目标;(2)民间社会组织也应该致力于发展目标议程;(3)私营部门需要传播技术,创造体面就业并以同样方式努力支持发展目标。以中国的减贫为例,中国广泛动员和组织各种社会力量参与到减贫进程中去。中国的党政机关、人民团体和大型国有企业定点帮扶了481个重点县。中国东部较发达的省、市和地区对口帮扶西部11个省区市。[2] 党政机关和企事业单位定点扶贫,东西扶贫协作,军队和武警部队支援,社会各界参与,形成有中国特色的社会扶贫方式,推动贫困地区发展,增加贫困农民收入。中国整合所有利益攸关者的减贫方式得到了国际社会的认可。比如,时任联合国开发计划署署长马克·马洛·布朗(Mark Malloch Brown)在2004年5月举行的全球扶贫大会上表示,中国为世界提供的最有价值的发展经验是制定并长期坚持有效的扶贫政策,中国政府积极动员和组织全社会力量参与扶贫,从而确保了中国的扶贫工作能顺利进行并产生深远的社会影响,"这同样值得他国

---

[1] Antoaneta Bezlova, "Lin Yifu's World Bank Job May Add To China's Clout", *Inter Press Service News Agency*, January 30, 2008, 参见: http://www.ipsnews.net/2008/01/economy-lin-yifu39s-world-bank-job-may-add-to-china39s-clout/ (访问日期: 2013年11月22日)。

[2] 中国外交部、联合国驻华系统:《中国实施千年发展目标进展情况报告(2010年版)》,第11页。

学习和借鉴"。①

(五) 务实利用国际援助和开展对外援助

中国在利用国际援助时,在政策选择上注重实用性。中国政府寻求国际援助和投资主要用于补充国内资源,而不是将其作为长期的主流融资渠道。②中国在接受外援的整个过程中,无论是主管援助贷款项目的财政部门,还是主管赠款项目的商务部门,都按照邓小平提出的"以我为主、为我所用"的方针,有意识地引导外援向有利于自己的方向发展,并借助外援进行渐进式的改革。③尽管中国是一个正致力于自身发展的发展中国家,但多年来中国始终坚持向经济困难的其他发展中国家提供力所能及的援助,承担相应国际义务。中国对外援助坚持平等互利,注重实效,与时俱进,不附带任何政治条件,形成了具有自身特色的模式。④中国对外援助的务实性和不附加条件受到了受援国的普遍欢迎,就连西方学者也不得不承认这一点。美国学者斯蒂芬·奥尔森(Stephen Olson)和克莱德·普雷斯托维茨(Clyde Prestowitz)就认为,"中国发展援助模式有着无附加条件、讲求时效和执行力强的特点,这受到整个发展中国家的好评。中国的发展援助模式也与世界银行或国际货币基金组织的发展援助项目形成

---

① 廖雷:"专访联合国开发计划署署长布朗",新华网,2004年5月28日,http://news.xinhuanet.com/newscenter/2004-05/28/content_ 1494730.htm。

② OECD, *China in Focus*: *Lessons and Challenges*, OECD, Paris, 2012, p. 123, 参见: http://www.oecd.org/china/50011051.pdf (访问日期:2013年11月22日)。

③ 周弘、张浚、张敏:"外援与发展:以中国的受援经验为例",《欧洲研究》2007年第2期,第14页。

④ 中国国务院新闻办公室:"中国的对外援助",2011年4月,参见网址:http://www.scio.gov.cn/zxbd/nd/2011/Document/896471/896471.htm (访问日期:2014年3月7日)。

了鲜明的对比"。①

在上述中国的五个发展理念中,民生优先的发展议题解决理念是最为核心的。该理念与西方国家坚持的民主优先的发展议题解决理念形成了哲学意义上的竞争,即所谓的"北京共识"和"华盛顿共识"之间的竞争。"华盛顿共识"通常指20世纪80年代以来位于美国首都华盛顿的三大机构(国际货币基金组织、世界银行和美国财政部)针对拉美国家减少政府干预、促进自由贸易和金融自由化的经验所提出并形成的一套政策主张。1989年,英国经济学家约翰·威廉姆森(John Williamson)将它归结为"华盛顿共识",共包括十条改革建议,其核心思想是自由化、市场化、私有化加上财政政策稳定化。② 2004年5月,美国高盛公司高级顾问乔舒亚·库珀·雷默(Joshua Cooper Ramo)发表了一篇题为《北京共识》(The Beijing Consensus)的论文,指出"北京共识"不仅适合中国,也是发展中国家追求经济增长和改善人民生活足可效仿的成功榜样。雷默对北京共识的经验概括为三个方面:主动创新和大胆试验;创造一个有利于持续与公平发展的模式;坚持自主。其中,创新和试验是"北京共识"的灵魂,强调解决问题应因事而异,灵活应对,不求统一标准。③ "北京共识"实质上就是中国作为一个发展中国家在全球化背景下实现社会现代化的一种战略选择,它是中国在改革开放过程中逐渐发展起来的一整套

---

① Stephen Olson and Clyde Prestowitz, *The Evolving Role of China in International Institutions*, Prepared for The U.S. – China Economic and Security Review Commission, January 2011, p. 81, 参见: http://origin.www.uscc.gov/sites/default/files/Research/TheEvolvingRoleofChinainInternationalInstitutions.pdf (访问日期:2013年11月22日)。

② John Williamson, "What Washington Means by Policy Reform", in: Williamson, John (ed.): *Latin American Readjustment: How Much has Happened*, Washington, D. C.: Institute for International Economics, 1989, pp. 7 – 20.

③ Joshua Cooper Ramo, "The Beijing Consensus", May 2004, London: The Foreign Policy Centre, http://fpc.org.uk/fsblob/244.pdf.

应对全球化挑战的发展战略和治理模式。[①]"北京共识"和"华盛顿共识"之间的竞争不仅为其他发展中国家提供了更多的发展选择,而且中国的民生优先等发展理念也将在这一竞争中得以检验和完善。

三、将中国发展理念通过联合国共享给全球的政策启示

鉴于中国经济和社会发展所取得的重大成就,其他发展中国家对于借鉴中国的发展理念表现出浓厚的兴趣。联合国的中立地位,它们对国际规范、标准和公约的推动,它们的全球经验和专业知识,都对中国发展理念和经验的推广极具意义。在笔者看来,中国借助联合国向其他发展中国家共享其发展理念的政策选择包括:通过联合国向世界讲述中国发展故事,与联合国开展国际发展合作,引领全球发展议程的设置,发挥中国非政府组织在国际发展合作中的作用。

(一) 通过联合国向世界讲述中国发展故事

如果中国要成功地将其发展理念和经验共享给其他发展中国家,中国就必须讲述好自己的发展故事并让世界感兴趣。未来中国可与联合国开展合作,讲述好以下两个发展故事。中国"五位一体建设总布局"(即经济、政治、文化、社会和生态文明建设)可作为一个总揽全局的发展故事。"五位一体"发展故事的内容是:中国把生态文明建设放在突出地位,融入经济建设、政治建设、文化建设、社会建设的各方面和全过程,努力建设美丽中国。"五位一体"发展故事的精髓是实现中华民族永续发展,这是一个值得全世界借鉴的"可持续发展"故事。中国建设经济开

[①] 余东华:"'华盛顿共识'、'北京共识'与经济转型",《山东社会科学》2007年第11期,第93页。

发区的经验可作为一个新的中国发展故事。一直以来，发展中国家对中国如何推动经济开发区的快速发展有着浓厚的兴趣。中国可以和联合国系统合作，从相关发展中国家的实际需求出发，讲好中国建设经济开发区的新故事。比如，故事的内容可包括：中国的经济开发区发展规划的设计和实施、可持续的开发区管理模式、激励体制的设计和实施、关税和贸易便利化、技能开发和公私合作关系等。

（二）与联合国开展国际发展合作

联合国系统是中国开展国家发展合作的重要伙伴。中国已经与联合国系统（联合国开发计划署、粮食计划署、儿童基金会、人口基金会、国际粮农组织、世界卫生组织等）建立起紧密的工作关系，以共同应对全球发展面临的挑战。为了更好地将中国的发展理念和经验共享给其他发展中国家，中国和联合国系统可以尝试开展以下三个方面的合作。一是中国可支持联合国开发计划署设立"中国发展工具箱"（以下简称"工具箱"）。这一"工具箱"将主要包含那些经过改革开放实践检验的成功的中国发展理念和经验。借助这一"工具箱"，发展中国家将能快速便捷地获取中国有参考价值的发展理念和经验。比如，该"工具箱"可放入中国减贫治理的经验，中国在经济落后的情况下完成农村公共卫生体系覆盖的做法，中国的社会救助救济方式，中国的基础设施改善经验，中国降低文盲率的途径等。二是中国可与联合国系统合作设立"中国发展实践知识中心"（以下简称"知识中心"）。设立"知识中心"是为了建立一个有效的合作机制和全球发展网络，以促进中国和联合国围绕全球发展议题加强合作，并向世界其他发展中国家传播中国发展的创新性解决方案。三是中国可与联合国系统合作为其他发展中国家设立"中国发展基金项目"。比如，中国政府可在世界银行的帮助下，考虑设立一个"中国经济与社会发展基金项目"。"中国经济与社会发展基金项目"旨在资助非洲等地区的发展中国家，以及资助非洲等地区经济与社会发展领域的国际学者。

（三）引领全球发展议程的设置

中国作为一个取得重大发展成就的发展中大国，理应在设置全球发展议程上拥有重要的话语权。但现实情况是，中国在全球发展议程设置上的话语权欠缺，无法与中国对全球发展的重大贡献相匹配。在21世纪的第二个十年，中国应该调整其对全球发展议程设置的消极态度，努力实现从"规则接受者"到"规则制定者"的转变。目前国际社会正在紧锣密鼓地规划"2015年后发展议程"（以下简称为"2015年后议程"），以补充或取代即将于2015年到期的千年发展目标。据统计，有120个国家的5000多家公民社会组织，30个国家的250家公司，以及大量非政府组织、公民社会运动、学者专家等参与了联合国的专题咨询行动。[①] 与国际社会围绕"2015年后议程"的热烈讨论相比，迄今为止中国对"2015年后议程"设置的重视度不够，参与度不足。[②] 中国需要积极参与"2015年后议程"的讨论，尽早确立一项相对全面和前瞻的"2015年后议程引领设置战略"，积极引领主流讨论并尝试纠正其不良倾向，以避免出现"前期参与不足、后期反对有余"的尴尬局面。中国的"2015年后议程引领设置战略"的核心是引领确立一项以减贫和可持续发展为核心的"2015年后议程"，并推动新型全球发展伙伴关系的建立。中国通过引领"2015年后议程"的设置，可以学习和积累经验，并把中国的发展理念融入国际发展规则的制定和议程设计中，从而在未来的全球减贫和可持续发展中做出更大的贡献。

[①] *A New Global Partnership: Eradicate Poverty and Transform Economic through Sustainable Development: The Report of the High-Level Panel of Eminent Persons on the Post-2015 Development Agenda*, United Nations, May 30, 2013, p. 2.

[②] 张春："对中国参与'2015年后国际发展议程'的思考"，《现代国际关系》2013年第12期，第1—8页。

(四) 发挥中国非政府组织在国际发展合作中的作用

非政府组织兴起于 20 世纪 80 年代,致力于全球范围的公益性事业,是目前世界上最富发展潜力的民间组织。① 非政府组织已被广泛视为一个参与国际发展的独立行为体,它们在全球发展合作中扮演着以下重要作用:为社区提供教育、医疗、女性生殖保健、农业扶持和食品安全、金融服务和商业支持等方面的服务;为当地社区和机构带来独特而专业的发展知识和"在地化"的发展经验;通过培训和能力建设传播发展技能和知识;推动政府机构和官员增加透明度和责任心等。② 与西方发达国家成熟的非政府组织和公民社会相比,中国的非政府组织和公民社会还欠成熟。中国非政府组织的欠成熟和弱势使得它们很难为全球发展合作贡献出有影响力的理念或建议。要推动中国非政府组织的成长和加强它们在国际发展合作中的作用,中国政府需要实施构建现代社会组织体系的政策。

与此同时,中国政府和中国非政府组织之间需要建立一种"伙伴关系"、"合作关系"和"对话关系"。就"伙伴关系"而言,这意味着中国政府需要把中国非政府组织视为推动国际发展合作的平等伙伴。就"合作关系"而言,中国政府需要为中国非政府组织的海外项目提供必需的资金,让非政府组织能够开展它们的海外活动;中国政府也需要在能力建设方面扶持中国非政府组织,为非政府组织的发展壮大构建有利的成长环境。就"对话关系"而言,中国政府需要倾听中国非政府组织在推动国际发展合作和完善中国对外援助政策方面的建议,并将非政府组织的好

---

① 李宝俊、金彪:"全球治理中联合国与非政府组织的关系",《现代国际关系》2008 年第 3 期,第 50 页。

② Brian Tomlinson and AidWatch Canada, *Working with Civil Society in Foreign Aid: Possibilities for South-South Cooperation?*, Published by UNDP China, September 2013, pp. 45 – 48, 参见网址: http://www.undp.org/content/dam/china/docs/Publications/UNDP-CH-Working%20With%20Civil%20Society%20in%20Foreign%20Aid.pdf (访问日期: 2013 年 11 月 30 日)。

建议反映到政府的政策制定中。

四、共享发展理念还需自身转变理念

当前中国越来越重视对发展中国家开展"发展外交",中国外交的议题也更加重视发展议题。中国外交的宗旨正在由过去的"反对霸权主义,维护世界和平"向"维护世界和平,促进共同发展"转型。在这一转型过程中,将中国的发展理念通过国际组织共享给其他发展中国家,能够强化中国的南南外交的力度。在南南合作框架下,中国通过建设"丝绸之路经济带"和"21世纪海上丝绸之路"、亚洲基础设施投资银行、丝路基金等途径,为发展中国家落实2015年后发展议程提供支持。[①]

在笔者看来,中国发展理念的全球共享意味着中国亟需转变思路,即从以前的"世界能为中国发展做什么"转变为今后的"中国能为世界发展做什么"。在改革开放之初,中国主要是从联合国学习国际规则和治理理念。比如,中国在落实千年发展目标的过程中,以人为本、可持续发展等理念也深刻影响了中国的发展理念。[②] 改革开放30多年后的今天,中国在经济社会发展领域积累了一些理念和经验,如明确确立民生优先的导向性,在市场与政府之间把握好动态平衡,以科学发展观推动发展的转型升级,大力整合发展利益攸关者的力量,务实利用国际援助和开展对外援助等。中国的上述发展理念和经验通过联合国向发展中国家推广,既是中国构建国家软实力的过程,也是中国为全球发展贡献知识类公共产品的过程。

"中国发展理念的全球共享"并无在全世界推广"中国发展模式"的

[①] 中国外交部、联合国驻华系统:《中国实施千年发展目标报告(2000—2015年)》,第10页。

[②] 祁怀高:"联合国千年发展目标与中国发展理念的互动",《国际关系学院学报》2012年第6期,第54—55页。

主观意图，而是主张发展道路的多样化。中国的发展理念具有"普世"价值，但考虑到每一个国家的独特发展道路，中国政府并不希望其他发展中国家简单地复制中国的发展道路，而是鼓励它们走适合自己国情的发展道路。因此，中国在对外交往中恪守不干涉内政和尊重其他国家的发展道路。比如，中国在对外援助中奉行不干涉受援国内政和"不附带任何政治条件"的原则，尊重受援国自己独立选择发展道路和发展模式的权利。

在将中国发展理念通过联合国共享给全球的过程中，不必讳言中国在现阶段发展过程中遇到的诸多挑战和难题。中国还需清醒地认识到其发展道路存在许多有待进一步改善的地方。中国在向其他发展中国家共享其发展理念时，也将共享中国是如何应对自身发展过程中出现的新挑战。这种应对发展挑战的理念共享可以让中国的发展理念更贴近现实，从而让其他发展中国家在发展过程中少走弯路。

中国发展理念的总结、提炼和共享是为了给其他发展中国家提供更多的发展道路选择，从而促进全球的可持续发展，同时推动中国在全球发展类议题的解决进程中获得更大的话语权、影响力和创制力。

全球互联网治理与南南合作

刘建伟[*]

一、南北数字鸿沟及其影响

作为当代最重要的技术创新之一，互联网的出现和发展对人类社会生活的方方面面都产生了深远影响。然而，这种技术创新并没有均等地惠及所有国家和地区，发达国家和发展中国家之间存在着一个巨大的"数字鸿沟"，它制约着后者的社会经济发展及其参与全球互联网治理的能力与质量。而且，基于这种数字鸿沟所出现的全球互联网治理进程对传统的南南合作模式也构成挑战。

（一）南北数字鸿沟

首先，互联网个人用户数量是衡量一个国家或地区互联网发展水平的基本指标。在 2013 年，发达国家互联网个人用户数量达到其总人口的 76.8%，而发展中国家仅为 31%。按区域来分，欧洲地区的互联网个人用户比例最高，达到 74.7%，美洲（60.8%）次之，非洲远低于世界平均水平，仅为 16.3%。尽管全球互联网个人用户总数在近十年增长迅速，

---

[*] 刘建伟，中央财经大学国防经济与管理研究院助理研究员。

但是由于发展中国家总体落后的经济发展水平和基础设施建设,无论是数字发展宽带委员会(Broadband Commission for Digital Development)还是2003年信息社会世界峰会制定的全球互联网发展目标恐怕都难以实现。① 其次,如果从家庭互联网用户数量来看,南北"数字鸿沟"则更为显著。发达国家在2013年家庭互联网用户的比例为77.7%,发展中国家为28.0%,非洲地区仅为6.7%。全球11亿家庭未能接入互联网,而其中的90%在发展中国家。② 再次,南北互联网发展的失衡还体现在宽带接入率方面。就固定宽带接入率来看,发达国家在2013年为27.2%,发展中国家为6.1%,非洲地区最低,仅为0.3%;在移动宽带接入率方面,发达国家在2013年为74.8%,发展中国家为19.8%,非洲地区则仅为10.9%。③ 而且,需要指出的是,移动宽带在发达国家是对固定宽带的补充,而在发展中国家则是一种替代。最后,在数量层面之外,南北国家的互联网发展质量也不可同日而语。以网络速度为例,大部分发达国家都超过了2兆/秒,10兆/秒以上的网速也绝大多数出现在发达国家,然而发展中国家则多数低于2兆/秒,这种情况不仅体现了南北国家互联网发展质量的差距,更体现了双方在经济发展水平上的鸿沟。

(二)数字鸿沟对南方国家的影响

南方国家互联网发展水平的滞后制约着其经济和社会发展。根据康奈

---

① 数字发展宽带委员会制定的目标是,在2015年以前,全球互联网个人用户、发展中国家互联网个人用户和最不发达国家互联网个人用户比例分别达到60%、50%和15%;2003年信息社会世界峰会的目标是,在2015年以前,全球互联网个人用户比例达到50%,参见:ITU:"Measuring the Information Society 2013", Chapter 1, http://www.itu.int/en/ITU-D/Statistics/Documents/publications/mis2013/MIS2013_ without_ Annex_ 4. pdf。

② ITU:"Measuring the Information Society 2013", Chapter 1, http://www.itu.int/en/ITU-D/Statistics/Documents/publications/mis2013/MIS2013_ without_ Annex_ 4. pdf。

③ Ibid.

尔大学和世界经济论坛联合发布的《2014年全球信息技术报告》，南北国家在利用互联网来提高经济增长和社会发展方面差距明显并且有所扩大，甚至诸如中国、巴西和印度等新兴经济体也在网络准备指数（networked readiness index）排名上出现下滑。[1]

互联网发展之差距更为直接的影响体现在南方国家参与全球互联网治理的能力和质量上。技术落后带来治理上的依附。由于在技术及应用上远为落后，大多数南方国家难以提出可以与发达国家相提并论的治理理念和措施，甚至缺乏意愿和能力参与全球互联网治理问题的讨论。如果说南方国家在政府层面还可以在国际电信联盟框架内的互联网治理平台上发出一些声音的话，南方国家的非国家行为体则很难在所谓的"多利益相关方"治理模式中发挥影响。参与互联网治理国际研讨会的非国家行为体大多数来自西方，诸如"哈佛大学、麻省理工学院、国际战略研究中心、兰德公司、英国查塔姆研究所等为代表的西方高校和智库，微软、思科、谷歌等主要来自美国的互联网公司，美国国家科学院、全球网络倡议、互联网工程任务组等西方非政府代表。而广大发展中国家在网络空间的非国家行为体由于缺乏国际行动能力，其声音难以被听到，更不用说参与网络空间的全球治理进程"。[2]

然而，当前正处于全球互联网治理的一个特殊和关键时期，在全球层面缺乏一个广为接受的治理规则，多种区域性互联网治理理念和模式相互竞争，包括美欧倡导的"多利益相关方模式"，中俄等提出的"国家主导模式"，以及巴西等探索的折中模式。可见，当前全球互联网治理进程已经对传统的南北关系和南南合作产生冲击。根据玛莎·芬尼莫尔（Martha Finnemore）和凯瑟琳·斯金克（Kathryn Sikkink）的规范生命周期学说，当前的互联网治理正处于一个规范传播即区域性规范竞争成为全球性规范

---

[1] Beñat Bilbao-Osorio etc eds, "The Global InformationTechnology Report 2014", XXI, http://www3.weforum.org/docs/WEF_ GlobalInformationTechnology_ Report_ 2014. pdf.

[2] 鲁传颖："试析当前网络空间全球治理困境"，《现代国际关系》2013年第11期，第50页。

的重要时期。① 由于路径依赖的作用，对于发展中国家而言建制容易改制难，在全球性互联网治理规范规则的形成时期积极主动地反映利益诉求，远较其形成之后再谋求修改规则规范更为容易。因此，考虑到全球互联网治理的特殊时期，南北数字鸿沟对南方国家的影响更为深远。为避免一个不平等、不公正的国际秩序在互联网领域重演，发展中国家需要团结一致，积极推进南南互联网治理合作进程。

二、南南互联网治理合作的政治基础与初步尝试

南南互联网治理合作既是必要的也是可能的，这种可能性源于其内在的政治基础——共同的反对对象与相似的现实需求。而且，新兴国家在互联网治理问题上表现出来的领导意愿及能力增加了南南互联网合作的可能。因此，自 2003 年以来，南方国家在团结自强、建立全球互联网新秩序上进行了初步尝试。

（一）政治基础

美国的互联网霸权和进攻性网络安全政策是发展中国家共同的反对对象。美国的互联网霸权主要建立在对互联网名称与数字地址分配机构（ICANN）的控制基础上。ICANN 是负责国际互联网运行与管理的核心机构，职责包括互联网协议地址（IP）的空间分配、协议标示符的指派、通用顶级域名（gTLD）与国家和地区顶级域名（ccTLD）以及根服务器系统的管理。② 尽管 ICANN 被定位为一个非盈利的独立机构，但是通过美

---

① Martha Finnemore and Kathryn Sikkink, "International Norm Dynamic and Political Change", *International Organization*, Vol. 52, No. 4, Winter 1998, pp. 887–917.

② 蒋力啸：" 试析互联网治理的概念、机制与困境"，《江南社会学院学报》2011 年第 3 期，第 35 页。

国商务部国家电信和信息管理局与 ICANN 之间的谅解备忘录，美国政府实质上获得了对 ICANN 继而对互联网运行的管理权。[①] 这种特殊权力为美国维护霸权提供了便利，例如美国在入侵伊拉克前曾停止对以".iq"结尾的伊拉克国家顶级域名的解析服务，在塔利班统治阿富汗时期把以".af"结尾的域名管理权授予美国认为合法的前流亡政府，反恐战争之后于 2003 年转交给美国支持的阿富汗过渡政府。[②]

美国的互联网霸权及其滥用可能引起了广大发展中国家的极大担忧，这集中体现在 2003 年、2005 年两次信息社会世界峰会的讨论中。而在 2013 年美国"棱镜"秘密监控计划被曝光之后，发展中国家甚至包括一些发达国家对美国的互联网霸权及进攻性网络安全政策提出激烈批评，这为南南互联网治理合作提供了新的契机。相对于美国盟国，发展中国家的互联网技术水平更加落后，与美国之间互信程度相对更低。因此，在美国互联网霸权及其滥用威胁面前，发展中国家更加脆弱也更为警觉。相互合作比单个国家可以更好地制约和应对美国互联网霸权，发展中国家这种共同或相似的威胁及合作需求成为南南互联网治理合作的一个重要政治基础。

南南互联网治理合作的另一项政治基础是发展中国家具有相似的现实需求，即网络能力建设相对于抽象的网络民权更为紧迫。尽管发展中国家的互联网建设在近年取得显著进步，但是无论从互联网接入率、用户数量还是从基础设施建设、网络质量来看，发展中国家在互联网建设上仍然面临着艰巨的任务。广大发展中国家的当务之急是扩大互联网接入，提高互联网服务于经济发展和社会福祉的能力，而不是接受美国所积极推动的互联网自由和人权。而且，互联网自由和人权常常成为美国干预他国内政甚至颠覆一些国家政权的借口，因此为许多发展中国家所质疑和排斥。正是

---

① 具体协议分三个文件见：Lennard G. Kruger, "Internet Governance and the Domain Name System: Issues for Congress", *CRS* R42351, June 10, 2014, p. 18, http://fas.org/sgp/crs/misc/R42351.pdf.

② 鲁传颖："试析当前网络空间全球治理困境"，《现代国际关系》2013 年第 11 期，第 52—53 页。

建立在这种相似的现实需求之上,发展中国家在多种互联网治理会议上提出了许多相似的主张,如重视南北数字鸿沟,确定支持欠发达国家能力建设的措施等。①

(二)初步尝试

发展中国家最早意识到互联网治理的意义是在联合国发起的信息社会世界峰会(WSIS)上,峰会分为两个阶段,分别于2003年、2005年在日内瓦和突尼斯召开。尽管缺乏一个明确一致的未来互联网治理路线图,但是发展中国家就美国单独管理国际互联网的现状以及过分依赖市场力量的互联网发展理念,与美国及其西方盟友进行了激烈交锋。在经历了艰苦的谈判后,与会各方达成了妥协。在同意维持由美国公司(机构)管理互联网现状不变的同时,会议承认各国在域名和国家代码上享有主权,同意互联网管理应当向多边模式和提高透明度的方向发展。与此同时,会议促请联合国秘书长安南建立一个互联网管理论坛,为各方就互联网的管理和其他互联网相关问题继续磋商提供一个平台。② 同时,在峰会另一个主要议题——帮助发展中国家发展信息技术方面,也是进展甚微。发展中国家的主要关切如互联网管理的民主化、互联网发展援助等在峰会中并没有取得多少进展,而且峰会之后,除了中国和巴西等少数几个国家之外,发展中国家对互联网治理的政治热情迅速下降。③

---

① 联合国裁军事务厅:"从国际安全的角度看信息和电信领域的发展",第5页,http://www.un.org/disarmament/HomePage/ODAPublications/DisarmamentStudySeries/PDF/DSS_33-Chinese.pdf。

② "信息社会世界峰会闭幕成果有限",http://gb.cri.cn/8606/2005/11/19/1425@787569.htm。

③ 中国在最初几次IGF中提出网络空间国际行为准则但此后减少了参与,巴西保持着互联网治理的热情,一直积极参与到IGF和联合国科技发展委员会的各种活动中。参见:Parminder Jeet Singh, "Global Internet Governance: A Developing-Country Perspective", *Third World Resurgence* No. 287/288, July/August 2014。

在 2005 年信息世界社会峰会之后，南南互联网合作开始从全球层面转向区域层面，或者从整体合作转向难度较小的部分国家间合作。印度、巴西与南非（IBSA）三国加强了相互合作，在 2010 年首次发表了互联网治理的联合声明，并在 2011 年提出了推进国际互联网治理的"里约建议"，要求在联合国框架内协调和制定全球公共互联网政策，同时建立一个联合国机构来负责互联网的技术运行包括全球标准的制定。[1] 与此同时，中国、俄罗斯、塔吉克斯坦和乌兹别克斯坦以上海合作组织为依托，主要就信息安全问题对未来国际互联网治理模式进行了尝试。四国在 2011 年 9 月向第 66 届联合国大会提交共同起草的《信息安全国际行为准则》，提出了维护信息和网络安全的一系列基本原则，包括尊重网络主权、不扩散信息武器与技术、互联网国际管理机制的民主化、援助发展中国家等。[2] "里约建议"与《信息安全国际行为准则》是发展中国家推进南南互联网合作、改变不合理的国际互联网秩序的有益尝试，它们反映了发展中大国对互联网治理重视程度的提高并表现出在南南互联网治理合作中的领导能力和意愿。也正因为如此，这些提议建议没有得到发达国家的积极回应，反而遭到激烈的反对。

在 2012 年国际电信联盟发起的国际电信大会（WCIT-12）上，发展中国家就合作推进国际互联网秩序的改革进行了又一次重要努力。大会的主题是讨论修改国际电信规则（ITRs），该规则产生于互联网出现之前，自 1988 年之后再没有被修订过，因此远远不能适应互联网时代的实际需求。与会各方就四个焦点问题展开了激烈的讨论，包括新版《国际电信规则》中是否应该扩展"电信"一词的定义和范围，国际电联是否应该在互联网治理方面拥有更多的权利，成员国对互联网管理是否应当有平等的权利，新版《国际电信规则》是否应该包含有关安全和垃圾邮件管控

---

[1] Lennard G. Kruger, "Internet Governance and the Domain Name System: Issues for Congress", *CRS* R42351, June 10, 2014, p. 18, http://fas.org/sgp/crs/misc/R42351.pdf.

[2] "信息安全国际行为准则", http://www.fmprc.gov.cn/mfa_chn/ziliao_611306/tytj_611312/zcwj_611316/t858317.shtml。

方面的条款。① 广大发展中国家支持对《国际电信规则》进行重大修改，以使国际电信联盟在互联网管理方面获得更大权威。但以美国为主的西方发达国家则坚决反对，认为新的规则将增加网络服务供应商的成本、威胁互联网自由并因削弱私人部门的发言权而危及互联网行业的活力。尽管大会最终出台了新版《国际电信规则》，并且得到 89 个成员国的赞成，然而包括美国、英国、加拿大、法国、德国等国家在内的 55 个成员国拒绝在新版《国际电信规则》上签字。② 此次大会是发展中国家在全球层面争取改变国际互联网治理旧秩序的一次新的重大尝试。通过此次会议，发展中国家凝聚了共识，进一步意识到南南互联网治理合作的重要意义。同时，会议结果也表明，改变国际互联网治理规则的任务仍然非常艰难，南南互联网治理合作不仅面临着发达国家政府及私人部门的坚决反对，而且受到发展中国家内部的多重制约。

三、南南互联网治理合作的问题与挑战

作为一个整体，发展中国家对互联网的认识及应用都远远落后于发达国家。同时，发展中国家数量庞大，经济发展水平高低不一，其内部差异如此之大以至于很多时候难以归为一个整体。它们在互联网治理问题上具有多元甚至相互竞争的立场观点，并且对南南互联网治理合作重要性和优先性的看法也不尽相同。加上发达国家政府及私人部门的巧妙应对，南南互联网治理合作面临着重重难题与巨大挑战。

---

① 郭丰："WCIT 大会后看国际互联网治理走向"，http://www.miit.gov.cn/n11293472/n11293832/n15214847/n15218234/15475329.html。

② 郭丰："WCIT 大会后看国际互联网治理走向"，http://www.miit.gov.cn/n11293472/n11293832/n15214847/n15218234/15475329.html；详细见：Lennard G. Kruger, "Internet Governance and the Domain Name System: Issues for Congress", CRSR42351, June 10, 2014, pp. 19 – 21. http://fas.org/sgp/crs/misc/R42351.pdf。

联合国与南南合作

参与意愿与能力不足是南南互联网治理合作面临的最基本问题。对于许多最不发达国家而言，互联网仍然是一个陌生的新事物，它在国家经济社会生活中的应用不多、受重视程度不高，诸如温饱问题、建设和平、传染病防治等议题可能远较互联网治理问题优先。而且，由于对互联网的应用和理解水平低，加之经济成本考虑，发展中国家政府及私人部门参与国际互联网治理及南南合作的能力受到严重制约。因此，除了少数以联合国系统为平台的互联网治理机制之外，鲜有欠发达国家的声音，即便有也多数属于发展中大国。而即便许多发展中大国表现出了积极参与互联网治理的意愿，在实际参与过程中也经常表现出准备或能力不足的现象，印度在WCIT-12上拒签新版《国际电信规则》是最好的例证。印度参加WCIT-12的代表团主要来自其电信部，但是当大会各方交锋突然转向互联网议题时，印度国内电信部与信息技术部彼此独立、缺乏协调的传统致使其陷入被动，最终对新版规则在原则上表示支持，但以需要认真研究其政策启示为由拒绝签字。[①] 南南互联网治理合作的切实推进离不开发展中国家参与能力的提高，而这还有很长一段路要走。

发展中国家之间在互联网治理的原则与模式上存在内在分歧，在一些具体问题上甚至大于同发达国家之间的分歧，这对南南互联网治理合作形成制约。当前国际互联网治理主要存在"政府主导"与"多利益相关方"两种治理模式之争。[②] 前者以中国与俄罗斯为代表，认为各国政府是互联网治理的主要行为体，互联网治理的方向应该"自上而下"；后者则以美国及其西方盟友为代表，认为网络空间由各国政府、非政府组织、私人企

[①] Global Partners Digital edit, "Internet Governance, Towards Greater Understanding of Global South Perspectives", May 2013, pp. 17 – 20, http: //www.researchictafrica.net/multistake/Global_ Partners_ Digital_ 2013_ -_ Towards_ Greater_ Understanding_ of_ Globa_ South_ Perspectives.pdf.

[②] 鲁传颖："试析当前网络空间全球治理困境"，《现代国际关系》2013年第11期，第48—54页。

业、个人用户等组成，政府与其他行为体一样是互联网治理中的普通一员，各个行为体平等参与和决定国际互联网治理，其方向应该"自下而上"。与上述两种模式不同，一些发展中大国如巴西、印度陆续提出一些折中性质的互联网治理方案，它们支持多种行为体共同参与互联网治理的基本原则，但同时认为政府的力量应该加强，并呼吁把互联网的管理权转移到联合国框架之内某一机构。[1] 三种模式在发展中国家中都拥有支持者，反映了发展中国家在互联网治理问题上的巨大分歧。就互联网治理的具体方面来讲，发展中国家在反对美国单独管理国际互联网及其秘密网络监控方面存在高度一致性，但是在政府的作用、公民互联网权力等问题上则分歧显著。以互联网治理领域的重要发展中大国巴西为例，它在WCIT-12上支持中国、俄罗斯与伊朗等国加强政府作用的观点，并且签署了新版《国际电信规则》。与此同时，巴西国内通过的《网络民法》（Marco Civil）却是多个利益相关方治理模式的典型，并且以此理念与ICANN联合发起了2014年全球互联网治理大会（NETmundial）。正是由于这种摇摆不定，巴西能否在国际互联网领域充当领导角色受到许多质疑。[2]

最后，美国等发达国家政府及私人部门的自我调适和积极应对也对南南互联网治理合作产生影响甚至制约作用。从历史来看，美国政府在互联网治理问题上具有较强的自我调适能力。作为互联网的前身，阿帕网主要是一个军用计算机网络系统，其管理权自然归属美国国防部（先为其下属国防高级研究计划局，后为其下属通信局）。冷战之后，为适应互联网的商业应用需求，互联网的管理权逐渐转移到互联网数字分配机构（IANA）和一家由美国国家科学基金制定的公司（Network Solutions）中，

---

[1] Sabyasachi Saha, "Internet Governance and Developing Countries: Implications for India", *RIS Policy Brief*, No. 63, March 2014, http://www.ris.org.in/publications/policy-briefs/717.

[2] Melody Patry, "Brazil: A new global internet referee?", pp. 19-21, http://www.indexoncensorship.org/wp-content/uploads/2014/06/brazil-internet-freedom_web_en.pdf.

其实质上仍然为美国政府所垄断。随着这种美国垄断式的管理模式遭到越来越多政府及非政府行为体的批评，互联网的管理权再次发生转移，由成立于 1998 年的 ICANN 进行负责。ICANN 是一个非营利性国际机构，通过设立董事会和若干咨询委员会的方式在形式上实现了国际化。[①] 当然，当前互联网的管理权最终仍然决定于美国。通过一次次自我调适，美国表面上的互联网管理权减小，但由于掌握最终决定权，而且随着互联网的全球扩展和对人类生活全方位的渗入，美国通过网络权力显著扩大了在其他领域的影响力。

除了美国政府层面之外，既有互联网治理模式的主要受益者——发达国家的私人企业和非政府组织也通过多种途径积极抵制发展中国家修改互联网治理规则与秩序的努力，并巧妙地化解美国政府滥用互联网权力带来的挑战。从合法性角度来看，印度、巴西等国的互联网治理方案对西方多利益相关方模式的威胁更大，该模式的支持者也更加敏感。因此，在 2011 年印度向联合国大会提出建立一个互联网相关政策委员会（CIRP）不久，一家美国在印电信公司就以印度工业联合会为依托发起了一项互联网治理倡议，从国内层面以抵冲印度政府倡议，对外形成一种印度国内对 CIRP 建议犹豫不定之象，并且对印度政府在一年之后的 WCIT 上拒签新版《国际电信规则》产生影响。同样的情况还出现在 2014 年巴西举办的全球互联网治理大会上。巴西发起此次会议的主要背景和原因之一是爱德华·斯诺登揭露的美国国家安全机构对巴西总统、国有石油公司等的窃听计划。ICANN 对此在巴西成功进行了危机公关，通过与巴西联合举办此次会议，巧妙地转移了斯诺登事件带来的国际压力，会议讨论内容和最终文件所反映的并不是发展中国家所关心的美国垄断互联网管理权问题，而

---

① 沈逸："多边主义与信息空间的国际治理——以域名系统为例"，潘忠岐主编：《复旦国际关系评论》，上海人民出版社 2006 年版，第 87—92 页；刘杨钺："全球网络治理机制：演变、冲突与前景"，《国际论坛》2012 年第 1 期，第 14—15 页。

成为对多利益相关方治理模式的一种背书。① 既有互联网治理模式支持者积极抵冲发展中国家互联网治理建议的努力不仅对当事国产生压力,而且间接地影响了南南互联网治理合作的进程。

四、加强南南合作推进全球互联网治理

互联网治理在当今处于一个相对特殊的时期,对于发展中国家而言尤为如此。在国际贸易、金融秩序的建立过程中,发达国家占据绝对主导地位,发展中国家几乎没有发言权,只能依附和不断适应这种既有秩序。而互联网是一个(相对)新生事物,全球互联网治理也正处于其初始阶段,包括互联网治理的概念、内容、路径等基本问题都没有形成一个国际共识。② 而且,互联网具有天然的国际公共物品属性,发达国家与发展中国家的网络安全难以分割,任何一国都不可能独善其身。互联网的性质以及互联网治理的发展现状为发展中国家积极作为,加强南南合作以争取有利的国际秩序提供了条件。

一个相对公平合理的国际互联网秩序的形成离不开发展中国家团结合作、有所作为,而在全球互联网治理领域推进南南合作首先需要发展中大国发挥领导或引导作用。如同不结盟运动的兴起和发展离不开印度、埃及、南斯拉夫的大力推动一样,南南互联网治理合作同样需要有能力、有意愿的大国发挥领导作用。在这方面,中国、俄罗斯、印度与巴西等新兴国家已经在网络安全、治理理念或互联网技术等具体问题上具备或表现出领导能力或意愿。但遗憾的是,新兴大国之间在互联网治理理念上存在明显分歧,各国参与国际互联网治理的国内准备也不充分,这都限制了南南

---

① Parminder Jeet Singh, "Global Internet Governance: A Developing-Country Perspective", *Third World Resurgence* No. 287/288, July/August 2014, pp. 15 – 21.

② 刘建伟:"中国要在网络安全国际规范形成中有所作为",《中国社会科学报》2014年3月14日。

互联网治理合作的深化。因此，新兴大国欲在南南互联网治理合作中真正发挥领导能力，在国家内部要进行机构整合、提高自身能力，在彼此之间则需要借助已有双边或多边平台增加沟通，减少分歧，扩大共识。

其次，南南互联网治理合作需要机制建设与创新来保障。近年来，发达国家之间通过北大西洋公约组织、经济合作与发展组织等多种途径增强了互联网治理方面的协调沟通。部分发展中国家之间，如印度—巴西—南非三国集团、金砖五国、上海合作组织成员国，也加强了对互联网治理问题的讨论。但相对于发达国家，无论是从机制的正式性、合作程度，还是参与规模上来看，发展中国家都远远落后。发展中国家的关切只有通过更深更广的合作才能对发达国家产生影响。一方面，南南互联网治理合作可以尝试进行跨平台交流。例如，中俄既是上海合作组织成员国，又是金砖国家的成员，印度和巴西既是印度—巴西—南非三国集团的成员，又是金砖国家的组成国，这为上合组织与金砖国家在互联网治理上加强合作提供了便利。另一方面，南南互联网治理合作还需要走向全球层面，在77国集团、信息社会世界峰会评议高级别会议、互联网治理论坛中增强合作，建立建设定期合作机制。当然，规模越大，分歧越大，难度也越大，南南互联网治理合作需要循序渐进，从易到难，追求增量合作，例如先从经济、社会和文化相关的互联网问题出发，逐渐向网络安全、网络隐私、网络权利等问题扩展，以降低合作难度。[1]

最后，联合国历来在南南合作中占据重要位置，南南互联网治理合作同样需要依托和借助联合国这一平台。互联网治理是一个内容庞杂的系统工程，它涵盖经济社会发展、军事安全、科学技术以及国际司法等方方面

---

[1] Parminder JeetSingh, "Global Internet Governance: A Developing-Country Perspective", *Third World Resurgence* No. 287/288, July/August 2014, pp. 15–21.

面的内容，而这些大都可以在联合国体系内找到相对应的机构。① 强调联合国的作用，并非意味着它是解决互联网治理的最有效平台，而是因为其代表性、合法性使联合国在互联网治理规范形成中不可替代，这可以从联合国大会决议《从国际安全的角度看信息和电信领域的发展》的发展历程中管窥一二。信息安全的国际谈判最早始于美俄两国的军事谈判，但是由于美国当时不愿意在拥有绝对优势的情况下自缚手脚，因此美俄会谈在1996年之后就逐步中断。在此之后，俄罗斯将目光转向联合国，以联合国大会为主要平台积极推动信息和网络安全问题讨论。自1998年首次向联合国大会提交关于信息安全的草案之后，俄罗斯每年都向联大提交名称相同的草案并要求分发给各国代表讨论，并在2006年开始开放该决议的发起国身份。该决议在2006年拥有11个共同发起国，其后数量逐年上升并在2011年达到32个。美国曾在2005—2008年连续反对该决议草案，但在2010年以后改弦易辙，支持并成为该决议的共同发起国之一。② 为此，大会还先后在2004—2005年、2009—2010年组建了政府专家小组，讨论信息安全领域的现有和潜在威胁以及应对威胁的国际合作措施。从《从国际安全的角度看信息和电信领域的发展》决议的发展进程及两次政府专家小组的报告来看，关于信息和网络安全的国际共识增强，互联网治理规范也逐渐成形，这也从一个侧面说明，联合国可以在国际互联网治理以及南南互联网治理合作中发挥重要影响。

总之，全球互联网治理问题为南南合作提供了一个新的契机，而南南合作则有助于推动全球互联网治理进程朝着更为全面、公正和平等的方向发展。而且，中国可以在该进程中有所作为。信息通信是各国互联互通的

---

① Tim Maurer, "Cyber Norm Emergence at the United Nations—An Analysis of the UN's Activities Regarding Cyber-security", Discussion Paper 2011 - 11, Science, Technology, and Public Policy Program, Belfer Center for Science and International Affairs, Harvard Kennedy School, September 2011.

② 刘建伟："恐惧、权力与全球网络安全议题的兴起"，《世界经济与政治》2013年第12期，第43—59页。

联合国与南南合作

关键一环,电信设施也是基础设施建设的重要组成部分。"一带一路"是我国正在大力实施的重要国家国际发展战略,而其覆盖区域内的大部分国家属于发展中国家。把互联网问题融入"一带一路"发展战略中,遵循先易后难、从基础设施合作到互联网政策协调、从南南合作到全球合作的原则,中国不但可以借此提升南南合作的水平,而且能够在全球互联网治理进程中发挥更为显著的作用。

从巴西峰会看金砖国家对南南合作的推动

周荣春[*]

在长达 400 多年的资本主义世界体系中，形成了以西方发达国家为中心、以亚非拉等落后国家和地区为外围的格局，构成了中心和外围的依附关系。而依附论认为，发展中国家之所以造成今天的落后局面，主要原因在于他们的国家经济受制于其所依赖的另一些国家的经济发展和扩张。尤其是在经济全球化日益深化的情况下，这种依赖会更加严重。而只要这种依赖持续存在，就不可避免地会出现双方交往尤其是贸易经济往来中的不平等，而只要这种不平等的国际经济秩序存在，南方发展中国家的经济社会发展就很难强大起来。依附论者阿明认为，中心地区的自主积累和外围地区的依附积累是资本主义世界资本积累的两大模式，中心和外围的矛盾是长期以来帝国主义国家的矛盾，而解决这一矛盾的根本出路在于外围国家同世界资本主义脱钩，实现平等的国际分工，进而实现经济的自力更生。

西方列强操控世界能源和消费市场，不平等的市场规则，不等价的贸易交换，使强者更强、弱者更弱。尽管广大亚非拉国家在二战后纷纷取得政治独立，但长期以来的外围对中心的经济依赖，民族经济畸形发展的状况却难以在短期内改观，广大发展中国家，大都仍处在不佳的发展状态。如何摆脱南方国家在南北对话中的被动、不利局面，真正实现二者的平等

---

[*] 周荣春，苏州大学哲学硕士研究生毕业，现为浙江省嘉兴市海宁市委党校政治理论课讲师。

对话,是确立国际经济政治新秩序的基础。为此,南南合作是必要的,而这次金砖国家的巴西峰会就是南南合作框架下的一个成功典范。

一、巴西峰会的主要成就与意义

已经落幕的以"实现包容性增长的可持续解决方案"为主题的巴西峰会取得了金砖国家发展轨迹中具有里程碑式意义的成就。据了解,正式成立金砖国家开发银行和应急储备安排、首次将政治协调列为讨论议题以及金砖国家与南美国家联盟领导人对话会是此次峰会的三大亮点。2013年南非的金砖峰会就决定了成立金砖国家开发银行和应急储备的安排。此次巴西峰会上决定,正式设立的开发银行的启动资金为500亿美元,每个成员国提供100亿美元,五国将在7年内向该银行投入1000亿美元。储备基金为1000亿美元,其中中国提供410亿美元,俄罗斯、巴西和印度分别提供180亿美元,南非提供其余的50亿美元。南非德班峰会已达成共识:各方一致同意将金砖国家打造成对国际政治和经济领域重大问题进行全方位协调的机制,努力使各成员国政策协调更成熟,发出更多共同声音,提出更多共同方案。而此次巴西峰会将上述共识开始付诸实践,首先体现在会议议题的设置上,这次峰会主要讨论两项议题,一是政治协调:全球治理和地区危机,二是可持续发展和包容性增长。其中"政治协调"第一次成为金砖峰会的单独议题。而旨在加强两大市场对接的首次金砖国家和南美国家联盟领导人对话会则是延续了德班峰会期间对话非洲国家领导人的传统。

巴西峰会在意义上实现了三大突破。首先,突破了西方舆论的唱衰论。从2001年吉姆·奥尼尔首次在《全球需要更好的经济之砖》一文中提出"金砖四国"以来,金砖国家的发展经历了一个有声有色、跌宕起伏的过程。2008年金融危机席卷全球、2009年欧债危机曾使金砖国家和G20集团会议一样,成为挽救全球经济的一颗耀眼的救星。可以说,金融危机后,世人对金砖国家和G20平台都充满了期待,但随着全球经济逐渐走出低谷，西方经济体元气渐复，再加之美国页岩气和页岩油等新一轮能源革命的发生，而与此同时，金砖国家内部也遭遇着转型和调整，凡此种种，西方社会开始对金砖国家的态度发生变化，分化、褪色等论调此起彼伏。在此情势下，此次巴西峰会向世界传递的信号是有力的、明确的，那就是精诚团结、决不褪色。其次，突破了以往的务虚研讨，开始走向实体化。巴西峰会迈开实质性合作步伐，开始着手建设的"金砖国家开发银行"和"金砖国家应急储备基金"，其实质意义不言而喻。这些举措正是标志着金砖国家合作机制"从一个'侧重经济治理、务虚为主'的对话论坛向'政治与经济治理并重，务虚和务实相结合'的全方位协调机制转型"。[①] 再次，突破了参与全球治理中的不平等惯例，表现出积极的建设性价值。这主要体现在金砖开发银行的设立上，其等额出资及不干涉借款国内政原则更是国际关系史上的新尝试。金砖国家共同表态将追求经济、社会、环境三者的平衡，这就打破了西方国家对金砖国家发展忽视环境和社会的指责，在道义上避免了被动。[②]

跨越结构性障碍、超越"小我"的利益是巴西峰会取得成功的主要因素。在金砖国家迈步前行的征程中，仍面临着不少的挑战：如何降低对美国的依赖？这是所有金砖国家都必须面临的一个无法绕开的大问题；面对世界经济一体化的加快、区域经济一体化的强势推进，面对美国打造的TPP和TIPP之类新的经济战略包围，金砖国家能够承受的外部冲击能力到底有多大，能否主动有所作为？西方世界越来越严厉的贸易保护主义措施，势必会给国家的经济发展造成一系列的负面冲击和影响……金砖国家能否冲出"小我"的思维，合力攻坚克难，这都是需要智慧和策略方能加以解决的问题。[③] 近年来，中国经济在调整转型；印度经济增速明显放慢，国家信用遭遇评级机构的围剿，财政和贸易的"双赤字"对其经济

---

① 朱杰进："金砖国家合作机制的转型"，《国际观察》2014年第3期。
② "金砖峰会向'实'突破参与国团结一心精诚合作"，http://world.people.com.cn/n/2014/0721/c157278-25307993.html。
③ 李丹著：《金砖国家：世界的希望》，北京工业大学出版社2012年版，第1—2页。

的增长构成挑战,且制约着其宏观调控政策空间,印度软件出口的受限与其对石油和黄金的进口加剧形成鲜明对比;俄罗斯经济因能源价格而剧烈波动,主因在于欧洲整体能源需求的下滑与美国的页岩油与页岩气革命及新兴经济体的增速放缓等;巴西的货币大幅度贬值,国内投资水平一直处于低位,高利率、高税收和基础设施陈旧等导致企业投资意愿不高;南非的矿产冲突不断、高失业率与劳资关系的持续紧张等。[①] 故此,一些西方媒体借机唱衰金砖,褪色、变色等话语层出不穷。难道金砖国家真的陷入结构性困扰而无法自拔吗?纵有诸多困扰,但金砖国家的政治经济前景我们还是有理由保持乐观。原因如下:第一,金砖国家因其庞大的经济体量,足以对世界格局产生举足轻重的影响。第二,金砖国家致力于共同为国际社会提供正能量。第三,金砖国家的互利合作进一步加强。第四,金砖国家的机制建设和运作日趋成熟。[②] 此外,金砖国家能够有舍"小我"的狭隘而换取"大我"的战略气度。众所周知,在金砖国家成员中,发展水平、历史恩怨、领土纠纷等不同程度地存在,在此问题上如果不能达成谅解,就会影响到双边及多边合作。这次巴西峰会期间中印领导人的会晤,就有力地表明了双方都认识到共同的战略利益大于眼前的边界纠纷,都愿意为长远的战略利益而加强合作。

二、金砖国家在南南合作中的定位

激进的依附论者弗兰克所主张的宗主—卫星论,阿明的中心—外围积累模式,都把非洲、拉美地区的落后主因归于外部,却很少从内部找原因;而依附论的改良派卡尔多索对此给与了批评,他认为,"由于跨国公司的迅猛发展,新的国际分工格局业已形成……一些发展中国家的经济也

---

① 季剑军:"结构性问题困扰金砖五国",《中国投资》2013年第5期。
② 复旦大学金砖国家研究中心主编:《金砖国家研究》(第一辑),上海人民出版社2013年版,第272—274页。

的确实现了迅速起飞"。① 固然，南方发展中国家的现状主要由历史因素所致，但现在完全可以合作自强，即通过南南合作，可以达到卡尔多索笔下的那些实现经济起飞的外围国家。故此，金砖国家如在南南合作中定好位，树好榜样和发挥出桥梁的作用，意义十分重大。

首先是在区域发展中的代表性。金砖国家的总体特点是能源丰富，相对独立的经济体系，发展的潜力大、速度快。除中国因其规模庞大、人口众多、资源紧张、发展较快，且已成为世界第二大经济体而格外耀眼外，其余国家也都各具特色，各有自己的代表性优势。巴西，南美最大的国家，国土面积世界第五，人口超过2亿，矿藏、林木、水利等资源都很丰富，潜力大，发展快；俄罗斯，世界上国土面积最大的国家，人口约1.4亿，是世界上最大的矿产和能源基地，也是当今世界上最大的石油和天然气输出国；印度，也是世界人口大国，其人口规模仅次于中国，约有12亿人口，拥有丰富的煤、铝、云母等矿藏，在计算机软件、金融和服务业等都有较强的竞争力；南非，是非洲发展最有活力、发展最快的新兴国家。总之，金砖五国都代表了快速发展的国家，故被称为新兴经济体或新兴国家。金砖国家自身经济具有较强的互补性，分别是"世界工厂"、"世界办公室"、"世界原料基地"、"世界加油站"以及非洲的门户和桥头堡，是发展中国家利益的代表者和守护人。

其次是本身发展经验的可鉴性。金砖国家的快速发展至少为本地区的经济社会发展树立了标杆，其经验具有可学可用性，其模式具有可行可鉴性。中国是亚太新兴经济体的龙头、世界第二大经济体、第三世界的领头羊，其走出的中国特色社会主义道路，达成的"北京共识"、形塑出的"中国模式"等，都为东南亚、东盟、韩国等所接受，为非洲多数国家的发展提供了现实的素材和榜样，为第三世界的南南合作起了带头和推动作用。俄罗斯依靠能源优势也为能源丰富的其他国家和地区树立了发展榜样。南非身处非洲的战略要地，经济活力强，黄金等矿藏丰富，这为非洲

---

① 樊勇明主编：《西方国际政治经济学》，上海人民出版社2006年版，第92—93、126页。

的其他类似情况国家的发展提供了参照。巴西的原始水利、矿藏和肥沃的良田等资源也为类似的其他国家和地区发展走出了一条光明大道。

再次是地区大国影响的辐射性。金砖国家与其他南方发展中国家的关系就好比宗主与卫星、中心与外围的关系，所不同的只是，这里的宗主与卫星、中心与外围是平等的主体间关系。"金砖国家都是一些地区大国，均对所在地区事务有着很强的影响力。中国是亚太地区大国，对亚太地区事务一直保持着很大的影响力。"① 随着中国超越日本成为世界第二大经济体，中国在东北亚、东南亚、东盟等的影响力无与伦比，这些地方的任何一个棘手问题的解决都离不开中国的参与。整个亚太乃至全球，1997年的东南亚经济危机、2008年的全球经济危机的治理，中国的地位是独特的，发挥的作用是无人能够替代的。俄罗斯，作为世界第二军事大国，其在独联体、外高加索和中亚地区都有着不可替代的影响力，尤其是在普京再次主政俄罗斯时，随着其国家元气的恢复和实力的增强，其在处理叙利亚危机、乌克兰危机及中亚问题、欧亚联盟的推进问题时所表现出来的强势影响，都是其他国家所无法比拟的。"作为南美洲最大国家的巴西、南部非洲重要国家的南非及南亚和印度洋地区影响力日益上升的印度，都具有强烈的大国意识。它们在地区和国际事务上十分活跃，能带动一批国家，是一些令全球性大国不可小觑的战略支点国家。"②

三、金砖国家实体化发展强力推动南南合作

（一）开创了平等协商，共同参与全球治理的新理念、新思路

"开放、包容、合作、共赢"是金砖国家所秉持的相互关系与发展的理念。2013年3月，在南非德班峰会上，习近平主席提出了"求和平、

---

① 赵可金："中国国际战略中的金砖国家合作"，《国际观察》2014年第3期。
② 同上。

谋发展、促合作、图共赢,是我们共同的愿望和责任"。这种精炼的概括,高度的浓缩,反映了中国倡导金砖国家合作的新理念,对于金砖国家凝聚共识,相互支持,谋求共同发展,发挥了重要的引领作用。① 这次巴西峰会,习近平在题为《新起点 新愿景 新动力》的主旨讲话中,首次给出了金砖国家"发展需要方向,合作需要蓝图"的"中国答案",那就是:"发展金砖国家更紧密、更全面、更牢固的伙伴关系。"这是一种独具特色的合作伙伴关系,需要成员国坚持开放精神,发挥各自比较优势,加强相互经济合作,培育全球大市场,完善全球价值链,做开放型世界经济的建设者;坚持包容精神,推动不同社会制度互容、不同文化文明互鉴、不同发展模式互惠,做国际关系民主化的实践者;坚持合作精神,继续加强团结,照顾彼此关切,深化务实合作,携手为各国经济谋求增长,为完善全球治理提供动力;坚持共赢精神,在追求本国利益的同时兼顾别国利益,做到惠本国、利天下,推动走出一条大国合作共赢、良性互动的路子。这在实质上是又一次阐释了金砖国家的合作与发展理念,为金砖国家未来的合作与发展指明了方向和路径。②

巴西峰会"将通过建立两个自己的金融机制,开启一个新的历史阶段"。尤其是开发银行的启动资金为 500 亿美元,每个成员国提供 100 亿美元,五国将在七年内向该银行投入 1000 亿美元。这与世界银行由美国主导不同,金砖国家开发银行将平均分配股权,金砖五个成员国享有平等的话语权。有关专家张海冰认为,平均分配股权的优势是各种声音都可以兼顾,避免形成"一股独大",对于打破西方垄断,推动建立公平、公正、合理的世界经济秩序具有重大政治意义,同时体现了金砖国家的平等协商参与全球治理的新理念和新思路。

---

① "金砖国家——引领世界成功发展的缩影",http://opinion.people.com.cn/n/2014/0716/c1003-25290298.html。

② "为金砖国家合作贡献'中国智慧'",http://opinion.people.com.cn/n/2014/0717/c1003-25293141.html。

(二) 打破西方国际金融政治领域的垄断话语权，推进国际关系民主化

长期以来，在旧的世界经济政治秩序中，由于不对称的相互依赖关系中孕育着敏感性和脆弱性的差异决定了南北方国家在同一国际格局中的获利能力和获利程度，从而使一些西方发达国家获取了强迫南方不发达国家做它不愿意做的事情的能力，从而垄断着国际话语权。现在金砖峰会已成为新兴市场国家和发展中国家合作的重要平台，是带动全球经济增长、完善全球经济治理、推动国际关系民主化的重要力量。从经济角度看，金砖国家设立的开发银行相当于世界银行，这将为发展中国家提供长期发展援助资金；而应急储备安排则相当于国际货币基金组织，这将为金砖国家应为金融突发事件特别是汇率大幅波动提供短期稳定基金。中国人民大学国际关系学院李巍副教授认为，开发银行和应急储备安排将为金砖国家和其他新兴市场国家及发展中国家的基础设施建设提供有力支持，帮助新兴市场国家更好地应对国际资本流动风险和金融动荡冲击。上海国际问题研究院张海冰研究员认为："二战后，世界经济秩序由西方国家控制，如同一间屋子，屋顶是七国集团，支柱分别是贸易领域的世界贸易组织、金融领域的国际货币基金组织和发展领域里的世界银行。成立金砖国家开发银行和应急储备库是发展中国家面对现有世界经济秩序的一种'自助性'选择，是对现有的国际多边发展合作机制的有效补充，将对发展中国家形成强有力支持。"由此可见，金砖国家开发银行和应急储备库的设立是金砖国家、是南南合作自己主宰命运的生动体现，它打破了西方的布雷顿森林体系和世界银行在国际金融领域的垄断话语权。金砖国家不再唯西方马首是瞻，印证了沃勒斯坦世界体系论中的观点，"各类国家在世界体系中的地位不是一成不变的，半边缘国家有可能升格为中心国家。而中心国家也有可能沦为半边缘国家乃至边缘国家"。[①] 这就为促进南北对话的平等、加速国际关系民主化奠定了基础。

[①] 樊勇明主编：《西方国际政治经济学》，上海人民出版社2006版，第92—93、126页。

经济决定政治，金砖国家经济实力增长的影响，就必然反映在政治权利领域的诉求上。此次巴西峰会，其中的一大议题就是政治协调：全球治理和地区危机，"政治协调"首次成为金砖峰会的单独议题，其标志性的意义不言自明。

张海冰研究员还认为，向政治安全领域的议题拓展，是金砖合作的必然趋势。当前世界格局正处于转型阶段，地区传统和非传统安全问题凸显。发达国家协调合作的声音很强，发展中国家的声音则相对零散。"如果借助金砖峰会机制，发展中国家协调共同立场、发出共同声音、维护共同利益，将有力推动国际关系向民主化方向发展。"中国前大使王嵎生认为，近一年来，国际社会非常不太平，乌克兰、伊拉克、巴以等热点问题有往恶性化方向发展的趋势。此次金砖峰会，五国领导人将发出正能量的呼声，主张和平对话解决问题、包容和平等协商，反对威胁和强加于人，重申支持联合国的中心地位作用，维护国际公平正义。外交部副部长李保东在回答金砖国家合作是否考虑转向政治安全领域的问题时也指出，金砖国家合作是开放包容的，不局限于经济金融领域。金砖国家已经建立金砖国家安全事务高级代表会议机制，金砖国家外长每年均在联大期间举行会晤。相信金砖国家合作能为世界和平做出贡献。[①]

（三）巴西峰会开启了实质意义上的"南南合作"新时代

南南合作，是多年来的一个话题，然而自金砖国家成立后，便赋予了其新的时代内容。金砖国家由于其经济、地理、人口等的现状，堪称南南合作的典范，是广大第三世界国家和地区经济社会发展的火车头。金砖国家在2013年的南非德班峰会期间就开创了与非洲国家领导人的对话会的先例，2014年的巴西峰会延续了这一惯例，与主办国巴西所在的南美洲国家领导人举行对话会。非洲和南美洲都是发展中国家集中地区，与非

---

① "金砖峰会今在巴西举行 三大亮点备受关注"，人民网，http://world.people.com.cn/GB/n/2014/0715/c1002-25280419.html.

洲、南美洲国家领导人的对话会议本身就是南南合作，有着积极的意义。

金砖国家的合作机制，是第一次真正由发展中国家组成的国际合作机制，开启了实质意义上的"南南合作"时代，具有突破性和划时代的意义。首先，金砖国家和非洲、南美洲等绝大部分国家和地区都是新兴市场和发展中国家集中地区，具有很大发展潜力，是国际格局中的新兴力量和上升力量，而金砖国家和他们之间的交流对话，则直接展示了彼此友好合作的发展意愿，加强双方市场的快速对接，对推动南南合作的意义是无法小视的。其次，金砖国家合作机制倡导的是开放、包容、合作、共赢，与各国共同发展。这与前非洲和南美的西方宗主国相比完全不同，让广大南方发展中国家普遍感受到自己的命运是自己在主宰，当家做主对于非洲和南美洲大多数国家来说是弥足珍贵的。第三，金砖国家和非洲、南美洲朋友的对话和合作，有利于维护新兴市场和发展中国家共同利益，有利于提升新兴市场和发展中国家在全球治理中的制度性权力和话语权。第四，金砖国家开启了"南南合作"新时代，同时也向世人表明，不必照搬西方发展模式，发展比较好的新兴国家正在前面探路。金砖平台，正在成为推动南南合作、推动全球社会治理的最恰当、最合适的国际舞台。[①]

四、金砖国家峰会助推南南合作纵深发展的思考

当前的国际体系正处在权力转移和利益格局的调整期，其中有三个显著特点与以往不同：一是在两个全球性大国中美之间的权力转移；二是权力由西方向东方转移；三是权力由传统的西方国家向南方国家转移。[②] 在此背景下，下面我们从中国、金砖国家本身及南南合作三个方面简单做一个思考。

[①] "金砖峰会今在巴西举行三大亮点备受关注"，人民网，http://world.people.com.cn/GB/n/2014/0715/c1002-25280419.html。

[②] 张建新：《国际体系变革与新型大国关系》，上海人民出版社2013年版，第163页。

（一）中国在推动金砖国家合作中的主导作用

中国在金砖国家处于领先地位。在金砖国家中，中国不论从哪一方面，比如经济规模、增速和世界占比及全球竞争力等，都处于领先地位。据世界经济论坛发布的《2013—2014年全球竞争力报告》显示，中国内地的竞争力排名为第29位，与上年持平，而其他四个金砖国家，除俄罗斯（第64位）排名有所上升外，南非（第53位）、巴西（第56位）和印度（第60位）均有下降，其中印度和中国之间的竞争力差距从2006年的8位扩大到了当前的31位。[①]"金砖"概念的发明者吉姆·奥尼尔指出，"金砖国家整体增长情况如何，很大程度上取决于中国"。[②]

中国一贯重视金砖国家的合作。从金砖这一概念的提出到现在，中国的态度和行动都是积极的，取得的效果是世人有目共睹的。在2009年的叶卡捷琳堡峰会上，中国积极参与磋商和筹备；2010年作为轮值主席国，积极推动南非的加入；2011年的三亚峰会，第一次提出推行本币贸易结算，加强金融合作，并签署《金砖国家银行合作机制金融合作框架协议》等；[③] 2012年中国和其他金砖国家一道，积极探讨成立金砖国家开发银行的可能性，明确提出全球治理改革的诉求，提高发展中国家的发言权和代表性，签署了两项旨在扩大金砖国家本币结算和贷款业务规模的协议，使得金砖国家间的贸易和投资便利化；2013年的德班峰会，决定设立金砖国家开发银行、外汇储备库，宣布成立金砖国家工商理事会和智库理事会，首次举行了金砖国家与非洲领导人对话会，传递了金砖国家愿与非洲国家在基础设施领域加强合作、促进非洲互联互通、释放非洲发展潜力的

[①] "全球竞争力报告：中国第29位继续领先金砖国家"，新华网，2013年9月4日，http://news.hexun.com/2013-09-04/157711098.html? fromtool = roll。

[②] "'金砖之父'：金砖国家的黄金时期并未结束"，《上海证券报》2013年9月10日，http://finance.eastmoney.com/news/1371，20130910321567581.html。

[③] 赵可金："国际战略中的金砖国家合作"，《国际观察》2014年第3期。

积极信号。所有这些，没有中国的参与和积极促成是很难取得成效的。

中国要积极引领金砖国家大步向前。鉴于中国的综合国力及在金砖国家中的影响力，今后金砖国家的纵深发展还需要中国继续发挥重要作用。中国应在继续综合平衡、全面权衡的基础上，引领金砖国家迈步向前，可以从以下方面着手：首先，要继续提供国际公共产品的供给。如根据形势的发展，提出新的理念、新的思路、新的制度。其次，要在力所能及的情况下，提供自己的物质力和财力，虽然我们不搞西方的那套以干涉别国内政而换取支持，但我们也必须影响和引导其他成员，为树立新的、合理的、公正的、符合世界多数人民和国家利益的国际经济政治新秩序而共同努力。中国参与的援助非洲、拉美等国的医疗卫生、粮食、反恐安全等已经得到这些国家和地区人民的赞赏。再次，我们除了自己的硬实力发挥影响外，也要扩大自己的软实力影响，加强中华文明与世界文明的交流与融合，通过走出去与请进来，重塑中华民族在世界人民心中的光辉形象，这一则有助于实现中华民族的伟大复兴之梦，二则可以平衡东西文化影响，促进国际关系的民主化和现代化。

（二）金砖国家合作迈向纵深发展的几点思考

积极倡导求同存异、平等合作原则。一方面，现在的金砖五个成员国，由于其资源禀赋、政治制度、历史文化和价值理念等的差异，在一些重大问题上各持己见，这也是情理之中的。对此，我们应当给予充分的理解和宽容。另一方面，金砖国家均为新兴国家，在世界金融危机中的角色显得特别醒目，每个国家的综合实力和影响力都在快速增强，每个成员国都有自己的民族抱负和国家战略，在某些方面还往往是竞争关系，个别国家间还因历史、领土纠纷存在着猜忌和积怨，这些都是金砖国家进一步合作的障碍因素。如何让大家都能超越这些"小我"的因素，去实现更大的国家战略，这是所有金砖国家必须面对的。在2014年的巴西峰会上，有媒体就认为金砖国家是为"抱团取暖"而走到一起的，这话虽然不全对，但至少表明了金砖国家有着共同的战略利益。因此，求同存异、平等合作就显得尤为重要。这次开发银行的等额投资、平均分配股权就体现出了平等合作的思想,反映了金砖五个成员国享有平等的话语权。

金砖国家要始终站在南方发展中国家立场上。在现今的国际体系中,发展中国家仍是一个庞大的群体,占据着世界领土、人口和资源等方面的多数部分,在国际体系的动荡变幻中起着举足轻重的作用。金砖国家都是源自于发展中国家的新兴经济体,"更是广大发展中国家的代表,应反映发展中国家共同的利益诉求,致力于维护发展中国家的共同利益。金砖国家要在国际舞台上发挥更大的作用必须依托发展中国家这个群体,发出反映发展中国家共同利益与诉求的呼声,才能使自己的政策与主张具有更广泛而坚实的基础,而如果想借助金砖平台实现一己私利则会严重损坏金砖合作"。[1] "金砖国家的群体性崛起有可能为处于分散状态的广大新兴国家,特别是那些在全球治理体系中处于相对弱势位置的发展中国家,提供一个可以参考、靠拢乃至依靠的坚强核心。"[2]

金砖国家要通过加强人文交流而增强认同感和归属感。物质和财力的帮助与合作能够解决一时的困难,但持久的合作和共事,则需要文化的认同和归属作为动力。金砖国家要想实现进一步的合作,就必须重视人文社会方面的交流互鉴,增进彼此的了解和情感。要增加诸如中俄文化年互办活动,专项业务、科研与学术等的交流活动,增派青年学生交流互学等活动。增加一些旨在增进金砖国家荣誉方面的互动,培育和积累健康与友好的因素,最终达到金砖国家间的增强认同感和归属感这一效果。

(三)金砖国家推动南南合作纵深发展的思考

通过金砖国家的合作树立南南合作的榜样。金砖国家本身就是源于南方的广大发展中国家,金砖国家又是新兴的国家,当然主要是指新兴经济体,这使现时代以经济和科技为龙头和标志的综合国力的竞争极富有政治

---

[1] 卢静:"后金融危机时期金砖国家合作战略探析",《国际展望》2013年第6期。
[2] 沈逸:"全球网络空间治理与金砖国家合作",《国际观察》2014年第4期。

意义。金砖国家成员国之间合作的好与坏，在很大程度上影响着南南合作的顺利与否。金砖国家只有本身合作得好了，才能起到带动和示范作用；金砖国家只有在重大的国际问题上用一个声音说话，才能让西方的老牌国家重视南北对话；金砖国家只有始终"抱团取暖"，南南合作的信心才能增强，从而开创南南合作的新未来。

通过金砖国家的开放吸纳更多的新成员。尽管"金砖国家机制目前还称不上传统意义上的机构性组织，它不是一个经济共同体，也不是一个自由贸易区，而是多重利益相互吻合和相近的五个新兴经济大国的集合体"。① 但金砖国家可以就重大的国际问题用一个声音发话，这就足以产生重大的影响。金砖国家不应是一个安于现状的五个固定成员，而应是一个开放的集体，随着形势的发展可以接纳符合一定条件的新成员。金砖国家应在适当的时候，拟定出符合各方利益的条件，作为未来扩容的标准。当然如果美国及其他西方强国符合条件，并遵守约定规章制度，也是可以吸纳入伍的。开放的、可以扩容的金砖组织必将是充满活力的。可以设想，当金砖组织的金色染遍世界多数国家之时，也就是国际经济和政治新秩序得以确立起来之时，再回首南南合作，我们该是多么的欣慰！

通过金砖国家的推动实现南北平等对话关系。首先，"金砖国家的合作是新形势下发展中大国在多边框架内开展的'南南合作'的新平台，是对发达国家与发展中国家之间'南北合作'的有效'补充'而非'替代'，其目标是推动国际关系的民主化和提升全球治理的有效性"。② 其次，金砖国家的良好合作，可以让一些国家和地区的人们看到即便是存在着这样或那样的差别与纠纷，但只要风物长宜放眼量，从世界和大多数人民的根本利益出发，从全局的战略高度出发，从地区和国家民族的根本利益出发，就一定能够找到合适的办法，和平、合作与发展是一个顺民意、合潮流的大主题，顺之则昌，逆之则亡。再次，金砖国家超越"小我"而实现"大我"，我们知道"金砖国家基本上并不互相接壤，但能超越地

---

① 吉佩定："金砖国家推动世界格局重塑"，《今日中国论坛》2012 年第 5 期。
② 朱杰进："金砖国家合作机制的转型"，《国际观察》2014 年第 3 期。

缘空间整合共同战略目标和途径成为当代国际关系的新亮点"。① 跳出地缘战略固有局限的思维去谋事，不仅可以增强金砖国家自身的能量，而且可以收到"一石二鸟"的效果，也必将带动广大发展中国家总体实力的上升，实现南南合作由"弱弱联合"到"强强联合"的转变，进而从根本上改变在南北对话中的被动与不利局面，实现南北平等对话，促进国际关系的民主化。

五、结语

沃勒斯坦的世界体系论认为，资本主义体系的实际运行受到了其机制本身的限制：首先，无产阶级化保证了资本家获得充足而廉价的劳动力；其次，中心与边缘的经济空间划分决定剩余价值的分配结构；再次，不等价的交换实现了剩余价值从边缘向中心的转移；最后，世界体系的运行周期和趋势。而此次的巴西金砖峰会正是南方发展中国家打破西方资本主义世界体系运作机制受限的举措，金砖国家试图对国际重大问题用一个声音说话，等额出资、平等股权、平等话语权等的开创，冲破了只为少数国家少数人所受益的西方世界体系，为世界的民主文明和进步做出了自己的贡献。

---

① 杨洁勉："中美俄的亚太战略互动：动因、特点和理论建构"，《国际观察》2014年第4期。

创意产业与南南合作：
推进全球可持续发展

吴苇*

一、引言

正当世界各国努力实现千年发展目标，国际社会拟订新的 2015 年后全球发展议程之际，联合国正在努力确保文化作为可持续人类发展的驱动力和推动力，文化及创意产业的重要性在今后的发展目标和指标中能够得到体现。

文化和创意产业得到认可，不仅仅是因其经济价值，更是因其在促成新的创意或新的创新技术方面的作用和其带来的非货币化社会效益。文化是发展的推动力，文化使人们有能力掌控自身的发展进程。将以人为本、立足于本地情况的工作方法纳入发展方案，卫生、教育、妇女赋权、青年参与等各个领域的干预措施考虑到不同文化背景，包括多种多样的本地价值观、条件、资源、技能和局限性，就可能实现翻天覆地且可持续的变革。

2013 年 6 月，在纽约召开了关于文化与发展问题的联大专题辩论，联合国秘书长潘基文致开幕词。他承认："有着良好初衷的发展方案纷纷失败，是因为这些方案没有考虑到文化背景。要动员人们，我们就需要了

---

* 吴苇，西南财经大学会计学院学生。

解和接纳他们的文化。这意味着要鼓励对话，倾听个人意见，确保文化和人权支持新的可持续发展进程。

然而在15年前，即2000年，联大第55/2号决议通过千年发展目标时，人们并没有明确认识到文化对于发展的重要意义。自那时以来，世界各地的专家和从业者协力证明了文化作为发展驱动力的潜力。联合国贸易和发展会议（UNCTAD）与联合国开发计划署（UNDP）通过联合国南南合作办公室（UNOSSC），与联合国教育、科学及文化组织（UNESCO）、世界知识产权组织（WIPO）以及国际贸易中心（ITC）合作编写了2008年和2010年版《创意经济报告》，强调了创意经济不仅是世界经济中增长最迅速的部门之一，而且在创造收入、创造就业机会和出口收入方面极具变革意义。

此外，教科文组织多年来的工作表明，将创意部门作为整体发展和增长战略的一部分，将有助于振兴国民经济，会出现异彩纷呈且生机勃勃的经济和文化交流，从中孕育创新。但创意部门的贡献还不止于此，投资作为社会发展驱动力的文化和创意部门，由此产生的成果还将有助于改善社会整体福利、提升个人自尊和生活质量、促进对话和增进凝聚力。通过扶持文化和创意产业取得的这些成果可能比较难以量化，但其重要性却并不削减。

联合国可持续发展大会题为"我们希望的未来"的会议报告承认了文化和文化多样性对于可持续发展的重要性，并且提出，投资于身份、创新和创造力，将有助于为个人、地方社区和国家开拓发展新途径。假如在尊重人权、平等和可持续性等基本价值观的基础上营造出有利环境，就可以在其中开辟出发展新途径。文化在这方面的贡献将实现包容的社会发展、包容的经济发展、环境可持续性、和平与安全。

近年来，南南合作取得了显著的成果。发展中国家作为最有活力的经济体，创意产业贸易额也取得了显著的增长，从2002年的760亿美元增加到了2008年的1760亿美元，占创意产业国际贸易的大约43%。更重要的是，创意产品出口年均增长率为13.5%，比全世界同期年均增长率11.5%高两个百分点。这充分显示了发展中经济体的经济活力和在世界市场上所占的越来越多的份额。在全球贸易优惠制（GSTP）下，发展中经济体正越来越积极地进行谈判,力争在文化创意产业这个前景广阔的领域扩展南南贸易。尽管亚洲的经济增长引人注目,但其他区域的发展却没有充分获得创意经济带来的潜在收益来促进整个经济增长。国内政策力度不够以及一些全球性的偏见成为其发展的主要障碍。[1]

文化创意产业,对于转变南南合作模式,推进南南合作深化,并且推动可持续人类发展有着十分重要的作用。

二、创意产业南南合作现状

(一) 创意产业南南合作发展概况

联合国为了促进南南合作进一步深化发展,设立了南南合作特设局。南南合作特设局长期以来一直承担全球创意产业规划与协调任务,专职负责推动发展中国家之间的合作及发展中国家与发达国家的协调。近年来南南合作取得了显著的成果,发展中国家的进出口贸易额显著增长,并且超过了与发达国家的贸易额。根据联合国数据显示,2011 年南南贸易出口额已经达到 4 万亿美元,占全世界的近 1/4,相比于 2001 的 13%,这是一个巨大的飞跃。自 2008 年以来,南南出口额的比例一直超过了南北的出口额的比例(见图 5—1)。

根据联合国贸发会议在 2013 年 5 月公布的数据显示(见图 5—2),2012 年世界创意商品和服务贸易总额达到创纪录的 6240 亿美元,其中创意商品的贸易额达到了 4737 亿美元。在 2003 年至 2012 年间增长了一倍有余,这期间的年均增长率为 8.8%,但是在 2009 年下降明显,并且之后的增速都较为缓慢。而南南国家之间的创意商品的出口增长势头则更为强劲,从 2003 年的 760 亿美元增加到了 2012 年的 1760 亿美元,同期的

---

[1] 联合国教科文组织:《创意经济报告 2013(特别版)》,2014 年,第 4 页。

年均增长率达到12.1%。而且，从图5—2中可以看到，南南国家创意产品贸易额的增长率一直高于世界的增长率，南南创意产品贸易额占世界创意产品贸易额的比重也越来越高。南南国家创意产品出口年均增长率为13.5%，比全世界同期年均增长率11.5%高两个百分点。

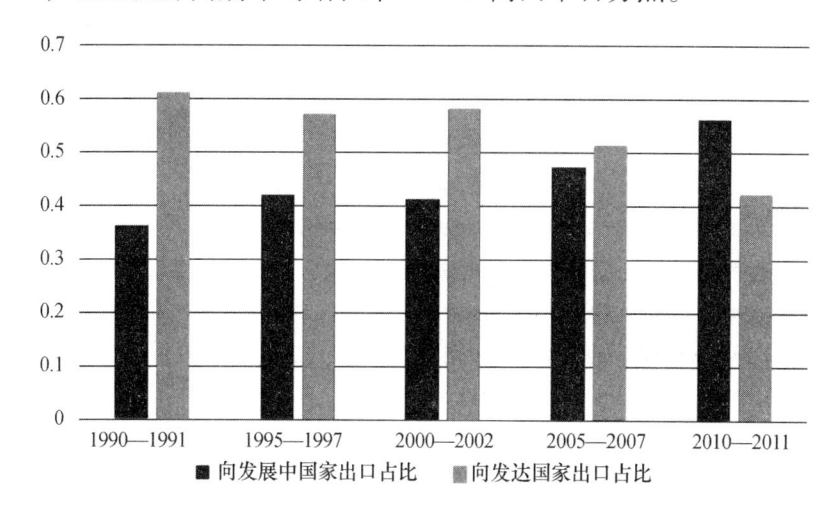

图5—1 发展中国家出口对象变化

资料来源：联合国贸发会议数据库。

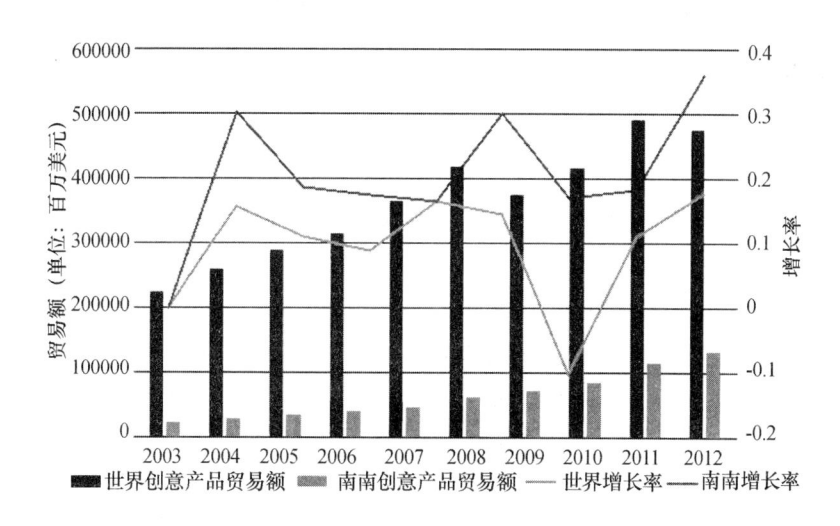

图5—2 创意产品贸易额

资料来源：联合国贸发会议数据库。

联合国与南南合作

南南贸易的增长推动了世界经济的发展。在创意产品贸易额上，南南贸易额占世界贸易额的比重，从2003年的9.8%一直上升到2012年的28%，而发展中国家向世界出口的创意产品已经达到世界整体创意产品贸易额的43%，这充分显示了发展中国家在世界创意产业市场上具有强大的活力，所占市场份额增长迅速（见图5—3）。

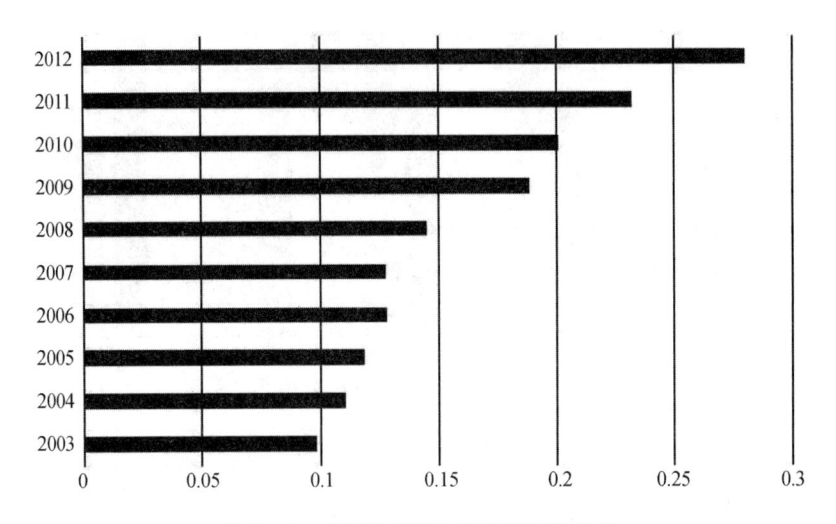

图5—3　南南贸易额占世界贸易额比例
资料来源：联合国贸发会议数据库。

截至2012年，南南创意产品贸易总额超过了1000亿美元，并且在2003—2012年间达到了35%的惊人增长率，远远高出世界整体贸易额15%的增长率（见图5—4）。在这种良好态势下，发展中国家受到强烈的鼓舞，积极发展创意产品，在全球贸易优惠制（GSTP）的框架内完成谈判，为南南贸易未来在这个充满希望的领域发展壮大注入更多动力。创意产品的南南贸易在创意产品国际贸易中所占的比重为15%，增长率在短短六年间就增长了两倍。

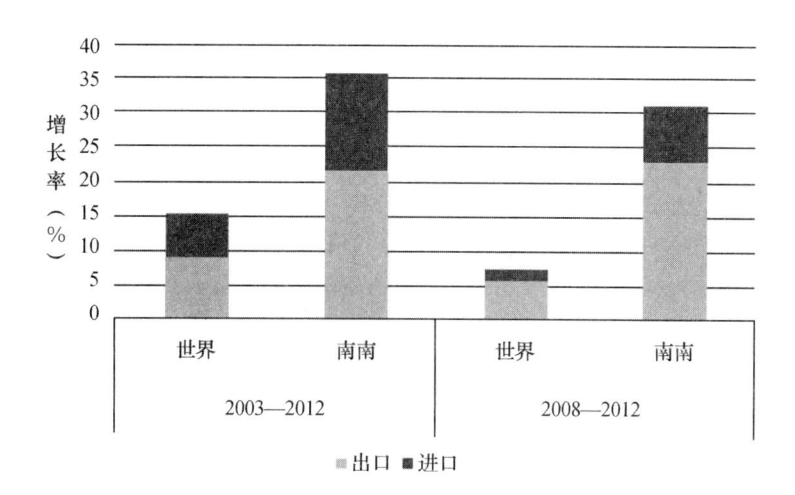

图 5—4 南南创意产品贸易增长率与世界创意产品贸易增长率

资料来源：联合国贸发会议数据库。

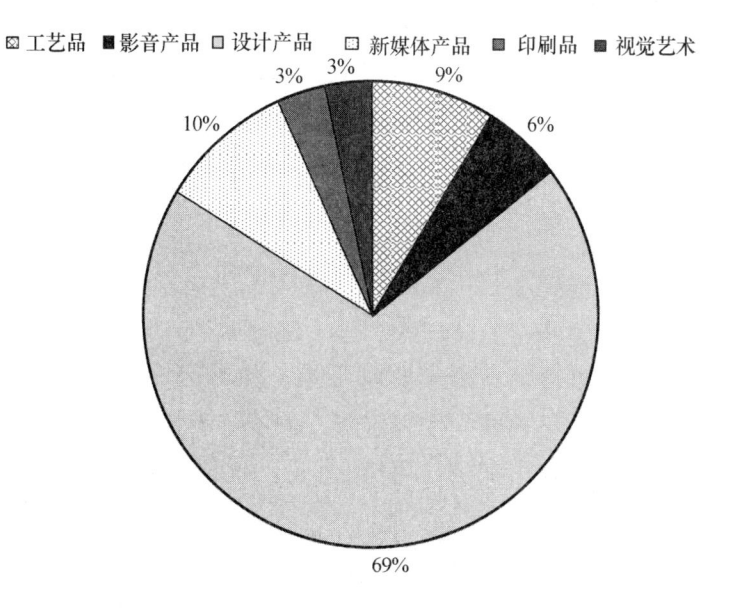

图 5—5 南南创意产品贸易额构成

资料来源：联合国贸发会议数据库。

而就南南创意产品贸易额的内部构成来看，设计产品所占比重最大，达到将近70%，所谓设计产品，包括带有独特设计和风格的建筑物、时尚产品、玻璃器具、室内装饰物、珠宝、玩具等。工艺品和新媒体产品虽然所占比重都不到10%，但是增长势头相当迅猛。工艺品包括地毯、庆典用品以及其他的手工制作的用品；新媒体产品包括电子游戏、表演艺术、乐器和印刷音乐等。这些虽然占比重不大，但是未来有较好的增长动力。而传统的书籍、报纸等印刷品和CD等影音产品则所占比重较小，虽然贸易额也在增长，但是与其他产品相比增长较为缓慢，所占比重会进一步缩小。

（二）中国在创意产业南南合作中的作用

中国是发展中国家的一员，是南南合作的积极倡导者和支持者。新世纪以来，科技发展突飞猛进，经济全球化趋势深入发展，世界各国的联系和相互依存日益加深，这为发展中国家的经济社会发展带来了历史性的机遇。但是，国际经济秩序中的不公正不合理因素依然存在，贸易保护主义的观念依然根深蒂固，一些发展中国家甚至面临边缘化的危险。为了更好地迎接机遇、化解发展难题，中国一贯秉持"平等互利、注重实效、长期合作、共同发展"的原则，积极支持并参与南南合作。与其他发展中国家一道携手并进，加强合作，合作内容不断丰富，规模迅速扩大，形成经济上合作共赢的局面。[①]

文化产业作为可持续发展的驱动因素，兼顾正式和非正式文化系统，经济的和非经济的文化领域，实行经济、社会、政治、文化、环境建设的"统筹兼顾"，实际上正是我国新时期以来改革发展的主线，中国的经验实际上亦具有国际意义。首先，我国既强调发展"消费性服务"功能，满足人民群众日益增长的精神文化消费需求，也强调发展"生产性服务"功能，推动文化创意和国民经济相关行业融合发展，发挥文化产业在推动国民经济转型升级、实现可持续发展中的杠杆作用；其次，我国强调文化

---

① 陈汉欣："中国文化创意产业的发展现状与前瞻"，《经济地理》2008年第5期，第728页。

产业和公共文化服务"双轮驱动",兼顾了"市场化"因素和"非市场化"因素的作用,发挥了文化改善生活环境、提升当地形象和声誉的作用;第三,我国在发展文化产业的同时大力推进文化遗产保护,在民族民间文化资源丰厚的地区大力建设文化生态保护实验区等,为完善地方社区"文化记忆",活化民族民间文化传统做出了系统的尝试和实验。①

正因为我国在发展文化产业方面进行了大量前沿性的探索,仍然存在阻碍发展的问题才尤为值得关注。《2013年创意经济报告》中指出:"创意产业和文化产业在运行和组织方式上同一般的经济和工业模式存在诸多相悖之处。"从某种程度上来说,发展文化产业是中国政府为了应对全球化挑战而制定的主动政策,而不是来自经济发展的内生逻辑。由此产生的必然结果是,文化产业与目前我国的市场环境不兼容。这些年来经常谈论的文化产业发展中的产权交易难、投资贷款难,甚至财务制度不合理等问题,都与此有关。现实告诉我们,处在工业化中后期的中国,文化产业与传统工业化发展模式的矛盾和冲撞还会继续下去,文化产业成为引领可持续发展的支柱产业,承担起撬动转型发展这盘大棋的重任,还有比较长的路要走。

有经济学家曾说,中国的东西问题就是世界的南北问题,也就是说,中国的西部省份面临国际社会中"南方国家"同样的问题,也可能有相同或者相近的解决之道。报告中提到的"绕过工业增长阶段,向后工业时代'蛙跳式过渡'",在我国西部若干省份已经是大规模展开的实践。特别是党的"十八大"以来,转变发展方式成为主线,从中央到地方政府开始纠正"唯GDP"的发展模式,地方政府在单一尺度下赶超发展的模式被逐渐抛弃,对独特地方发展路径的探索正在西部各个省区展开。如果说在以联合国教科文组织为首的国际社会,已经认为发展中国家不必复制发达国家现成模式而走自己独特的发展道路,可以颠覆西方发达国家200年来一直通行无阻的现代化市场逻辑,我们也有理由对中国文化产业波澜壮阔的发展实践抱有充分信心。

---

① 宋冬英:"创意产业研究综述",《重庆工商大学学报》2006年第5期,第59页。

三、创意产业南南合作推动全球可持续发展的方式

创意经济不仅是世界经济中发展最为迅速的产业之一,也是在增加收入、创造就业和出口创收等方面极具变革能力的一个产业。但这还不是创意产业的全貌,因为释放创意经济的潜能还意味着提升社会的总体创造力、肯定创意经济繁荣并聚集当地所独有的特色、改善那里的生活质量、提高地方形象和声望、巩固人们借以对未来作出种种设想的资源。换言之,创意经济除产生经济效益以外,还会产生非经济价值,对实现以人为本的、包容的、可持续的发展做出重要贡献。

科技创新和文化创意是经济增长的双引擎,前者是硬实力产业,后者是软实力产业,真正能发挥巨大能量的是文化因素和科技含量有机融合的综合创意产业。由于科技创新的研发周期较长,并且价值传递的时间风险较大,对发展中国家而言,创意产业是其实现跨越式发展的有效途径,也是其转变经济增长方式的有效战略。联合国贸易发展组织认为,发展中国家要实现跨越式"蛙跳",创意产业是具有优势的产业部门。综观世界各国经济发展的实践,创意产业促进南南合作,推动发展中国家经济发展,从而推进全球可持续发展主要有以下两条路径:

第一,构建文化生态,缔造全景产业链将文化创意转化为产业,核心是要构筑创意产业链,即把创意、产品和市场有机链接起来。

要营造适宜文化创意生成和生存的生态环境。当代社会形成过去所未有的基础结构,让创意经济蓬勃发展。美国创意经济之所以兴盛,是因为其有强大的"创意性社会结构"(The Social Structure of Creativity)作为支撑:包括适合科技创意与企业的新体系(例如,热衷于创意产业投资的金融体系、高科技的开发公司、持续增长的研究费用等);创新以及更为有效的货品与服务生产模型(例如,让员工能够发挥创意的工作环境、弹性的生产方式等);以及有利于创意的社会、文化与地理氛围(例如,吸引创意人才的生活风格或是鼓励前卫艺术的文化制度等)。这种"创意

性社会结构"也可以视为适宜创意产业茁壮成长的"文化生态",发展创意产业的前提是致力于构建这种创意产业的生态环境,即通过搭建将文化创意转化为资本的中介平台,将文化创作、文化资源、文化积累产品化;通过构筑创意产品产业化的促进机制,养育创意产业的文化锐气,整合创意产业的文化资源,实现创意产业的市场价值。[①]

缔造全景产业链。创意产业能够创造巨大财富的关键是产业链的形成。创意自古有之,只有当新创意转化为现代文化资本,同时注入高含量的科技手段,并与消费者的现实需求和潜在需求有机结合起来形成产业链条时,创意产业巨大的经济能量才能释放出来。否则,所谓的创意仅仅是头脑里的思想而已。创意产品,由上游到下游构成了一个全景的产业链,通过创意的实现,带动第一第二第三产业的全面发展(见图5—6)。

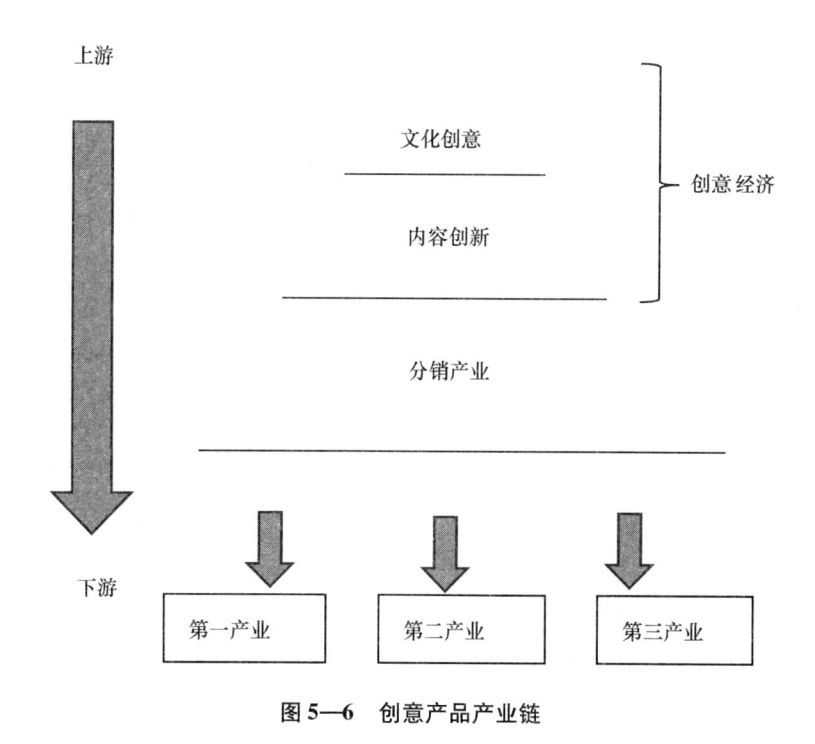

图5—6 创意产品产业链

资料来源:联合国贸发会议数据库。

[①] 联合国教科文组织:《创意经济报告2013(特别版)》,2014年,第9页。

第二，激发消费欲望，培育新型产业群。创意产业的源头是鼓励新创意的产生，而"新创意会衍生出无穷的产品、新市场和财富，创造新机会"。

激发消费者的新欲望和购买潜力，是新创意的市场基础，发展创意产业实际上是倡导开拓新的消费空间，培育新的消费群体，从而实现消费拉动经济的增长模式。一是立足于顾客价值创造，挖掘消费新需求。根据马斯洛的需求层次理论，消费者的心理需求有极大的潜力和空间，需要激发和挖掘。创意产品消费的主要是观念价值，属于精神需求产品，需要从顾客价值创造的角度设计和生产产品，根据消费者的需求层次和价值认同差异度，有针对性地推出丰富多彩的创意产品，不仅满足消费者的现有需求，同时通过新创意产品激发消费者的潜在需求，创造新财富。创意产业发展的关键在于能够将创意转化为产品，并通过产业链形成新兴产业群，一方面需要鼓励创意的产生，需要政策支持并孵化为产品；另一方面更需要对创意产品所属知识产权的有力保护，产权保护有利于创意源的涌动，有利于新创意的产业化和新产业群的形成。可以说，没有有效的知识产权保护就没有持续繁荣的创意产业，由于"偷生意"的存在，缺少知识产权保障的创意非但不能形成产业，还会使创意者付出的心血和成本付诸东流，极大挫伤创意者的积极性，扼杀新兴产业的萌芽。二是立足于创意人才培育，壮大创意阶层。创意源于个人的创造力，创意人才是创意产业的第一生产力，把壮大创意阶层作为政策鼓励的方向，会为创意产业带来持续发展的动力。营造适宜创意人才的生存环境，致力于创意阶层崛起应是政府积极扶持创意产业高瞻远瞩的战略举措。[1]

---

[1] 厉无畏、王慧敏："创意产业促进经济增长方式转变——机理·模式·路径"，《中国工业经济》2006年第11期，第9页。

四、南南合作中创意产业的经验教训和发展道路

全球和国家层面的政策干预固然重要,但创意经济不是一条孤零零的高速公路,而是在发展中国家的城市和地区各具地方特色的多重发展轨道。如何在发展中国家的社区、城市和地区切实促进创意经济将是一个新的挑战。这也正是联合国系统 2015 年后联合国发展议程工作组在 2012 年的报告《实现我们希望人人享有的未来》中提出的挑战。

全球可持续发展和南南合作不能选择一切照旧,需要进行变革,墨守前人留下的经济增长途径将加剧不平等和社会矛盾,给世界资源和自然环境造成压力。务必要促进公平的变革,确保人们能够在和平环境下选择价值体系。因此,迫切需要找到鼓励创造和创新的发展新途径,力争实现包容、公平和可持续的增长与发展。以下总结了发展中国家以及南南合作中发展创意产业面临的挑战和可以吸取的经验教训,并且提出了可靠的建议。

(一)经验教训

地方创意经济呈现出高度多样化和多面性。这些创意经济在世界各地兴起,采取的方式不同,所处的环境迥异,不同的机构、行为者以及人员、资源的流动形成了千差万别的各种机会,不存在"放之四海而皆准"的解决方案。成功的文化和创意产业可以实现出口最大化或是产生高额的利润。文化和创意产业可能并且应当做到这两点,但这两项成果既不是提升人类福祉和实现以人为本的可持续发展的必要条件,也非充分条件。文化和创意产业的核心工作是不断寻找最佳战略和途径,将文化和创意产业扩展到整条文化生产价值链,同时不断寻求最适当的专业知识来协助实现

这个目标，寻求以文化敏感度最高的方式来确定价值和回报。[①]

发展中国家的一些城市正在根据自身需要和实力创造新的模型，同时借助南南合作来增强实力。虽然创意产业的南南合作取得了部分成果，但是世界仍然存在极端的不平等情况。包容的经济和社会发展不是发展中国家独有的问题，而是一个真正的全球挑战。当今，即使是在最贫困或最偏远的地方，依然可以看出文化生产是通向可持续发展的可行途径。然而，发展中国家创意经济的发展面临着严峻的融资挑战。政府几乎没有设立补贴机制，包括针对创意从业人员和企业家的税收抵免机制。创意企业的文化生产者或经营者很难获得贷款或其他银行服务。在许多地方，发展中国家的创意经济在发展过程中缺乏开展广泛市场营销活动所需的资源，或是缺少资本，无法投资重大的新项目，或是没有跨国网络联系，无法确保世界各地的销售网点在货架上或营销活动中都摆有或突出来自其他地区或国家的创意产品。目前的状况基本上仍是默默无闻，而且不正规，与社区生活和社会网络有着错综复杂的关系。因此，卓有成效的创意发展战略将整合人们对于上述特点的认识，同时对于不平等和贫困等系统性发展挑战将给予应有的重视。

在地方层面，创意经济的发展不仅受制于资金不足，而且还受制于人员能力和基础设施的不足。人员能力不足主要体现在技能方面，特别是项目组织和业务管理能力不足、网络建设能力不足，以及限制而不是提倡创意人才和创业精神的社区环境。其他问题包括对于国家和国际层面文化市场的运作情况缺乏了解和认识。这个部分在一定程度上还遇到政治干预，束缚了真正的创造力。

成功的文化生产大多出现在基础设施和主流就业机会极为有限，但有着深厚的传统和文化价值观的地方和环境当中。危机时时都在，但文化产业能够在社会环境中创造出宝贵的灵活性，让文化工作补充而不是扰乱其他日常责任和义务，例如维护传统、持续开展土地管理活动和参与社区决

[①] 周莉华："试论新的经济增长点——创意产业"，《南方经济》2005年第1期，第64页。

策。在发展中国家的农村和快速城市化地区，文化和创意产业可以极大地改善表达、福祉和文化间对话的前景，同时还可以为人们从事正规领域的工作创造灵活的环境。此外，地方对于生产制作的广泛控制和介入，让人们能够通过综合运用图像、声音和文字来展示自己。

通过这些方式，促进人们参与文化和创意产业的价值远远超出并独立于经济效益的范畴。这种参与促成了更为广泛和更深刻的作用，例如，产生社会能量，形成信任、信心与合作，让个人和群体能够期待和设想不同的未来发展。虽然我们承认文化和创意产业的覆盖范围、迅速发展及其尚未开发的潜力，但也必须正视文化和创意产业的局限性。创意经济不是实现可持续发展的捷径，也不应将其视为抵御经济危机或衰退的万能药。创意经济一方面可以促进持续、包容和公平的经济增长，为所有人创造更多机会，减少不平等，提高基本生活水平，支持公平的社会发展和包容，促进对自然资源和生态系统实施可持续综合管理。但另一方面，创意经济有时会产生一些不可持续的程序和做法，特别是引发当前可持续性危机的无休止的消费主义。

（二）开辟发展新途径的十项主要建议

要认识到文化作为可持续和包容性发展的驱动力和推动力能够起到的作用，就一定要认识到文化在滋养创造力方面的内在裨益，文化以积极向上的方式提升社区自豪感和自信心、从而改善社会福祉的作用，以及富有活力的文化部门可以产生巨大的经济效益，形成就业机会和实现可持续增长。诸多经验都强调务要增强艺术家、文化企业家、当地社区和决策者的能力，使其能够管理文化资产、促进创意和文化部门，以及利用创意和文化部门形成的发展优势。这些经验还表明了创造力和文化在促成更加体面的工作、绿色就业机会和包容性可持续增长方面的力量。必须在个人、社区、国家政府和国际发展界等所有层面开展更多工作，以促进文化和创意部门在发展中的作用。下一步可以采取一些重要行动，进一步促进人们尊重作为可持续发展的驱动力和推动力的文化多样性和文化资产。

下面列出了十项主要建议，旨在为实现发展开辟新的文化途径。这些建议吸收了《2013年创意产业报告》提出的地方层面证据，国际社会以国际法律文书形式通过的各项原则，例如联合国教科文组织《保护和促进文化表现形式多样性公约》（2005年），以及近日通过的联合国工作组报告《实现我们希望人人享有的未来》（2012年）和教科文组织《杭州宣言：将文化置于可持续发展政策的核心》（2013年）重申的一些原则。

1. 要认识到除经济效益外，创意经济也产生非经济价值，对以人为本的、包容的、可持续的发展做出重要贡献。由文化驱动的想象、创造和创新途径，无论是个体的，还是集体的，都产生诸多的人类发展"产品"。这些"产品"既有经济价值，也有非经济价值，那就是促进包容性的社会和经济发展。能够创造或获取经济效益和非经济效益，必须被视为以人为本的发展不可或缺的基本自由之一。①

2. 要使文化成为经济、社会和环境发展进程的驱动力和推动力。发生变革的核心社会单位是由文化界定的社群，这种社群以其自身所具有的价值观念和体制架构为基础，创造经济价值（物质和非物质财富）、社会价值（社会融合、社会稳定等惠益）、环境价值（源于自然资源和生态系统的利益）和文化价值（艺术和文化所固有的、有助于个人和集体实现理想的益处）。

3. 要查清地方创意经济资产，发现机会。对地方情况的了解还远远不足，基本证据明显缺乏。不了解地方情况，无论是决策者还是项目经理，都只能依据不完整的信息做出决定。此外，进行投资的政治承诺和意愿将依然难以确定。因此，重要的是要查明地方经济的挑战、结构和运转情况，这样才能估量各项政策和计划所带来的影响。

4. 要把严谨的数据收集作为对连贯的创意经济发展政策的基本性上游投入，巩固循证基础。合理的决策不仅有赖于对地方文化资产的普查，也有赖于可靠的数据。衡量文化为城市经济发展所做贡献的新研究现已开

---

① 联合国教科文组织：《创意经济报告2013（特别版）》，2014年，第10页。

始出现，但在发展中国家，地方一级的数据严重不足。衡量文化行业产出和增长率的统计数据即便有，也往往是不完整、不可靠的。收集和分析必要的定性数据必定会是一个渐进的、不完善的进程。因此，也必须考虑并重视定性结果。[①]

5. 要对正规和非正规行业之间的关联进行调查，作为有根据地制定创意经济政策的关键因素。发展中国家的创意经济严重依赖非正规的文化体系、过程和体制结构，政府的补贴和监管能力有限，许多创意从业人员游离于官方的监管和评估范围之外，许多文化企业"无照"经营，资金筹自家人、朋友等非正规来源，而不是通过公共或商业机构筹得。因此，设法查明非正规行业和正规行业之间的关联，对于判断旨在促进非正规环境中创意活动的政策举措如何影响这类活动的发展轨迹并反作用于正规创意经济，将会大有裨益。

6. 要分析有助于地方创意经济发展新途径形成的关键性成功因素。为地方创意经济发展创造新途径而进行决策和制定政策性战略和计划，需要考虑众多关键性因素、条件或变量。这些途径将产生于地方社区内部本身固有和循环往复的发展进程与深思熟虑的政策计划行动当中。获得成功的关键性因素包括：沿价值链进行与基础设施和劳动力相匹配的资金投入；为使政策措施有效而需要的代理商、中间商和机构之间的合作；吸收地方行动方和社区参加的参与式决策进程；适合地方企业发展的特殊机制，包括技术、创业和领导技能方面的能力建设；有利于创意经济的有效知识产权；通过建立创意集群，支持移动外联而形成的网络；服务于人、服务于把经济发展与人的自我解放和自我认同愿望相融合的道德承诺；对包括行业特有的工作条件和非正规形态在内的社区发展和福利需要做出的反应。

7. 要横跨价值链投资于创意企业的可持续发展。促进文化价值链将需要制定举措，支持地方的学习和革新进程。这意味着需要采取行动，培

---

① 联合国教科文组织：《实现我们希望人人享有的未来》，2012年。

养新人才、支持创意新形式；意味着要在商务管理、信息通信技术或社交网络等领域为文化企业家提供机会，以培训或吸引技术熟练劳动力。它包括加强创意从业人员和社区的生产和流通基础设施（网络），举行营销和受众外联活动，提供适应社区的文化、社交和实体结构的城市空间。

8. 要投资地方能力建设，增强创意从业人员和文化企业家、政府官员及私营部门公司的能力。能力建设在发展中国家的创意经济中所能发挥的重要作用不可低估。公共部门的能力建设行动正在使管理和领导技能得到加强，用知识增强决策者制定地方创意经济战略的能力，并吸引不同的利益相关方参与这一进程。投资于人力资本的开发是实现以人为本的发展的一个重要途径。与此同时，还需要投资于治理系统和制度框架的完善。①

9. 要深入南南合作，促进富有成效的相互学习，以利于国际发展政策议程的制定。进行国际合作，分享信息，促进决策透明度，并不仅仅是各国政府的事，地方当局也能在经验分享当中发挥重要作用。通过南南合作，尤其可以走向富有成效的相互学习，为国际发展议程的制订做出贡献。这一点务必通过有关实际情况、能力和需要的多样性方面的信息加以充实，促进和支持文化创意，包括城市与城市之间的合作。

10. 要使文化在地方经济和社会发展计划中成为主流，无论有无优先项目与此相抵触。在许多发展中国家，在把文化创意产业融入发展战略和计划的过程中，社区和城市的行动都比国家机构的行动更有成效。然而，若要使创意经济全力促进可持续变革，将需要公共部门的领导人与民间社会和私营部门利益相关方结成伙伴关系，优先向创意经济投入，作出真诚的承诺，加强地方机构的能力。领导力即意味着增强个人和社区的能力，使之掌控其地方创意体系和文化生产体系，进行创作并充分参与到文化生活当中。

---

① 联合国教科文组织：《保护和促进文化表现形式多样性公约》，2005年10月。

五、结语

创意经济并不是一条孤零零的高速公路，而是各具地方特色的多重发展轨道，多存在于城市和地区等国内层面。审视发展中国家地方层面的各种互动、特点和政策，观察创意经济如何在社区、城市、地区得到切实的促进。正如联合国系统 2015 年后联合国发展议程工作组所提请国际社会注意的，文化创意产业是"在追求包容、公平和可持续的增长与发展中，鼓励创造和创新的发展新途径"。

在世界创意产业迅猛发展的经济浪潮下，发展中国家面临的一个新的问题就是如何将创意产品和服务推向国际市场。要加强南南合作，讨论发展中国家创意产业发展面临的问题和解决的方案，例如如何采取切实有效的活动解决创意经济发展的复杂问题，如何通过现代技术帮助发展中国家推广文化产品，如何发掘发展中国家的合作潜力在创意产品和服务上展开深入合作，增强文化交流，促进各发展中国家创意人才的积极交流，让他们在不同的环境和平台上最大限度地发挥创意才能。

论南南合作中的公私伙伴关系
——以小水电南南合作为例

俞卓辰[*]

联合国曾明确指出南南合作与传统意义上以带有很大政治附加条件的发达国家与发展中国家的双边合作和多边合作不同,南南合作更加强调平等互利的观念,是促进千年目标实现的重要途径。南南合作的理念自20世纪50年代诞生以来,对促进发展中国家的经济社会发展做出了重要贡献。而中国作为世界上最大的发展中国家和世界第二经济大国,经常开展与发展中国家的国际合作,在南南合作中扮演着日益重要的角色。对于南南合作的定义,尽管各个机构对它的表述不同,但是其核心基本上是一致的,即南南合作是由发展中国家发起、组织和管理的,在双边、多边、地区和地区间等多个层次为促进共同的发展目标而展开的合作。政治上表现为互相尊重主权、独立以及不干涉他国内政,经济上则主要涉及知识、技术的共享和经济联系的加强,体现为南南国家之间的贸易、投资、技术转移和地区一体化趋势的加强。[①]

公私伙伴关系强调的是公共部门和私营部门的通力合作,从而提供优质的公共服务,公私伙伴关系的理念起源于西方发达国家的公共管理经验,但是随着国际合作的日益加强、第三部门在发展中国家的日渐兴起、具有权威性的国际组织在国际社会中扮演着日益重要的角色,公私伙伴关

---

[*] 俞卓辰,汕头大学法学院2011级公共事业管理专业学生,现为南洋理工大学硕士研究生。

[①] 黄梅波、唐露萍:"南南合作与中国对外援助",厦门大学国际发展论坛,2013年。

系的理念逐渐延伸到国际合作项目和国际组织管理中，其目的仍然是在于提高公共产品供给的效率，尤其是在发展中国家提供基础设施服务方面有更加显著的体现。

南南合作主要体现在经验分享和技术转移，而小水电的南南合作则是经验分享和技术转移的最好体现。中国是世界上公认的"小水电之乡"，中国的小水电不仅发展历史悠久，近几年还一直呈现快速发展的态势，中国成熟的小水电技术也领先于世界。到2013年底，我国已建成小水电机组45000台，总装机容量达6500万kW，年发电量2000亿kW·h，年度发电量占全国水力发电量的22.3%，[①] 为中国许多农村偏远地区解决了长期困扰他们的用电难题。与国家牵头建设的大型水电项目不同，小水电主要是依靠地方政府和群众的力量进行建设，虽然其发电量难以和大型水电站比肩，但是在一些电力资源匮乏的偏远地区却发挥了重要作用，这是因为小水电的发展受资金、技术、环境的影响相对较小，在偏远农村地区的可操作性比较强。且小水电属于清洁能源，与煤电相比具有很强的环保性，可以有效减少森林的砍伐、减少二氧化碳和含硫化合物的排放。小水电的使用可以切实提高农村的通电率，促进农村生产和提高农村的电气化水平，进而促进农村地区生活水平的提高。另外，由于水电行业属于劳动密集型行业，因此小水电的建设和开发也是吸纳农村劳动力、帮助农民脱贫致富的有效手段。

而从全球的角度来说，伴随着许多发展中国家进入工业化时代，对于水电的需求日益增加，近几年许多发展中国家的小水电发展也呈现出良好态势，尤其是在经济社会发展水平相对较为低下的亚非拉地区。亚洲以柬埔寨为例，柬埔寨计划在2020年前有17个电力项目动工并计划在该年度实现村村通电；欧洲以塞尔维亚为例，目前已经建成小水电站31座，装机34.6兆瓦，年生产电力1.5亿度；非洲以乌干达为例，母潘加（Mpan-

---

[①] 刘大宏、杨鹏隆："我国小水电开发现状及发展建议"，《北京农业》2014年8月刊。

ga）小水电已于 2007 年建成，装机 18 兆瓦。[①] 这些数据无不表明国际小水电发展的喜人态势。而这些发展中国家的小水电项目不少是南南合作的产物。

纵观这几年南南合作中的小水电项目，我们不难发现，公共部门和私营部门在以联合国为代表的国际组织平台上建立了良好的合作关系，公共部门和私营部门的互动模式主要是以公共部门提供技术和经验支持，尤其是掌握有较先进技术的发展中国家向其他技术经验落后的国家传授经验，合作的形式也囊括学术会议、培训班等多种形式，而私营部门则更多地提供资本、人员等资源，公私部门各自发挥优势，从而实现资源的优化配置。

一、公私部门的合作平台

小水电合作项目中，主要是由公共部门提供平台，其中最为著名的就是总部位于浙江杭州的联合国工业发展组织国际小水电中心，该中心为中华人民共和国水利部的直属单位，因而无可争议地具有公共部门的属性。它也是由包括联合国组织和中国倡议、数个国家经过多边磋商后才最终诞生。该机构在成立之后还衍生出了许多其他机构来推动小水电的南南合作，例如其中颇具代表性的亚太地区小水电研究培训中心。亚太地区小水电研究培训中心的资金来自于联合国开发计划署和中国政府，其主要职能是对发展中国家进行技术培训及技术指导，国际小水电标准系列及开发设计的技术研究，小水电技术情报的交流和科技合作，同时对小水电重点科研和技术革新项目开展研究和指导。被援助的发展中国家可以遴选相关的政府机构人员、有资历的企业、相关研究人员参与到与中国小水电的南南合作中来。

[①] 沈晓飞："跨国合作加快水电开发 小水电发展紧锣密鼓"，《中国水能及电气化》2011 年第 6 期。

以亚太地区小水电研究中心为平台，针对成员国家的国际培训、国际会议、国际合作项目逐渐展开，另外中心还直接为发展中国家提供工程支持和设备支持。到了2000年，中国政府与联合国工业发展组织签订了有关协议，使得该中心正式成为联合国工业发展组织法律框架内的下属组织。这不仅是身份上的改变，也意味着中心可以通过联合国的平台，为更多的发展中国家提供小水电服务。

国际小水电中心在正式成为联合国下属部门之后，更加努力地完成机构所肩负的使命。以国际小水电中心2011年的工作为例，其一整年内先后参加了亚非拉的国际水电大会等一系列国际小水电活动，继续推进赞比亚等国家的水电示范工程的建设，开展清洁发展机制工作，积极探索新形势下的碳融资模式，着手编写《世界小水电发展报告》等国际水电发展资料，以及积极招募国内会员以扩大国际组织影响力。[①] 所有工作都是围绕国际小水电中心的使命和联合国工业发展组织的使命展开。而与国际小水电中心成为联合国法律框架下属机构前相比，现今的国际小水电的视野和平台效应都有明显增强。

二、公私部门的合作动机

公私伙伴关系的概念兴起于20世纪90年代的新公共管理运动，在新公共管理中，"小政府，大社会"的理念慢慢渗透到政府的公共事务管理当中，成为一股不可逆转的浪潮。正如传统公私伙伴关系所描述的那样，公共部门和私营部门在进行合作的时候，正是从他们各自的动机出发。"民营化大师"萨瓦斯在其经典著作《民营化与公私部门的伙伴关系》中就提到公共服务和公共产品的提供应该逐渐从政府部门转向民营部门，并且指出政府部门和私营部门建立良好伙伴关系之后既可以提高政府运作的

---

① 刘恒："发挥国际组织独特作用 服务我国农村水电发展"，《中国水能及电气化》2012年第6期。

效率，也可以提高公共服务的质量。① 对公共部门来说，像中国这样为他国提供小水电技术经验支持的发展中国家来说，可以提高援助国的国际地位和国际形象，优化中国与其他发展中国家的外交关系。以中国和赞比亚为例，中国在赞比亚承建西瓦安度小水电站，是南南合作的一个典型案例，此举将中国的先进小水电经验介绍到赞比亚，推动了中赞两国双边外交关系的发展。而对于像联合国这样为南南合作提供平台的政府间国际组织来说，则是践行了联合国消除贫困、促进发展的精神，有利于实现国际组织的组织使命；而对于接受援助的国家政府部门来说，与其他发展中国家进行南南合作有利于促进本地区的经济发展和提高本地区人民的生活水平，稳固其执政基础。

对于私营部门来说，利益无疑是他们最为关心的问题，正如詹姆斯·N. 罗西瑙主张以制度合作来进行全球治理，且不同国家都有各自的利益，不同国家的利益也有交叉点，公共部门和私营部门在全球化浪潮下出于各自的利益诉求进行国际合作。② 而对于发展中国家来说，劳动力成本和原材料价格较为低廉，但是往往缺乏相应的技术，经济发展也往往受到地域的影响。以地方的通用电价来计算，小水电的成本相对较低，从而利润空间有比较大的保障，因而私营部门在经济利益的驱动下通常有对小水电项目进行投资的意愿。加之许多发展中国家处在工业化发展初期或者中期，有许多以农业为主的发展中国家也开始从传统农业向电气机械化农业迈进，因此不少发展中国家对电力的需求较大，水电市场的市场需求普遍较大，巨大的市场潜力是吸引私营部门进入水电行业的重要驱动力。因此，私营部门在接受技术经验上的支援之后，就能为他们的后续发展提供强有力的技术保障，从而获得更多的经济利益。

而最近几年，公共部门和私营部门出于各自的动机，也日渐加强了互

---

① [美] E.S. 萨瓦斯著，周志忍等译：《民营化与公私部门的伙伴关系》，中国人民大学出版社2002年版。

② [美] 詹姆斯·N. 罗西瑙著，张胜军、刘小林等译：《没有政府的治理——世界政治中的秩序与变革》，江西人民出版社2001年版。

动。政府的相关决策，尤其是涉及水电等基础设施建设的，也会适当地征求相关企业的意见。联合国也越来越注意到私营部门在国际合作中的作用，因此由联合国组织的许多国际会议都会邀请企业界人士参加，旨在敦促企业履行社会责任、更好地推动国际间合作。

以公私部门的互动来看，在南南合作中，无论是援助国还是受援国，政府都有一定的决策权和控制权，出于效率的考虑，政府部门可以遴选出有资历的企业参与到培训中，使得理论培训和实践投产的转化率可以相对较高，从而提高公共投资项目的水平，这符合公私伙伴关系中公共部门的动机。而在这个过程中，公共部门也会努力充当监督者和指导者的角色，使得私营部门可以更加规范地开展小水电的建设，其运营失败的风险也会有所下降，同样，这也符合公私伙伴关系中私营部门的动机。但是，公共部门参与到公私合作中并不一定发挥的是积极作用，因为公私伙伴关系被认为实质上是一种公共部门和私营部门之间的契约关系，即委托—代理关系，单一的国有产权容易导致行政官僚化，这就使得政府和企业间的经济基础关系弱化从而被行政契约关系取而代之，[1] 在这种情况下就极易出现公权力寻租和企业生产效率低下的问题，这时候公共部门参与到公私合作中就有可能背离原来的动机，往贪腐的方向演变。

三、公私部门的合作模式

公私部门的合作模式主要是由公共部门提供平台、企业参与。政府部门或以联合国为代表的国际组织通常会开设培训班来向意在发展小水电事业的发展中国家介绍中国的技术和经验，协调不同国家间的小水电开发和管理，举办学术研讨会、交流会进行交流；如果其他发展中国家要建设小水电站，可以寻求中国小水电发展的相关部门要求提供政策咨询；向部分

---

[1] 张屹山："论国有企业改革的根本问题是解决委托代理关系"，《中国工业经济》2001年第11期。

小水电事业难以起步的最不发达国家提供资金支持；帮助国内的水电企业开拓海外小水电市场，落实中国对外开放"走出去"战略；另外，公共部门还担负起小水电领域的政策研究工作，促使政策不断适应发展新经济社会形势。此前一些发展中国家的小水电发展行政审批十分繁琐，中国作为小水电领域的代表国家，带头简化了小水电的审批流程，2014年国务院取消了《全国水电农村电气化建设项目年度计划审批》和《小水电代燃料生态保护工程年度计划审批》两个项目，为其他发展中国家简化小水电的行政审批程序起到了示范作用。

随着时代的发展，作为受援方的发展中国家在南南合作中也不再是被动地接受技术、资金等方面的援助，这些国家也出台了优惠政策吸引来自发展中国家的国际投资、吸引跨国水电公司落户。例如拉美国家之一的危地马拉面对全国仅有30%的地区有电力供应的困境，政府鼓励外国私营企业投资水电，优惠政策包括：河流开发权可申请免费获得；而因为小水电项目属于可再生能源的投资，根据该国20—86号法令，投资项目设备进口可免除进口税，免收增值税。[①] 受援助国出台优惠政策吸引了国际私营部门的投资，这也逐渐成为了南南合作的一个新趋势，是对以往国家和国家间政府援助模式的革新。

南南合作中的公私部门伙伴关系模式的优化，最重要的就是加快私营化的进程。尽管从小水电领域的所有制来看，国有经济仍占主导地位，但是各国政府逐渐意识到民营资本参与到小水电项目的重要性并鼓励小水电的私有化和民营资本逐渐加入到小水电的开发中来，还有一些国家喊出了"政府授权，市场为本"的口号。例如2013年7月，原本属于国有企业的罗马尼亚水电公司通过公开拍卖，以1060万欧元的价格出售了总装机容量为9.408兆瓦的14个小水电站。为加速私有化进程，该公司拟出售旗下所有小水电站。而作为"小水电之乡"的中国更是先于罗马尼亚等发展中国家，更早地开始了小水电私有化的进程。20世纪90年代之前，

---

① 朱效章、赵建达："私企投资小水电的国际概况及其与我国的异同"，《小水电》2004年第3期。

小水电领域的国有经济占绝对主导；20世纪90年代之后，股份合作制等模式陆续被采用到乡村水电体制的改革中来，小水电投资中的私营部门比重逐渐增高，尤其是在部分民营经济较为发达的东部省份，民营资本在新建小水电中所占的比重甚至超过了国有经济比重。以浙江省为例，该省在1994—2002年这八年期间共投入110亿资金建设新小水电站，其中民营资本约占80亿，比例高达70%。[1]

除了国有企业改制为私营企业这一手段外，私营部门的资本直接参与小水电投资也是重要的形式。公私部门各自负担一部分资金来进行小水电站投资，在小水电站建设中完成不同的工作：政府一般负责小水电站库区群众安置等工作，而民营企业则负责小水电主体工程的建设。私营部门的人员在南南合作中接受国际组织和他国政府的技术培训，并将学习到的技术应用到生产实践，是私营部门参与到南南合作中的最主要模式。此外，私营企业还需要向公共部门咨询相关的政策方针，寻求来自公共部门的咨询意见以帮助私营部门更好地进行管理决策。

而国际小水电中心作为在国际小水电领域的重要部门，更是综合实践了多种公私伙伴合作模式。在联合国工业组织的框架下，国际小水电中心在60多个国家承担了200多个小水电项目的咨询规划、工程建设、运行管理等工作，为近50个国家培训了700多名工程师，编写了全球第一份小水电行业的权威刊物《世界小水电发展报告》（英文版），构建小水电技术、政策、信息及经验的交流平台和开展国外电力体制的研究等。国际小水电中心为推动国际小水电事业发展所采取的一系列措施，是一般公共部门提供公共产品和服务所采用的模式，具有很强的典型性和示范效应。

---

[1] 李志武："中国民营企业参与小水电建设的框架体系"，公私合作参与水电建设国际研讨会，2003年。

四、公私部门的合作成果

许多发展中国家在联合国和中国政府的帮助下实现了小水电事业的发展，近几年中国牵头与非洲发展中国家进行南南合作所带来的小水电项目"带来太阳"、"绿色家园"和"点亮非洲"等造福了非洲农村偏远地区，100余座微型电站将在埃塞俄比亚、喀麦隆等数十个非洲国家相继诞生。

中国本身就具有较为先进的小水电发展经验，而中国先进的小水电发展经验也通过联合国等机构为世界上许多国家所熟知。而最近几年来，作为技术和经验输出国的中国也逐渐从原来的传统供电型小水电事业向集生态保护、旅游开发等为一体的综合性小水电事业转型发展。一方面中国政府出台了相应的政策加强小水电的综合开发建设；另一方面，民营企业在此中间发挥了其创造力和活力，政府和民营企业的合作加速了小水电的转型。

根据《联合国气候变化框架公约》之《京都议定书》，为了减少温室气体的排放，建立并执行三种"灵活市场机制"，其中"清洁发展机制"，即CDM，是针对发展中国家接受资金和技术转让使得发展中国家减少温室气体排放的机制。而由于小水电利用当地水能资源，因此自《京都议定书》生效以来，水电项目是最常见的CDM项目，截至2009年11月，全球共有5604个CDM项目，其中水电项目1306个，约占全部项目的1/4。[①]

五、公私部门合作中存在的问题

首先，许多发展民营小水电事业的发展中国家都面临着相同的困境，

[①] 刘恒、胡晓波、卫江辉："小水电开发与国际合作"，《中国水能及电气化》2010年第1期。

那就是民营小水电站必须面对传统大型国有水电厂的竞争压力,这一现象也出现在中国。尽管在一些国家,政府已经大力倡导小水电事业的发展,但是其在水电市场的比重仍然较低,不少国家的水电产业仍是被实力相对雄厚的国有企业垄断,民营资本难以进入水电市场。以印度为例,印度在 1989 年小水电总装机容量只有 6.3 万千瓦,印度中央政府在 1993—1994 年间就要求各州公布激励政策,将小水电作为电力工业激励民营企业投资的重点领域;[①] 在 1998 年还更新了发展小水电的优惠政策,包括简化项目审批程序、对水文等风险进行补偿等。然而印度的水电供应中国营企业仍然占较大比重,2002 年印度水电装机中有高达 97.8% 为国有经济成分。[②] 另一个比较明显的由公共部门造成的问题就是缺乏一致的国际标准和数据更新不及时。尽管由于小水电的数量较为庞大且分布较为分散,这些都会造成小水电相关数据的统计困难。但是至今为止,小水电还没有关于容量的国际标准和行业标准,无论是联合国的有关机构还是一些如国际能源署、国际水电协会、世界能源理事会等具有权威性的水电领域权威组织,多年来都没有定期更新世界范围内的小水电资料,[③] 这不仅不利于国家制定小水电发展政策,也给私营部门,尤其是跨国企业的投资决策带来了困难。

其次,对民营企业来说,若是企业实力不是特别雄厚或者合伙人较少,小水电在初期投入的成本往往较大,而小水电普遍存在 10 年的还贷期,在这期间小水电的发电成本就相对较高,因此阻碍一些想要获得短期收益回报的民营资本进入小水电市场。民营企业与国有企业不同,民营企业较多地考虑短期的投资回报,因此较长的还贷期会使民营企业转向投资还贷期较短的行业。在许多发展中国家,政府审批民营小水电项目的流程

---

① 李志武:《民营小水电可持续发展的若干问题与对策研究》,浙江大学 2007 年硕士学位论文。

② 朱效章:"再论国外小水电发展情况与发展道路及与我国的异同",《小水电》2005 年第 1 期。

③ 古夫:《小水电建设项目决策优化》,天津大学 2007 年博士学位论文。

较长、手续繁琐，从一定程度上阻碍了小水电项目的开展。传统意义上的南南合作较多的是提供单纯的技术和设备支持，而较少涉及国家间的相关政策交流，因为南南合作其中一项精神就是互不干涉内政，因此许多南南合作项目均会避免踩"国家内政方针"的雷区。而另一个层面，银行等供应金融机构也对小水电的放贷持谨慎态度且带有一定的地方保护主义色彩，当前民间投资水电的资金主要还是靠自我积累、滚动发展，而金融机构的信贷支持十分有限，"惜贷"和"谨贷"现象恶化了民企开发水电的融资环境。[①]例如2004年浙江省丽水市在省外投资的158所水电站中，只有22个项目获得了当地银行贷款，[②]这就为私营部门筹措资金造成了一定的困难。

此外，还有一个问题是参与小水电事业的公共部门和私营部门所共同面对的，那就是以政府为首的公共部门和私营企业部门较多关注小水电的供电功能，而忽视了其航运、灌溉、防洪、旅游等其他附加功能。公共部门的短视政策不能发挥小水电的综合效用，额外兴建防洪蓄水设施也会增加政府的财政支出，不能达到效益的最大化。而私营部门则忽视了小水电附加功能所带来的附加效益，也不能使其经济效益最大化。当下的南南合作也更多地着眼于开发小水电的技术，而对于宣传和挖掘小水电附加功能方面还亟待加强。

六、结语

在南南合作中，公共部门和私营部门的合作能够将各自的优势最大化，公共部门提供平台、技术、设备，私营部门提供资金、人才并真正践行公共部门所传授的经验和技术，其中以联合国为代表的国际组织发挥了至关重要的作用。但是在公私部门的合作过程中，尤其是小水电的产权制

---

① 陈创新："民营资本投资小水电的风险分析"，《中国水能及电气化》2012年第7期。
② 朱效章："核心企业模式——小水电项目融资的新方法"，《小水电》2007年第6期。

改革中，依然遭遇到了来自既得利益集团等方面的不少困难，国有经济仍然占据较大的比重，很不利于发挥民营小水电的活力。另外，现今的南南合作较多地关注技术领域，对于政策等领域的合作交流较少。在接下来的一段时期内，如何深化小水电领域的国际合作和继续推进小水电领域的私有制改革将是重中之重。

针对南南合作中公私部门合作中存在的问题，可以从以下几个方面进行改进：

1. 除了继续发挥联合国这一最大的政府间组织的平台作用，还建议其他国际组织在小水电南南合作中发挥作用，例如世界银行可以为发展中国家或一些最不发达国家的小水电项目提供无息贷款或者优惠贷款政策，帮助民营小水电企业走出10年还贷期的高成本状态。另外，联合国、其他国际组织和国家水利、统计部门可以定期更新关于世界范围内小水电的资料，以方便私营部门根据准确的数据资料进行决策。

2. 南南合作中除了传统意义上的技术经验交流和培训以外，还可以增加相关政策的研讨，以帮助发展中国家的公共部门制定更好的宏观政策来扶持小水电事业的发展，尤其是公共金融机构可以为小水电项目的贷款提供一定的优惠政策。另外公共部门可以简化小水电项目的行政审批流程和手续，节省小水电项目初期的行政审批成本，使小水电项目能尽快地运作。

3. 坚定不移地进行小水电的私有化改革，一方面可以加强现有的小水电站的所有制改革，以合理价格向社会出售现有的国有小水电站，做到去行政化，加强政府和私营部门的契约精神，防止在此过程中出现贪腐。另一方面可以鼓励民间资本进入到小水电投资领域，也可以采用"政府委托、企业代理"的方式将政府水电事业委托给较有资历的地方民营企业进行发展，并辅以低息贷款、电价优惠、免税政策等激励措施。此外，还可以整顿水电市场的市场秩序，创造一个公平的市场竞争环境。

4. 不断提升小水电技术，这不仅可以通过跨学科的研究进行，还可以加强国际间的交流，从小水电站的旅游开发、小水电站的农田灌溉防洪等角度切入，水利专业可以同农业、旅游管理、机械动力等方面的专家学者进行合作，开发小水电的综合效应，改进现有的小水电技术，促使小水电的技术不断成熟和发展。

展望国际小水电事业的未来，我们有理由相信，小水电依然可以为发展中国家提供基本的电力保障，而中国也将继续发挥在小水电领域南南合作的领头作用，真正展示大国风范，政府和国际组织也将会精诚合作，扬长避短，促进国际小水电事业开创新纪元。

联合国与保护的责任

花 勇[*]

保护的责任自2001年提出之后，迅速成为国际社会共识，实现了从"话语到行动"。[①] 尽管这一过程充满了争议和批判，但保护的责任已经具有了准国际规范[②]的身份。保护的责任在短短14年时间里，取代了人道主义干预。如此迅速的成长，学界对此分析不充分。多数研究只是简单描述其发展过程，一般截至2005年。本文通过梳理保护的责任整个发展过程，以及对联合国新成立机构的介绍，提出联合国是保护的责任迅速成长的主要推动者。文末总结了联合国推动保护的责任发展的原因。本文对于保护的责任与联合国之间关系的讨论，有助于我国在保护的责任中采取积极有为的措施，比如在对非援助中，我们可以将我国的对非援助和保护的责任衔接起来，更好地发挥援助的效果，为非洲老百姓所接受，另一方面反击西方"新殖民主义"指责，让中国形象能更好地被西方百姓接受。

---

[*] 花勇，华东政法大学科学研究院助理研究员、博士。

[①] Alex J. Bellamy, *Global Politics and the Responsibility to Protect: From Words to Deeds*, Routledge, 2010.

[②] Alex J. Bellamy, The Responsibility to Protect—Five Years On, *Ethics & International Affairs*, Vol. 24, No. 2, 2010, p. 160.

一、保护的责任

保护的责任2001年由干预和国家主权委员会提出,2005年被写入世界首脑会议成果文件。成果文件从四个方面对保护的责任进行了规定:(1) 每一个国家都有责任保护其人民免遭种族灭绝、战争罪、族裔清洗和危害人类罪,预防这类罪行的发生;(2) 国际社会鼓励并帮助各国履行保护的责任;(3) 如果民族国家不愿或不能保护其人民免遭种族灭绝、战争罪、族裔清洗和危害人类罪,国际社会有责任根据《联合国宪章》第六章和第八章,使用外交、人道主义等和平手段来履行保护的责任;(4) 如果和平手段不能解决问题,国际社会根据《联合国宪章》第七章,通过安理会授权,酌情与地区组织合作,及时、果断地采取集体行动。

从成果文件的规定来看,保护的责任表现为以下几个特点:(1) 突出主权国家在履行保护的责任的主体地位。主权国家是保护本国国民的首要主体。(2) 国际社会尊重和支持主权国家在履行保护的责任中的主体地位,国际社会是履行保护的责任的补充主体,是对国家履行保护的责任的帮助和补充。(3) 国际社会履行保护的责任有两个条件:一是限定四种罪行:种族灭绝、战争罪、族裔清洗、反人类罪;二是主权国家不愿或不能履行保护的责任。(4) 国际社会履行保护的责任优先考虑和平手段。(5) 和平手段不能解决问题,可考虑采取集体干预,但必须得到安理会的授权。(6) 国际社会无论采取和平手段或集体行动,都必须依据联合国宪章。(7) 国际社会履行保护的责任,采取个案区别对待方式。(8) 国际社会,特别是联合国安理会采取集体行动时,会根据情况与地区组织合作。这主要是考虑相关地区组织与事发地相似的政治文化,便于集体行动。(9) 要求国际社会继续对保护的责任相关问题进行审议,特别是要考虑联合国宪章和相关国际法。

2005年保护的责任写入成果文件,是其发展中的里程碑,标志保护的责任成为国际社会的共识,获得国际社会话语上的支持。[1] 把保护的责任迅速推到如此高的地位,和联合国的努力是密切相关的。

二、联合国是推动保护的责任的主要力量:历史视角

(一)联合国的号召催生了《保护的责任》诞生

20世纪90年代,卢旺达大屠杀和科索沃危机,使得联合国处于非常尴尬的地位。卢旺达大屠杀震惊国际社会。联合国没有有效阻止人道主义危机的爆发,在这场惨绝人寰的种族灭绝中职能失缺。国际社会对联合国的作用和地位深表遗憾,联合国遭遇信任危机。科索沃危机爆发之后,北约绕开联合国攻打南联盟。北约的单边行动,尽管遭到批评,却在国际社会赢得一定支持,认为有效阻止了种族屠杀。相对于北约对人道主义危机的干预,联合国受到西方民众的质疑。

联合国受到的质疑源自联合国受缚于人道主义干涉和不干涉内政的争论。安南认为,这种争论捆绑了联合国的手脚,需要摆脱现有争论,为处理人道主义危机提供新的方法。1999年和2000年联大会议上,安南要求国际社会设法一劳永逸地就如何处理这些问题达成新的共识。正是因为安南的积极呼吁和号召,2000年干预和国际主权委员会应运而生。该委员会在2001年的报告中明确提出,其任务就是要解决围绕人道主义干预辩论的方方面面的问题,为各方找到新的共同基础。这份报告将人道主义保护讨论的焦点从干预的主体转移到干预的客体,更多聚焦在受到严重伤害的普通民众。另一方面,除对干预的条件进行了明确划定之外,还讨论了预防和重建,以及与区域组织合作。

---

[1] Theresa Reinold, The Responsibility to Protect—Much Ado about Nothing?, *Review of International Studies*, Vol. 36, 2010, p. 60.

（二）联合国推动保护的责任成为国际社会的共识

保护的责任提出之后，因为"9·11"事件，并没有引起强烈关注。但联合国通过自身的高级别小组和联合国秘书长的努力，使得保护的责任成功为各国首脑所接受，成为成果文件的一部分。

2003年联合国成立威胁、挑战和改革问题高级别小组。成立该小组的目的就是推动人道主义保护继续前进，为所有人提供集体安全。安南希望该小组对现有的集体安全威胁做出评估，就联合国如何改革来应对这些威胁提出建议。2004年该小组发布了《一个更安全的世界：我们共同的责任》。该报告采纳了保护的责任，认为在发生类似卢旺达大屠杀的人道主义灾难时，人们的注意力应放在主权国家对本国人民和国际社会的责任上。国际社会日益认识到，每个国家都有责任保护处于人道主义危机的平民。如果主权国家没有能力或不愿保护，国际社会应该承担保护的责任，开展预防、反应和重建工作，该报告认为通过调解、派遣人道主义特派团、人权特派团和警察特派团等制止暴力，万不得已的情况下使用暴力。在该报告的第203条，该小组明确赞同保护的责任，并称之为新规范。该报告第207条拟定了保护的责任武力干预的五大条件：严重威胁、正当目的、穷尽和平方法、手段相当、成功机会。联合国秘书长亲自将这份报告推荐给各会员国，希望各会员国就集体威胁进行讨论。2004年联合国正式将保护的责任纳入联合国的讨论议程中，成为联合国各会员国讨论的议题，进入到政府官员的视野中。

2005年3月安南的联大报告《大自由：实现人人共享的发展、安全和人权》发表。安南在第135条提出坚决赞同保护的责任，承认保护的责任是新规范，认为国际社会集体负有提供保护的责任。安南提出，"我认为，我们必须承担起保护的责任，并且在必要时采取行动"。在此份报告中，安南提出保护的责任首先在于主权国家，这是主权国家存在的首要理由和职责。如果主权国家不愿或不能保护，国际社会就应承担保护的责任，使用和平方法来维护平民的安全和福祉。如果和平方法不能解决问题，安理会可根据现状采取强制行动。安南在此份报告的导言中，明确提出本报告所列事项是 2005 年 9 月优先审议议程。安南的目的是要把保护的责任纳入到联合国首脑会议的讨论议题中。

正是在安南的努力下，保护的责任成为首脑会议讨论的议题，并最终写入会后发表的成果文件中。该成果文件得到出席会议的 150 多个国家的支持，最终从学术话语成为国际社会的政治话语，拒绝它在政治上是不可能的和站不住脚的。

（三）联合国推动履行保护的责任

2005 年之后，联合国的工作就转向推动履行保护的责任，实现从话语到行动的转变，真正落实保护的责任。

联合国首先将保护的责任纳入安理会的讨论和决议中。2006 年 4 月安理会第 1674 号决议重申了成果文件对保护的责任的规定，并要求冲突各方采取一切必要可行步骤保护武装冲突中的平民。为强调各国遵守相关义务，杜绝有罪不罚现象，安理会在此份决议中提出要起诉犯有种族灭绝、危害人类罪和严重违反人道主义的行为。这使得保护的责任有了国际司法的支持。2006 年 8 月安理会第 1706 号决议再次重申了世界首脑会议成果文件中关于保护的责任的相关论述。

2006 年对保护的责任来说是非常重要的一年。保护的责任从联大讨论议程进入安理会决议，并多次被安理会所重申，对保护的责任中的预防和重建进行了比较详细的阐述，列出了具体可行的举措。与安理会的推动相比，秘书长在推动落实方面的工作积极性尤为突出。

2009 年秘书长潘基文发表了《履行保护的责任》。潘基文在报告的开篇就指出，成果文件为保护的责任确定了一个权威性的框架。现在的任务不是去重新解释或重新谈判世界首脑会议的结论。而是寻求执行这些决定的途径，力求把 2005 年意义深远的权威文字变成理论、政策，最重要的是行动。可见，潘基文的主要任务就是落实保护的责任。为此，他提出了三大支柱的推进战略，这三大支柱分别是：国家的保护责任、国际援助和能力建设、及时果断的反应。第一支柱突出两点：一是主权国家是履行保护的责任的基本主体；二是保护的责任的目的是确立负责任的主权，不是削弱主权。第二支柱强调鼓励和帮助，通过劝说、教育、培训、发展援助、司法援助、预防性外交，由联合国或者区域机构来行使。第三支柱是国际社会的集体反应，包括对话与和平劝解、司法起诉、外交制裁、武力干预。潘基文在这份报告中主要解决了三个问题：一是竭力缓冲保护的责任与国家主权之间的冲突；二是阐述保护的责任实施的具体手段；三是提请安理会和大会讨论履行主观愿望强烈和履行能力不足之间的矛盾。

潘基文提请大会讨论的事项，随后付诸实施。2009年7月21、23、24、28日联合国召开四次会议连续审议了潘基文的报告。此次会议的主题就是如何实施保护的责任。参会国家多数对保护的责任表示支持，对2005年成果文件对保护的责任的规定表示赞同，认为现在讨论的重点是如何履行保护的责任。各方分歧的焦点主要就是武力干预。发展中国家担心武力干预会侵犯国家主权，干涉国家内政。发达国家担心武力干预标准的设立会捆绑其手脚，限制其行动自由。此次一般性辩论，尽管分歧明显，但国际社会的注意力成功转到如何去执行保护的责任。此次讨论之后，2009年9月联大专门通过了保护的责任决议。该决议对成果文件相关内容进行了重申，认为联大一般性辩论认为是及时和富有成效的。大会提出要继续审议保护的责任。

2009年之后，联合国秘书长就如何继续执行保护的责任，连续发布了数篇报告。2010年发布了《预警、评估及保护的责任》，该报告重点关注保护的责任预防责任，重点讨论了联合国系统内各机构如何加强预防工作，及早对紧张状态进行公正评估和预警，有效避免和防止大规模屠杀。该报告指出，根据成果文件相关规定，要求联合国建立非正式论坛，供联合国各机构就紧张局势分享信息；要求联合国人权事务高级专员办事处和联合国难民事务高级专员办事处监督和评估紧张事态；联合国人权理事会特别报告员针对特殊情况发布报告；充分发挥联合国防止种族灭绝罪行问题特别顾问及其办公室的作用，就紧张局势及时向秘书长、酌情向安理会提供咨询意见。该份报告详细阐述联合国各机构的预警职能，特别是防止种族灭绝特别顾问及其办公室的工作。潘基文认为该报告对履行保护的责任，落实政府首脑的承诺，至关重要。

2011年发布了《区域和次区域安排对履行保护的责任的作用》。该报告提出，全球—区域—次区域伙伴关系是推进保护的责任的最可靠途径。就国家的保护责任来说，区域和次区域安全可以鼓励各国政府认识到国际公约规定主权国家应承担的义务；在国际援助和能力建设方面，区域和次区域安排可以充当国家层面决策者和国际层面决策者交流信息、想法和见解的双向渠道；就及时果断反应来说，联合国与区域和次区域安排之间是伙伴关系，双方在收集和交流信息、比较各自的文件记录、交流对共同关心局势的评估结果方面有着天然的协同增效作用。在这份报告中，潘基文认为，联合国与地区组织之间有着天然的协作关系，在保护的责任方面是真诚的伙伴。地区组织在三大支柱方面都有利于保护的责任战略的执行。

2012年发布了《保护的责任：及时果断的反应》。该报告指出，预防固然重要，但也有防不胜防的时候，需要采取及时果断的反应。就回应来说，该报告提出非胁迫性回应和胁迫性回应。非胁迫性回应包括：谈判、调查、调解、调和、仲裁、司法解决、诉诸区域机构或其他和平手段。实施这些活动的主体可以是联合国秘书长，也可以是区域组织或次区域组织。并不需要安理会授权。除此之外，预防性外交、公共宣传、国际刑事法院、实况调查团和调查委员会的报告等也是非常重要的和平手段。胁迫性手段主要包括两类：一是制裁，二是武力措施。前者包括：冻结属于政府和政权个别成员的金融资产，实行旅行禁令；暂停国际金融机构向政府官员提供信贷、援助和贷款；限制向政府或官员提供其他金融服务；控制奢侈品、武器和相关材料及高附加值商品的供应；限制各国同目标国的外交接触；禁止参与国际体育赛事；对科学技术合作加以限制。武力措施包括部署多国部队；建立安全区；划设禁飞区；建立陆地和海上军事存在；或者安理会确定的其他手段。报告提出，要对具体措施进行仔细评估，确保在合适时间采取正确措施，同时考虑授权要求和主要行动者。报告认识到武力干预方面的争议，提出要对干预过程实施监督。欢迎各国对"保护中的责任"进行讨论。报告强调国际社会的首要目标是通过非强制性方式尽早有效做出回应，减少对武力的需求。这需要国际社会的团结一致，也需要在执行保护的责任的连贯一致，需要联合国各机构的协调沟通，需要与地区组织和国际民间社会进行协作。报告着重对第三支柱进行了详细解释，分析了预防与回应之间密不可分的关系，描述了各类回应工具，指出了各方对武力措施的担心，提出要对武力干涉过程实施监督。总体上来说，2012年报告认为，保护的责任在实践过程中取得了成绩，尽管各个案例的具体处理情形不一致。

2013年发布了报告《保护的责任问题：国家责任与预防》。该报告回到了第一支柱，着重论述的是如何加强国家能力，预防大规模暴行。报告首先列举了国际社会种族灭绝的风险因素。对如何应对这些风险因素，报告认为应加强国家能力建设，特别是国家复原力建设。具体措施包括：宪法报告、民主选择、权力去集中化和政治多元化、国家问责机制、公平和包容的过度司法程序、有效安全部门改革、缓解收入分配不公、活跃民间社会、媒体独立和多元化、重视教育、建立保护的责任协调中心或机构间机制、各族群之间开放的沟通渠道和对话机制等。该报告将重点放在国家能力建设上，重点关注的是社会动荡国家如何有序过渡。该报告强调20世纪我们见证了人道主义保护未能履行的惨剧，21世纪我们再次目睹了各国未采取预防行动导致的恶果。这对联合国及其会员国来说是一个沉重的道德负担。报告再次强调对全世界人民来说，该是实践保护的责任，把预防列为优先事项的时候了。报告在最后提出，希望2014年重点讨论帮助各国进行能力建设，协助危机状态下的国家。鉴于国际社会在武力干涉上的尖锐对立，联合国再次将焦点放在主权国家自身。通过对主权国家自身经验的总结，为其他国家能力建设提供建议。尽管从利比亚事件之后，国际社会对保护的责任的争议和批判增多，但为推进保护的责任，联合国以国家能力建设为基础，继续拢聚力量，推动保护的责任执行战略中的第一支柱。

从历史进程来看，在保护的责任发展的多个关键阶段，联合国的推动都是至关重要的。不仅如此，联合国为了真正推动保护的责任履行，专门建立了两个部门来实施保护的责任。

三、联合国是推动保护的责任发展的主要力量：机构视角

联合国在现有结构系统之外，重新设立了两个部门来落实保护的责任：一个部门是防止种族灭绝特别顾问办公室；另一个是建设和平委员会。前者主要负责预防，后者主要关注重建。

（一）防止种族灭绝特别顾问办公室

特别顾问办公室的成立是为协同种族灭绝特别顾问和保护的责任特别顾问的工作。2001年安理会第1366号决议要求秘书长向安理会汇报联合国系统内掌握的严重违反国际法案件的资料，以及由种族、宗教和领土争端等问题引起的潜在冲突的资料，为完成这个任务，2004年秘书长任命了第一任种族灭绝特别顾问。种族灭绝特别顾问的主要工作是：提高对种族灭绝原因和过程的警醒，提醒相关行为体种族灭绝风险，倡议和动员恰当行动。2008年秘书长任命了第一任保护的责任特别顾问，负责进一步发展和完善保护的责任这个概念，负责与会员国和其他相关行为体就如何履行保护的责任进行政治沟通和对话。考虑到二者工作密切相关，秘书长成立特别顾问办公室，将二者的协作体制化。特别顾问办公室的工作任务包括六项：（1）根据分析框架中八个风险因素，收集种族灭绝、战争罪行、族裔清洗和反人类罪行风险的信息和资料，并加以分析，必要时候公布分析报告；（2）加强与会员国、区域和次区域组织、民间社会协作，制定有效应对罪行风险的办法；（3）派出访问团，介绍办公室的工作，宣传风险分析框架；（4）与研究机构开展合作，共同就保护的责任相关问题开展研究；（5）为联合国工作人员、政府官员和民间社会举办培训，提高收集罪行信息、分析风险的能力；（6）与其他机构共同举办会议，或者参加其他机构举办的与保护的责任相关的会议。

（二）重建和平委员会

联合国不仅有专门机构来负责预防，发表风险报告，而且有专门机构来负责重建，这就是建设和平委员会。2005年联合国大会决定根据联合国宪章和2005年首脑会议决定，成立建设和平委员会。该委员会的职责是：调动相关行为体，协力筹集资源，为冲突后和平建设及国家复原提供咨询意见和提出综合战略；集中关注冲突后复原的体制建设工作，支持制定综合战略，为可持续发展奠定基础；提供建议和信息，改善相关行为体之间的协调，订立最佳做法，协助确保早期重建所需资金，使国际社会长期关注冲突后复原和重建工作。从这份决议可以看出，重建和平委员会的工作就是重建和平与战后复原，对人道主义危机进行标本兼治。委员会的工作方式主要是提供建议和咨询，这就要求委员会必须与联合国内部各机构合作，与区域组织合作，与民间社会合作，与这些组织和团体之间建立伙伴关系。委员会制定的战略必须是综合性的，涉及国家复原建设的各个方面，包括政治、经济、文化、司法、教育等，为国家可持续发展奠定基础。该决议还提出，为帮助建设和平委员会开展工作，特别设立建设和平支助办公室，协助和支持委员会的工作。建设和平支助办公室的设立为建设和平委员会工作的开展提供了行政上的支持。除此之外，大会决定设立建设和平基金，帮助冲突后建设和平。该基金由会员国自愿捐款，目的是确保和平建设工作所需资金。

建设和平委员会2005年12月成立，是联合国大会和安理会的附属机构。建设和平委员会内部有三个机构：组织委员会、国别组合、经验教训工作组。组织委员会是常设机构，由31个会员国组成，包括安理会常任理事国、缴纳会费最多的国家、派出维和人员最多的国家。组织委员会的职责就是为建设和平委员会制定工作议程，包括制定中长期时间表，制定建设和平综合战略。国别组合主要是针对具体国家的问题进行讨论，包括审议中的国家、区域国家、区域组织、参加复原的捐助者、部队派遣国和民警派遣国、联合国实地高级代表以及相关的联合国代表、区域和国际金融机构。经验教训工作组,主要从以往冲突后接触行动中的国家和国际经历中吸取经验教训,为今后制定战略和执行战略提供建议。

保护的责任提到,必须要重视冲突后重建,避免再次陷入人道主义灾难。联合国建设和平委员会的工作职责就是服务于此。建设和评委会作为政府间的咨询机构,鼓励整个联合国系统、以及其他相关机构和行为体,根据建设和平委员会的咨询意见采取行动。建设和平委员会现在只对议程上的国家提供建议和咨询。国家自愿向大会、安全理事会、经社理事会、秘书长提出申请,或者直接提出申请,就可以被纳入建设和平委员会的议程。目前,议程上的国家包括:布隆迪、中非共和国、几内亚比绍、塞拉利昂、几内亚、利比里亚。建设和平委员会国别组合分别为这些国家制定了建设和平战略框架。当然这些框架的制定是在和当事国、以及国际社会共同讨论的基础上建立起来的。建设和平委员会发布战略框架执行情况报告,向联合国汇报,并吁请国际社会持续关注和资助,保证建设和平的一致性和连贯性。

就保护的责任的组成要素:预防、回应和重建,联合国都有相应的机构来负责。预防,联合国的负责机构是防止种族灭绝特别顾问办公室;回应,主要是联合国安理会;重建,主要是建设和平委员会。除了安理会之外,其他两个机构都是 2005 年之后成立的。联合国通过设立机构,运用体制化的方式来推动保护的责任,防止保护的责任在落实过程中缺少具体的执行主体。

四、联合国推动保护的责任发展的原因

首先是挽救联合国在人道主义保护方面的声誉。众所周知,安全、发展和人权,是联合国的核心,更是联合国工作的重点。如果联合国在这三方面出现严重的缺位或者无所作为,联合国的声誉将受到极大影响,严重威胁联合国的合法性。但恰恰在 20 世纪 90 年代人道主义危机中,联合国的缺位和边缘化表现的非常明显。人们会质疑,在如此悲剧性的危机面

前，联合国到底发挥了什么作用？如果没有发挥作用，为什么需要联合国？可以说，这些质疑不断拷问着联合国存在的正当性，是对联合国根基的动摇。如果不对这些质疑进行回应，不对类似卢旺达大屠杀事件拿出充满希望的方案，联合国的存在价值就会大打折扣，乃至不断消融。为挽救自己的声誉，维护自身存在的正当性，联合国必须有所作为。

其次是为人权和主权的持久争议寻找出口。一直以来，人道主义干预方面，联合国都被人权和主权的争议所捆绑。一方坚持人权高于一切，要求国际社会干预；另一方坚持主权平等原则，捍卫不干涉内政。双方的争议，使得联合国在人道主义危机事件的处理中，陷入进退两难的境地。如果进行人道主义干预，被指责干涉他国内政；如果不进行干预，可能会酿成严重的人道主义危机。在人道主义干预方面，无论是作为还是不作为，联合国始终都会受到指责和批评。如果联合国不另辟蹊径，就会一直陷入这场旷日持久的争议，与之伴随的就是连续不断的批评和指责。20世纪90年代连续几场危机事件，更把这场争论白热化。联合国越来越清楚地认识到如果不另寻出口，规避现有争议，将在人道主义危机中处于越来越被动的境地。

最后是巩固和加强联合国的职能和地位。作为国际组织，自成立之后就会有自己的生命力和独立性。这是任何组织的天性，联合国也是如此。所有组织自成立之始，就会有自己的生命，有着不断扩大自己、壮大自己的天生愿望。联合国成立70年来，也在不断扩大自己、巩固自己、壮大自己，渴望在国际社会中发挥重要作用。特别是联合国在人道主义危机事件中的能力空缺，促使联合国积极想办法来保卫自己，不至于在人道主义保护中被边缘化。如果一旦边缘化，和联合国的国际地位是极不相称的，更是联合国极不愿意看到的。针对自己在人道主义危机中的困境，联合国积极采取措施，强化自身职能，协同联合国系统内各部门间关系，成立新的部门，积极应对人道主义危机。

五、结语：联合国将保护的责任从国际公众议程推入国际政策议程

2001年提出，2005年成为国际社会共识，2009年发布履行报告，发表执行战略的三大支柱，2010年聚焦预防，2011年集中关注伙伴关系，2012年讨论反应，2013年关注国家能力建设。联合国安理会决议多次重申和援引保护的责任，联合国大会多次讨论保护的责任。在保护的责任发展的每一个阶段，都可以发现联合国的作用。联合国急需摆脱在人道主义干预上的争议困境，号召国际社会另辟路径审视人道主义危机。保护的责任，恰好为联合国摆脱困境提供了新的话语路径。联合国迅速将保护的责任吸收进来，纳入到供各国首脑讨论的议程中，也就是保护的责任从公众议程进入到政策议程中，获得了被讨论和被采纳的机会。

联合国中、长期选举援助及其功效分析[*]

李因才[**]

一、引言

跨国行为规模和效应的不断拓展，以及全球治理的需求压力，导致越来越多"全球议题治理网络"的出现。这种网络的特点是：无中心化，全球多个机构和组织共同参与，相互联成网络结构；议题导向性，治理网络围绕着某一特定问题领域如气候变化、贸易壁垒、核扩散风险等形成；行为的跨国性，无论其参与主体还是行为的影响都超越了国家边界，当然在很多情况下，这类网络都需要寻求国家的合作。20世纪90年代在全球范围内兴起的选举援助就符合这样的网络化特征。

所谓选举援助，指的是在选举事务方面具有一定专长的外部行为体根据一国或地区的请求，专门为其提供选举或投票事务方面的各种支助，旨在协助受援国或地区顺利推进选举或投票进程，并建立或完善相关的选举制度，培养其独立举办选举的能力。选举援助的供应者众多，包括各类国家机构如美国开发署、加拿大选举委员会，以及跨政府组织如欧盟、非盟，

---

[*] 本文已发表于《外交评论》2015年第1期。
[**] 李因才，上海社会科学院国际关系研究所助理研究员。

还有不少非常活跃的非政府组织。在这些行为体构成的庞大选举援助网络当中,联合国是最主要的援助机构,其援助的历史最为悠久,提供援助的形式最为丰富,也被最多的国家或地区所接受和认可。过去的 20 多年里,联合国以组织、筹办、核查、监督、观察、技术援助等多种形式,参与协助了 104 个会员国和 4 个地区的选举事务。选举援助成为联合国权势拓展的新领域。①

联合国的选举援助大致可以分为两种类型:一种是为某次选举的筹备、操办提供援助,一般是在选举前应对象国的邀请,为该次选举提供各种形式的援助。这种援助具有典型的即时性特征,一旦大选完成,选援任务即告结束,选援人员即可撤离。在 20 世纪 90 年代,这种类型的援助比较普遍,尤以冲突后国家或威权转型后的首次大选为典型代表。不过,这种以支助某次大选为特征的选举援助模式也有其不可忽视的缺陷:援助基本集中在投票日前后;选举的日程紧张,援助的效果弱化;对包括政党法、选举体制设计、选举体制与政党体制的关系等更为广泛的制度框架缺乏足够关注。②

为了克服即时性援助的缺陷,使选举援助更有效力,同时也迫于冲突后国家或转型国家对外部援助大量后续需求的现实压力,联合国开始提供越来越多中、长期的旨在协助选举能力建设方面的援助。这种援助超越特定大选,援助任务覆盖了选举前、选举期间和选举后的整个选举进程,主要目标则是协助受援国或地区建立可持续的选举能力和选举制度,使其在没有或很少外部资助的情况下能够自己组织未来的选举。

本文分为四个部分:第一部分阐述联合国在选举模式和援助思维上的这种变化及由此导致援助功能领域的拓展,第二部分论述中、长期援助的主要援助领域及其与国家—社会建设之间的关联,第三部分以其中一个重

---

① 李因才:"从非自治领土到主权国家:联合国选举援助的演变",《国际关系研究》2013 年第 5 期,第 112—125 页。

② 李因才:"联合国在冲突后国家的选举援助",《国际政治研究》2014 年第 2 期,第 75—94 页。

点援助领域即选举机构为例，探讨联合国的中、长期援助对其制度和能力建设方面的作用，最后一部分分析选举援助的缺陷与不足。

二、从即时性援助到"选举周期"：联合国选举援助模式的演变

选举援助正式成为联合国的常规行动是在1991年，是年12月大会通过了第46/137号决议，授权秘书长设立专门机构，向提出申请的会员国提供选举事务领域的必要援助。[①] 冷战结束后，一方面，不少国家或主动或被动卷入第三波民主化的潮流当中；另一方面，一些国家或者刚刚从内部冲突中走出，或者刚刚独立，它们也加入大选的行列。1989—1994年间，选举民主制的国家数量从69个猛增到113个。[②] 受此影响，在20世纪90年代选举的次数也出现了爆炸性增长。据统计，1990—1999年间，议会选举共计281次，总统选举114次，而前十年的数字则分别是162次和48次。[③] 这些转型后、冲突后或者是独立后的国家在组织首次大选时，纷纷向联合国提出援助申请。由于经验不足、资源有限、时间又非常仓促，联合国在此间所提供的多数选举援助属于典型的即时性援助。

2000年左右开始，联合国在选举事务方面的援助内容发生变化。这突出表现在秘书长的报告以及根据报告大会所出台的决议上。从1990年到2011年，大会共出台了14份相关决议，分析对比这些决议对选举援助提出的新要求，可以清晰地发现联合国在选举援助的内容和模式上的变化。20世纪90年代联合国初步建立选举援助的架构，这时期决议主要内

---

① 大会第四十六届会："提高定期真正选举原则的效力"，联合国文件 A/RES/46/137，1991年12月17日，执行部分第9—13段。

② Freedom House: Freedom in the World 2011, p. 26.

③ Matt Golder, "Democratic electoral systems around the world, 1946–2000", *Electoral Studies*, Vol. 24, 2005, p. 106.

容是援助机构自身的能力建设,包括发展援助经验、储备专家、协调联合国系统以及与区域组织、非政府组织之间的选援活动等。随着选举能力和资源的积累,联合国对选举事务中期和长期的制度和能力建设方面的兴趣越来越大。在决议中,有关支持和加强现有选举机构的能力以及向选举前和选举后乃至整个选举周期提供援助等方面的要求开始增多。设置在政治事务部下面专门负责这一事务的选举援助司和开发署等联合国机构逐渐开始重视对会员国中、长期选举能力的支助,包括其制度、人员能力以及与选举相关的综合基础设施的建设。

之所以出现这种变化,除了即时性援助的缺陷之外,还源于以下三方面的原因。其一,越来越多的国家已经举行过首次大选,并建立起基本的选举制度。以南撒哈拉非洲地区 49 国为例,1989—1994 年间,这里有 29 个国家举行了首次大选,总统议会等各种类型的首次大选共计 54 次;1995—1997 年,则在 11 个国家举行了 15 次首次大选。[1] 其二,经历过首次大选的国家,初步的选举制度建立起来后,在很多情况下需要对其进行更特殊和专门的改革,例如引进新的投票技术如电子投票,采用新技术进行选民登记,选举立法改革等,以进一步完善选举制度。这些要求或是源于公众对现行制度的不信任,或是有关当局希望加以变革,使之现代化。[2] 其三,针对不同情势,会员国要求联合国提供的选举援助越来越多样化和专业化。例如在选民登记领域,联合国应要求提供的援助即存在重大差别:在处于过渡期间的国家如阿富汗,参与登记的实际组织和执行;在修订登记程序的国家如被占领巴勒斯坦领土,则提供专家技术服务,决定最适当的方法;在修订或建立登记制度的国家如塞拉利昂,则担任执行伙伴;在登记制度进行过或完成了修订的国家如牙买加,则作为第三方提

---

[1] Michael Bratton, "Second Elections in Africa", *Journal of Democracy*, Vol. 9, No. 3, 1998, p. 54.

[2] 秘书长大会报告:"加强联合国在提高定期真正选举原则的效率和促进民主化方面的作用",联合国文件 A/58/212,2003 年 8 月 4 日,第 9 页。

供稽核，对结果进行质量评价。① 这些对联合国的资源和能力都构成巨大挑战，也迫使其在整个项目执行期间都要提供实质性支援。

（一）从选举"三阶段"到"选举进程"

选援司要求会员国在"预定选举日期之前至少四个月"发出正式援助申请。② 不过，从援助效果来看，受援国或地区发出请求的时间越早越好，开发署通过自己所开展的项目经验认为，在选举前一年发出申请更有助于选举的成功推进。预留时间较短会导致选前的筹备和组织仓促，压缩选民/公民教育等关键活动开展的时间，以及加大选举物资采购成本等各种缺陷。③ 与之相比，选举后的持续援助对受援国的能力和制度建设更为必要，这方面的需求也更为急迫。

联合国在1993—1994年的两份决议［即第48/131（1993）和第49/190（1994）号决议］当中首次提及"选举前、后"的援助，将其作为即时性援助的有效补充。不过由于资源和能力有限，中、长期的选举援助项目这时还比较少。从援助思维上看，选举三个阶段式的划分还显得略为粗糙，主要的援助重心还是在选举期间即投票日前后。

2001年的第56/159号决议表达方式上出现变化，决议首次提及了"包括选举前、后期的整个选举进程"。④ 这种新的表达方式尽管仍是基于

---

① 秘书长大会报告："加强联合国在提高定期真正选举原则的效率和促进民主化方面的作用"，联合国文件 A/58/212，2003年8月4日，第10页。

② 联合国秘书处政治事务部和联合国开发计划署："关于选举援助的准则说明"，见秘书长大会报告：提高定期真正选举原则的效率，联合国文件 A/56/344，2001年10月19日，第19页。

③ UNDP, "Practice Note: Electoral Systems and Processes", New York: UNDP, January 2004, pp. 8–9.

④ General Assembly, "Strengthening the role of the United Nations in enhancing the effectiveness of the principle of periodic and genuine elections and the promotion of democratization", UN Doc. A/RES/56/159, 20 February 2002, para. 5.

此前三阶段式的划分模式，不过已经有实质改进，即将选举视为一种进程（process）而非一次性的事件（event），选举前与选举后因此成为此一完整进程不可分割的组成部分。在这一思维框架下，加强对选举前、选举后的援助自然成了题中之义。其结果是，这种"进程"式的援助模式导致联合国中、长期援助的比例大幅增长。

要求联合国提供中、长期选举援助的突出体现在一些"第二代"项目上，即对由联合国在冲突后或转型环境下启动的选举援助项目，继续提供各种支助特别是技术援助。比如在塞拉利昂，该国2004年的大选在"联合国塞拉利昂特派团"选举小组的援助下顺利举行。此后，针对选举过程中存在的问题，选援司、联塞特派团和开发署联合开展一项长期的能力建设项目，其中包括重新规划选区、审查和修订同选举相关的法律等，以为2007年的大选做准备。①

这种选举援助的特征是周期长、时间跨度大，可能从某次大选结束一直延续到下一次大选的开始。这使得联合国可以从容地规划项目，设计和实施涵盖内容更宽泛、和其本土文化更相适应的综合性项目。在尼日利亚，为支助2003年4月的大选，联合国开展了一项为期两年的援助项目。项目重点用于支助其民间社会组织，协助他们开展选民/公民教育，并通过他们对大约1万名本国观察员进行培训和部署。在也门，联合国在协助其2003年4月议会和地方选举的同时，还开展了一项为期四年（2002—2006年）的长期项目，重点资助其选举和公民投票最高委员会的能力建设。第一阶段于2003年5月圆满完成，开发署和选援司从国际社会为该阶段募集了220多万美元。② 在阿富汗，联合国协助其2003—2005年的选民登记以及首次总统、议会选举之后，又于2006年启动新的五年期（2006—2011年）选举援助项目——"提升未来立法和选举能力"。项目

---

① 秘书长大会报告："加强联合国在提高定期真正选举原则的效力和促进民主化方面的作用"，联合国文件A/60/431，2005年10月14日，第30段。

② 秘书长大会报告："加强联合国在提高定期真正选举原则的效率和促进民主化方面的作用"，联合国文件A/58/212，2003年8月4日，第8页。

完成后，又开始为其下一轮大选做准备，前后援助时间长达十年。

(二)"选举周期"的援助模式

由于援助周期加长，发展援助机构进一步对周期内的选举阶段和内容进行细化，从而发展出一种"选举周期"的援助模式。该模式是在2005年由欧盟委员会的斐比奥·巴基埃齐、保罗·古尔林、多米尼寇·图斯纳蒂以及民主和选举援助国际研究所的安东尼奥·斯宾纳利等选举专家提出来的，用以培训开发署和欧盟的选举事务官员。① 当年塞拉利昂和尼日利亚依照这一路径接受援助，成为首批受益的国家。

这一新模式在提出后很快获得开发署等发展援助机构的广泛赞同，2006年4月在开发署和欧盟委员会共同签署的《实施选举援助的操作指南》这一官方文件中，"选举周期"被正式作为两家机构实施选举援助项目的标准程序。② 2006年，欧盟委员会与民主和选举援助国际研究所分别出台了《选举援助方法指南》和《选举管理设计手册》，开发署则于次年编制了《选举援助实施指南》，这几份官方手册进一步发展完善了"选举周期"模式，并着力在自己的援助实践中加以推广。③

2009年大会第64/155号决议也确认了这一援助模式的价值，"联合

---

① Fabio Bargiacchi, Mette Bakken, "The Electoral Cycle Approach: Effectiveness and Sustainability of Electoral Assistance", ISPI Working Paper, July 2011, pp. 2–5.

② EC/UNDP, "Operational Guidelines for the Implementation of Electoral Assistance", see at http://ec.europa.eu/europeaid/work/procedures/documents/implementation/international_organisations/other_documents_related_united_nations/ec_undp_operational_guidelines_elect_assist_en.pdf.

③ European Commission, EC Methodological Guide on Electoral Assistance, Brussels: EC, 2006; Alan Wall, Andrew Ellis, Ayman Ayoub, Carl W. Dundas, Joram Rukambe and Sara Staino, Electoral Management Design: The International IDEA Handbook, Stockholm: International IDEA, 2006; UNDP, Electoral Assistance Implementation Guide, New York: UNDP, 2007.

国依据需求评估并根据请求国不断变化的需求，同时在顾及可持续性和成本效益的情况下，在酌情包括选举前和选举后期的整个选举周期中继续向请求国和选举机构提供技术咨询和其他援助，以帮助加强其民主过程"。① 同年，开发署启动了预算为5000万美元的三年"全球选举周期项目"，对一些国家提供援助。

依照这一模式，选举是持续的、周期性的统一进程，由八个不同阶段构成（见图8—1）。每个阶段有不同的任务要素，它们之间相互影响，彼此依赖。对于成功的大选，任何一个任务要素都是不可缺少的。一个阶段的任务要素没有完成，就会对其他阶段或要素造成负面影响，比如前面的选民登记未能做好，就会影响到此后的公民教育、选民信息、后勤安保、投票、计票等各个选举要素。②

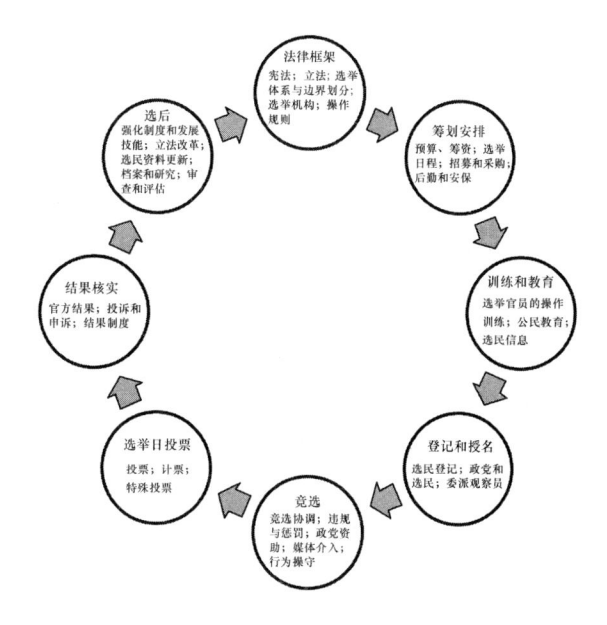

图8—1 选举周期示意图

---

① 第六十四届大会决议："加强联合国在推进定期真正选举和促进民主化方面的作用"，联合国文件A/RES/64/155，2010年3月8日，执行部分第6段。

② ACE Project, "The Electoral Cycle Approach", http://aceproject.org/ace-en/focus/focus-on-effective-electoral-assistance/the-electoral-cycle-approach.

与即时性援助集中于投票日前后不同,在完整的"选举周期"模式中,投票只是其中的一个阶段,其成功与否很大程度上取决于其他几个阶段的进展。而且对于联合国等选援机构来说,其他阶段的支助对受援国和地区的自主能力建设更加重要。比如第一阶段即"法律框架"方面的援助,就涉及到选举的一系列基础性制度的设计和选择,包括宪法、选举法、政党法、政治捐助法、刑法等基本大法的制定和修改,以及公民资格认定与选举权、选举体系的选择、选区划分、选举管理机构的模式等。这些不仅关系到后续选举进程能否顺利推动,更关系到受援国和地区未来的政治模式和政治发展前景。

这一模式有利于更好地理解选举的复杂性。从时间跨度上来看,理想的选举周期是从一次选举的结束到下次选举的开始,差不多持续4—5年的时间,因而这种模式倡导的是中、长期的持续援助。与此同时,"选举周期"并未排除即时性援助,相反,对选举周期不同阶段、任务和着眼点的充分理解,有助于有效地筹备和提供更有针对性的即时性援助。对于任何匆忙的外部援助请求,联合国都可以利用这一工具评估其实际进展以及亟需援助的领域。在这一统一框架下供应的不同的即时性援助,不仅降低了相互重叠和相互冲突的可能,减少了资源浪费,而且也有助于不同援助和项目之间的相互整合,以共同致力于受援国长期选举制度和能力的提高。[①] 利用这一工具,受援国的选举管理机构也可以更迅速地掌握选举流程从而更充分地筹备和操办选举。

三、中、长期选举援助与国家——社会领域的建设

"选举周期"八个阶段涉及大量的任务要素,为协助受援国或地区的选举制度和选举能力建设,联合国主要从以下领域介入其选举进程:选举

---

① UNDP, Electoral Assistance Implementation Guide, New York: UNDP, 2007, p.3.

制改革、强化选举管理机构、建立可持续的选举进程、资源动员和协调、公民和选民教育、选举纠纷解决、支持国内观察者、协助政党、强化媒介以及增加妇女参与。

这十个领域体现了联合国中、长期选举援助尤其是技术援助的主要方向。从援助的路径来看，它们又大致可以归结为两类：国家层面的选举援助以及社会层面的选举援助。国家层面的选举援助旨在建立能够独立筹划、组织和操办国家和地方选举的一系列选举能力和选举制度，主要包括选举制改革、强化选举管理机构、建立可持续的选举进程、资源动员和协调、选举纠纷解决五个方面的援助。社会层面的选举援助则意在促进公民高质量地、有序地参与整个选举进程，并能够自我组织、自我监督从而有益于其长久能力的发展，这方面的努力主要包括公民和选民教育、支持国内观察者、协助政党、强化媒介及增加妇女参与五个方面的援助。前者的援助路径是从上到下，后者则是由下往上，两者各有侧重，又彼此相互倚重。

在国家层面的选举援助方面，"选举制改革"涉及的主要是投票制的设计和改革问题，投票方式多种多样，技术性很强，民主和选举援助国际研究所对其的研究详细列出了四大类 12 种不同的投票制，每一种都会对议席分配产生迥异的政治影响。[①] 联合国在这方面的援助目的在于促使选举体系更具包容性、代表性，更加符合本国需要。选举管理机构负责选举的具体组织和操办，掌握与选举相关的一系列权力，包括法规的制定、选

---

① 选举制分为多数制、比例代表制、混合制及其他四大类型。多数制又被细分为相对多数当选制（First Past the Post）、两轮制（Two round System）、顺位投票制（alternative vote）、连记投票（Block Vote）、政党连记制（Party block vote）五种；混合制包括并联制（Parallel System）与混合比例代表制（Mixed Members Proportional）两种；比例代表制包括名单比例代表制（List Proportional Representation）与单记转让投票（Single Transfer Vote）两种，此外还有单记不可转让投票（Single Non-Transferable Vote）、减记投票法（Limited Vote）以及 Modified Board Count 三种投票方式。参见 Alan Wall, Andrew Ellis, Ayman Ayoub, Carl W. Dundas, Joram Rukambe and Sara Staino, Electoral Management Design: The International I-DEA Handbook, Stockholm: International IDEA, 2006.

民、政党和候选人的登记和审核、组织投票和计票并宣布大选结果等。①"增强选举机构"旨在建立可持续性的选举管理机构,联合国通过支助其立法改革、为选举管理人员提供专业培训等援助,使之具备组织、操办各层次选举的独立能力。"建立可持续的选举进程"主要聚焦于发展国家的选举筹划、监督和预算能力,为一些国家引进更方便实用低成本的高科技方案,同时也包括选民登记方面的支持。在"动员和协调资源"方面,联合国尤其开发署通过"一篮子"资金资助或信托基金为其从国际社会筹集选举经费,并协调第三方的参与,使各种外部援助更加协调一致。"选举争端解决"主要是支助受援国或地区建立和发展其处理选举争端和申诉方面的机构和法律框架,从而增加选举的公正、透明和可信性;为减少由选举争端引发的暴力冲突,联合国还协助其建立相应的冲突预防和解决机制。

在社会层面的选举援助方面,"公民和选民教育"主要解决的是"为何"、"怎样"以及"何时"参与选举的问题,在这方面,联合国主要活动包括协助受援国在选举期间开展教育、培训或宣传活动,支助民间社会组织,编发印制各种选民材料,在选举制度设计和法律框架当中施加政策影响等,旨在扩大民主参与尤其是社会弱势群体的参与。在一些选举暴力频发的地方,联合国开展的"公民和选民教育"也包括非暴力参与的问题。② 在选举有越来越多的国际观察员参与的同时,"支助国内观察员"成了联合国发展其自主选举监督能力的重要举措,主要方式包括提供技术和知识培训,在选举期间为其提供后勤支助等。在"强化媒介"方面,通常的援助方式是协助媒介有关选举的报道更加专业、全面和均衡,使其能够在选举进程中发挥建设性的作用。联合国在不同国家采取不同的策略:在柬埔寨2003年与2008年的国会选举中,联合国提出"平等新闻"

---

① Shaheen Mozaffar and Andreas Schedler, "The Comparative Study of Electoral Governance—Introduction", International Political Science Review, Vol. 23, No. 1, 2002, p. 8.

② UNDP Democratic Governance Group, Electoral Assistance Implementation Guide, UNDP, 2007, pp. 44 – 45.

倡议，协助不同政党分配国家媒介的文宣时间；在塞拉利昂，帮助起草媒介职业法案；在刚果和阿富汗，协助其媒体委员会监督媒体报道。[①] 在印度、阿富汗、伊拉克、孟加拉国等很多国家，"增加妇女参与"都是联合国援助的重要领域，通过宣传、培训等各种方式，消除妇女参与投票和竞选的制度性障碍，鼓励妇女参与各个选举进程。在"协助政党"方面，选举援助一方面旨在确保它们参与选民登记和选民教育进程，另一方面为其提供技术指导，帮助其改善竞选、外联和媒体战略等。

相较而言，公民社会的培育对长期的选举能力建设尤其是健全的民主化进程来说更加有利。但一方面由于联合国可以投入的资源和精力有限，而社会层面的能力建设耗时长久，非一朝一夕可见成效；另一方面，尤为重要的是，介入其社会进程致使极力保持中立地位的联合国面临巨大的政治风险，特别是在协助对象国的政党能力发展方面，卷入其政治权争的风险更大。因而联合国的资源相对来说偏向于国家层面的选举制度和能力建设。

在中、长期选举援助方面，联合国开发署一直是主要的实施机构。以其2002—2012年间的人力和资金分布为例，国家层面的选举援助占这期间总资源的55%，比投入在社会层面上的资源多了10%。从单个的援助领域来看，由于选举管理机构对选举进程担负责任最大、最直接，因而有1/4的资源流向了这一领域。"公民和选民教育"居第二，"建立可持续选举进程"占第三，各占19%和12%。三个领域的资源加在一起，高达56%。其他领域投入的资源都在10%以下，"选举争端解决"、"强化媒介"与"协助政党"占用资源最少，加在一起不到15%（见图8—2）。

---

① UNDP Democratic Governance Group, Electoral Assistance Implementation Guide, UNDP, 2007, p. 48.

联合国与南南合作

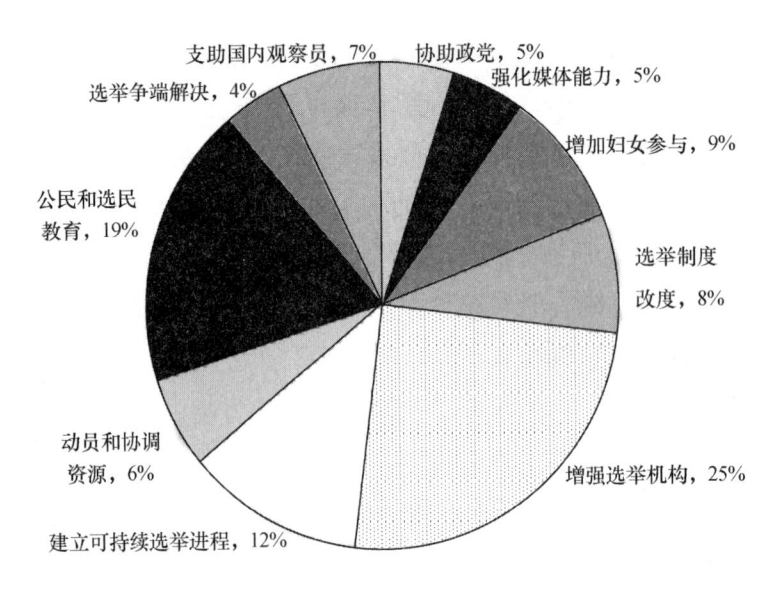

图 8—2　开发署选举援助的主要领域及其资源（人力和资金）分布（2002—2012年）

资料来源：UNDP Evaluation Office, Evaluation of UNDP Contribution to Strengthening Electoral Systems and Processes, UNDP, 2012, p. 22。

当然，在不同地区，开发署投入的资源比例会有较大变化。在非洲、亚洲、阿拉伯国家、拉美和加勒比，开发署都将最多的资源投入在"增强选举机构"这一领域，拉美加勒比地区甚至高达32%。而在欧洲和独联体国家，"选民和公民教育"投入的资源最多，达到37%，其次才是选举机构。这显示在不同地区开发署的援助方向存在非常大的差异。在欧洲独联体地区，国家层面上的选举制度已经有较成熟的发展，因而更多的资源投入在社会层面的援助上，两者之间的比例是4∶6。而在其他地区尤其亚洲和拉美加勒比地区，两者的比例则刚好反过来，变成了6∶4。值得一提的是，"增加妇女参政"领域投入的资源除了在基础较好的欧洲独联体地区比例较低外，其他几个地区都在10%及以上，非洲和亚洲相对来说更高，分别为14%和12%，这显示出开发署在促进低比例代表人群方面的巨大努力（见表8—1）。①

表8—1 开发署选举援助领域的地区变化（2002—2012年）

主要领域	非洲	亚洲	阿拉伯	欧洲独联体	拉美加勒比
选举体系改革	2%	13%（3）	7%	6%	12%（2）
强化选举机构	28%（1）	20%（1）	23%（1）	21%（2）	32%（1）
建立可持续的选举进程	14%（3）	11%	19%（2）	6%	10%
动员和协调资源	8%	10%	6%	2%	5%
公民和选民教育	19%（2）	15%（2）	9%	37%（1）	12%（2）
选举争端解决	1%（10）	8%	3%（10）	5%	2%（10）
支持国内观察员	3%	4%	16%（3）	9%（3）	2%（10）
协助政党	7%	1%（10）	4%	0%（10）	11%（4）
强化媒介能力	4%	5%	3%	8%	5%
增加妇女参政	14%（3）	12%（4）	10%（4）	4%（8）	10%（5）

资料来源：UNDP Evaluation Office, Evaluation of UNDP Contribution to Strengthening Electoral Systems and Processes, UNDP, 2012, p. 22。

注：括号中的数字代表资源投入比例，1代表最多。

与即时性援助不同，中、长期援助所指的能力不再局限于成功举行某次选举，而是专业性的、包容性的以及可持续性的制度和进程。开发署进一步将其分解为相互联结在一起的三个层面的能力：体系的、机构的以及个人的。体系层面的能力指的是支持可信赖选举的总体环境，包括促进选举制度、选举法及选举政策间以及与受援国更广泛的政治体制间的协调一致；机构层面的能力指的是筹备、组织和操办选举以及以专业、独立和可持续的方式管理选举周期的能力；个人层面的能力则指的是发展包括边缘群体在内的合格选民、候选人等参与大选的能力。②

---

① UNDP Evaluation Office, Evaluation of UNDP Contribution to Strengthening Electoral Systems and Processes, UNDP, 2012, p. 21.

② UNDP, Electoral Assistance Implementation Guide, New York: UNDP, 2007, pp. 37 – 39.

联合国与南南合作

即时性援助的主要目标是确保大选的顺利推进，建立基本的选举制度；中、长期援助的重点则转向完善其选举制度并发展其长期自主的选举能力。两者目标不同，在援助的方向上自然存在差异。尽管即时性援助并不存在完全相对应的援助领域，但将两者之间的差别用下表来进行比较仍然是有益的（见表8—2）。

表8—2　即时性援助与中、长期援助对比

主要领域	即时性援助	中、长期援助
选举体系	确立和重建投票制、选举法等法律制度	改革和完善选举体系，使投票制、选举法更符合国情，并确保选举体系各项法律制度间的协调
选举机构	建立临时或常设选举机构；发展成功举行大选的基本能力	建立稳定的制度框架；支助地方选举；发展选举机构的专业技能、外联能力、公共信息能力；维护选民册和选民登记数据；完善公民教育能力
选举进程	就该次选举的筹划、监督和预算提供咨询和建议	发展国家的选举筹划、监督和预算能力，为一些国家引进更方便实用低成本的高科技方案
动员和协调资源	从国际社会筹集大选经费，协调第三方的参与	从国际社会筹集选举进程各阶段经费，协调第三方的参与，并将其纳入到总体的国家项目支持框架当中
公民和选民教育	宣传投票的重要性；强调投票的机制，尤其在采用新投票制度时	提高公民的权利和责任意识；将选民教育转变成公民教育
选举争端解决	建立临时或常设的争端解决机制	完善争端解决的机制及相关的法律制度框架，建立一整套可持续的程序、法则
支持国内观察员	为国内观察员提供必要资源和技术	发展国内观察员的独立参与能力，完善其观察和对选举的监督技能
协助政党	协助政党参与大选	发展政党的参与意识、参与能力尤其竞选、外联和媒体战略
媒介能力	参与并报道大选，确保每位候选人都有机会利用媒介	协助媒介有关选举的报道更加专业、全面和均衡
妇女参政	确保有更多的妇女群体参与大选	协助消除妇女参与的制度性障碍；采用配额制以增加妇女席位；提高妇女参与的意识和能力

资料来源：作者自制。

此外，在冲突后国家的即时性援助中，由于选举援助通常与特派团的维和或政治任务结合在一起，受援国内部也要求联合国深度参与，监督不同派别对和平协议的执行和遵守情况；一些派别和地方势力也籍此寻求外部的政治和物质支持，这就使得这种援助具有较浓的政治色彩。[①] 而中、长期援助所面临的形势则不大一样，这时受援国基本已经确立了有效的政治框架，外部角色在政治领域可能发挥的空间不大，因而援助的政治色彩大大淡化。

从援助的形式来看，中、长期援助更多地采用技术援助，即有关选举事务方面的技能和知识传授。这种传授主要针对受援国的实际问题和实际需求，因而一方面更有定向性和针对性，另一方面也会更多考虑受援国的自身特征，发展与其本土因素更加切合的选举制度和选举能力。对其国家建设来说，这无疑具有更长远的意义。

四、中、长期选举援助与选举管理机构的制度和能力建设

在所有援助当中，协助受援国或地区选举管理机构的能力建设无疑是最关键、也是投入资源相对较多的一个领域。选举管理机构不仅负责选举的组织和操办，主导着整个选举进程，还是选举规则的制定、执行和裁决者（见表8—3），其自身的制度设计和能力水平无疑直接决定着选举的成功与否。施瓦兹（Roland Schwartz）通过研究坦桑尼亚、乌干达和肯尼亚的案例，发现暴力之所以出现，对选举管理机构的能力或独立性缺乏信心

[①] John Heathershaw & Daniel Lambach, "Introduction: Post-Conflict Spaces and Approaches to Statebuilding", *Journal of Intervention and Statebuilding*, vol. 2, no. 3, 2008, pp. 269 – 289.

是最重要的原因之一。①

表8—3 选举管理机构在选举规则的制定、执行和裁决当中的具体作用

阶段	内容
选举规则制定	投票制度/选区人口数量/选区划分/议会规模/选举时间表/选民资格/选民登记/政党和候选人登记/竞选资助和规则/选举观察/选票设计/投票站设立/投票、计票和结果制表/选举管理机构/争端解决机构
选举规则执行	选民、候选人、政党登记/选举观察团登记/选民教育/选举组织/投票、计票和宣布结果
选举规则裁决	申诉登记/案件调查/公布和执行

资料来源:Shaheen Mozaffar and Andreas Schedler, "The Comparative Study of Electoral Governance—Introduction", International Political Science Review, 2002, Vol. 23, No. 1, p. 8。

联合国援助选举机构的长期目标,就是发展当地可信的、经济的选举能力,发展及提高区域、国家或当地各级选举管理人员和工作人员的知识技能,以设计、规划并自行实施选举进程。开发署一般为这种援助项目提供种子基金,选举援助司则从其名册上选派高级技术专家实施和监测项目的运行。两者密切协作,根据受援国的特殊需求,在很多国家联合开展内容不同的中、长期项目。在圭亚那,开发署与其他援助方支持其选委会长达20年,使其从临时性的、缺乏经验并被广泛质疑的机构发展成为一个值得信赖的常设机构,并独立组织了2011年的国家大选。② 当选举管理机构建立起来后,援助则定向性地集中于受援国的特殊需要。例如在巴基斯坦开展一项关于加强选举委员会和促进其权力下放的三年期项目,向尼日利亚全国独立选举委员会提供通讯部门援助,支助柬埔寨国家委员会筹

---

① Roland Schwartz, "Political and electoral violence in East Africa", Working Papers on Conflict Management No. 2, Freidrich Ebert Stiftung & Centre for Conflict Research, 2001, pp. 9 – 10.

② UNDP Evaluation Office, Evaluation of UNDP Contribution to Strengthening Electoral Systems and Processes, UNDP, 2012, p. 36.

备地方选举等。①

除了为受援国的选举机构提供必要的资金、技术装备等支持外，联合国中、长期援助主要从选举管理机构的制度和能力建设两方面入手。具体来说，就是协助其选举管理机构的体系设计和改革，以及对其机构人员包括中央和地方各层次人员进行能力培训。由于前者还涉及到选举法、政党组织法等相关法律制度的改革，因而对选举管理机构的援助经常与"选举体系改革"等国家层面的援助结合在一起开展。

在管理机构的设计和改革方面，联合国的作用主要是就选举委员会及申诉委员会的行政结构和组织提供专业建议和咨询。由于援助时间较长，在阿富汗、东帝汶等地甚至延续数个周期，联合国就可以充分发挥其专业知识和权威地位，促进受援国选举管理机构的完善。不过，与即时性援助不同，由于这时期受援国的选举机构已有初步架构，因而这种中、长期援助多数并非是重新设计和建立新的选举管理机构，而是对其既有制度框架的部分修正。

大致说来，选举管理机构可以区分为这样三种类型：独立自主型的选举管理机构、政府型的选举管理机构以及位于两者之间的一种半自主混合模式。② 洛佩兹—平特通过对148个国家的研究发现，独立自主型的选举管理机构目前受到越来越多新兴民主国家的青睐，高达53%的国家是在其独立选委会的组织下举行选举的。相比之下，有20%的国家大选则完全由政府机构如内政部组织，美国、西欧一半左右国家、一部分亚洲、太平洋及中东北非国家属于这一种类型。半自主混合型的选举机构模式则将

---

① 秘书长大会报告：提高定期真正选举原则的效率，联合国文件 A/56/344，2001年10月19日，第7页。

② 还有很多其他划分方式，比如基于机构人员的构成方式可区分为政府模式、司法模式、专家模式以及多党模式；基于功能与结构特征可区分为"永久的、独立的国家选举委员会"、"分权型选举体系"或者"政府部门"三种模式。参见 Rafael López-Pintor, "Electoral Management Bodies as Institutions of Governance", Bureau for Development Policy (UNDP), 2000, pp. 21 - 29。

联合国与南南合作

大选的组织、操办与大选的监督、规则制定及裁决职权相区分，由政府部门管理选举，由法律界人士或政党等代表组成的独立机构负责后一权力。这种模式在欧洲大陆国家以及前法国殖民的非洲地区较为盛行，目前占有27%的比例（见表8—4）。[①]

表8—4 世界不同地区选举机构模式的分布状况（%）

类型	北美西欧	拉美加勒比	亚洲太平洋	中东和马格里布地区	中东欧	南撒哈拉地区	共计
政府机构	43	12	30	45	/	8	20
半自主型	43	18	7	33	33	39	27
自主型	14	70	63	22	67	53	53

资料来源：Rafael López-Pinto, Electoral Management Bodies as Institutions of Governance, Bureau for Development Policy (UNDP), 2000, p. 25。

从洛佩兹-平特的研究可以明显发现，选举管理机构的模式选择不仅是其国内政治互动的结果，同时也深受其传统和地缘政治文化的影响。联合国的选举援助就是协助受援国改进选举机构，使其与环境更加协调。这样无疑对联合国的选援机构和人员提出了远比即时性援助更高的知识和技术要求。为了更趋近于实际，联合国在援助过程中不得不加深对受援国本土知识的研究，所派遣的援助专家也尽量从那些有较大相似性的国家包括较成功的邻国选择。

南撒哈拉多达53%的国家采用的是较主流的自主型选举委员会（见表8—4），不过考察一下南部非洲发展共同体的十多个国家，却发现这一地区除南非这个经济发达国家选择自主型选举机构，其他国家则多数采用半自主型模式（见表8—5）。即便同属半自主模式，不同国家的选举机构之间仍存在巨大差异。比如安哥拉的选委会成员由其总统任命，博茨瓦纳

[①] Rafael López-Pintor, "Electoral Management Bodies as Institutions of Governance", Bureau for Development Policy (UNDP), 2000, pp. 21–29.

的"独立选举委员会"成员则由司法机构任命,莱索托则由国王在国务理事会建议下任命。这一地区 20 世纪 90 年代以来一直是联合国选举援助的重要区域,尽管联合国的援助在选举机构模式的形成当中只能发挥有限作用,但从中依然能够反映出,联合国中、长期的选举援助对当地本土性和区域性因素的高度重视。

表 8—5 南部非洲发展共同体国家的选举机构模式

国家	机构名称	形成时间	任命机构	类型
安哥拉	国家选举委员会	2004	总统	半自主
博茨瓦纳	独立选举委员会	1998	司法机构	半自主
民主刚果	独立选举委员会	2005	过渡时期宪法	半自主
莱索托	独立选举委员会	1993	国王在国务理事会建议下任命	半自主
马拉维	马拉维选举委员	1994	总统	半自主
毛里求斯	选举监督委员会	1968	总理建议并咨询反对党后由总统任命	半自主
莫桑比克	国家选举委员会	2002	总统	半自主
纳米比亚	纳米比亚选举委员	1992	总统在国会批准的名单基础上任命	半自主
南非	南非选举委员会	1996	在国会建议基础上任命	自主
斯威士兰	选举和选区委员会	2005	国王在司法委员会建议之下任命	政府机构
坦桑尼亚	国家选举委员会	1977	总统	半自主
马达加斯加	国家选举理事会	1992	总统	半自主
赞比亚	赞比亚选举委员会	1996	总统	半自主
津巴布韦	津巴布韦选举委员会	2005	总统	半自主

资料来源:作者根据网页资料整理,http://www.eisa.org.za/WEP/comemb.htm。

选举管理机构的能力培育是联合国中、长期选举援助的另一个重点努力方向。选举管理机构的所谓"能力",指的是个体、机构或机构的某一部门能够有效、可持续地履行其职能。能力发展即指增强选举管理机构所聘人员及整个机构的组织、管理和实施技能。即时性援助由于时间仓促,对选举机构的援助主要着眼于确保该选举的成功举行。与之相比,中、长期援助所培育的能力不再局限于确保某次选举的成功,而是要发展选举机构的专业性、自主性以及可持续性。[①]

这种能力的培训通常出现在大选之前或之后，甚至持续数个选举周期，以促使受援国的自主能力得到充分发展。在一些国家，联合国选援人员和所聘专家直接在它们的选举机构当中受聘任职，亲身参与选举机构的决策和执行。比如在阿富汗、南非和伊拉克等国，联合国的选举事务官员或聘用的专家直接进入该国的选举管理机构，负责制定选举法规，管理、监督整个选举进程（见表8—6）。当然，联合国方面的人员通常在这些选举管理机构当中只担任副手，在南非，联合国聘用的人士在选举委员会里甚至不像在其他几个国家那样握有投票权。不过，这种模式的功能在于，联合国方面的选举专家可以通过这种"手把手"的技术传授和"贴身"的指导提高选举质量。这种模式既发挥了联合国在选举方面的知识技能优势，也体现了当地人在决定自己选举事务当中的自主权，方便了所在国长期选举能力方面的培育。

表8—6 联合国在部分选举管理机构中的人员构成

国家	大选时间	选举管理机构名称	人员构成（国内人士＋国际人士）
南非	1994	独立选举委员会	11＋5（没有投票权）
利比里亚	1997	独立选举委员会	7＋3（联合国1＋非统1＋西非经共体1）
阿富汗	2004—2005	联合选举管理机构	6＋5（2004），9＋4（2005）
伊拉克	2005	独立选举委员会	8＋1
科索沃（塞尔维亚）	2006	临时选举委员会	6＋3

作者根据以下资料自制：安理会：《秘书长关于南非问题的报告》，联合国文件 S/1994/717；安理会：《秘书长关于联合国利比里亚观察团的第二十三次进度报告》，联合国文件 S/1997/478；安理会：《秘书长根据第1546（2004）号决议第30段提交的报告》，联合国文件 S/2004/710；安理会：《秘书长关于联合国科索沃临时行政当局特派团的报告》，联合国文件 S/2007/582；阿富汗2004年的资料参见 http://www.iec.org.af/public_html/，2005年议会选举的资料参见 http://www.iec.org.af/jemb.org/eng/composition.html。

---

① UNDP, Electoral Assistance Implementation Guide, New York: UNDP, 2007, pp. 37 - 39.

不过，更通行的做法是扶植全部由本土人士组成的选举机构。在东帝汶，联合国组织该地 1999 年的公民表决以及 2002 年的总统大选之后，东帝汶人逐渐接管了自己的选举组织管理工作。与此同时，联合国选援司继续向新成立的东帝汶选举管理机构及其秘书处提供支助，包括派遣选举管理顾问和各领域专家，与开发署一起共同协助其秘书处编制技术援助项目、协助地方选举、帮助设计和组织选民登记程序等。① 这种做法在很多举办过首次大选的国家如柬埔寨、海地、阿富汗都可以看到。

能力培育方面的项目既包括为受援国提供管理战略、预算、采购等方面的专业建议，也包括为受援国引进新的选举技术，比如电子投票技术、快速计票方法等。此外联合国还为其提供各种形式的交流和培训内容，比如与其他国家的选举机构之间的交流活动、专业的课程培训、各类会议、研讨会等。② 在这方面，联合国与其他区域或全球知识网络密切协作，共同开发一些培训工具，比如由联合国、民主和选举援助国际研究所等共同组建的 ACE 选举知识网络，该网络建立了各国的选举数据库，提供多方面的选举知识培训，内容非常丰富、实用。③

联合国在选举机构的制度和能力建设方面积累了大量经验，相对而言，这也是联合国选举援助成效较为显著的一个领域。不过，选举机构能否维持其能力很大程度上还取决于受援国自身的实际状况。比如在海地，国际选举援助已经持续了 20 余年，但由于该国并不存在常设选举机构，这大大弱化了其援助效果。这种情况同样出现在马拉维，该国法律要求每次选举都要成立新的选举管理机构。④ 国内政治的差异无疑为选举援助的

---

① 秘书长大会报告："加强联合国在提高定期真正选举原则的效力和促进民主化方面的作用"，联合国文件 A/60/431，2005 年 10 月 14 日，第 29 段。

② European Communities, Methodological Guide on Electoral Assistance, 2006, pp. 48–50.

③ 具体可参见其网页 http://aceproject.org/。

④ UNDP Evaluation Office, Evaluation of UNDP Contribution to Strengthening Electoral Systems and Processes, UNDP, 2012, p. 37.

开展带来巨大挑战。

五、联合国选举援助的缺陷

作为一种跨国活动,联合国所提供的选举援助将外部有关选举和投票方面的专门知识和技术传递和分享给了对象国或地区,弥补其知识和技术上的不足和缺陷。从这一意义上讲,它具有典型的"去政治化"、"弱权力化"和"弱意识形态化"的特征。[①] 但另一方面,由于选举与政治、权力紧密结合在一起,因而联合国所提供的这类援助,很容易牵涉到受援国的国内政治进程,影响其官僚集团、官僚与政客以及社会利益集团之间或之内的权力分配。[②]

由此导致的后果是,在有些情况下,联合国的选举援助因为无法回避受援国的政治议题而大大弱化了其援助效果。巴基斯坦就是一个典型的例子。在过去十年里,国际社会为改进其选举体系包括选举委员会的弱点做了大量努力,但由于这些援助没有也无法触动巴国内部关键性的政治现实如司法和行政的关系,导致援助只能是边边角角的修正,弱化了外部援助的效果。[③]

在有些情况下,对政治议题的过分关注又会模糊选举援助的本来目的,甚至为大国介入受援国内部权争提供工具。1990—1991年间的海地大选就是这样的,在联合国的观察下,让-贝特朗·阿里斯蒂德合法当选。但联合国的观察团结束任务不到一年时间,阿里斯蒂德政权即被军事

---

① 参见李因才:"跨国技术援助与国家能力建设",《外交评论》2013年第4期,第71—83页。

② Milton J. Esman, "Development Assistance in Public Administration: Requiem or Renewal", Public Administration Review, Vol. 40, No. 5, 1980, p. 428.

③ Department for International Development, "Electoral Assistance and Politics: Lessons for International Support", UK: Department for International Development, 2010, p. 21.

政变推翻。美国随后就以维护阿里斯蒂德合法当选政权为由，促使安理会通过决议授权由其领导的多国部队，逼迫军事当局交权。

联合国的选举援助旨在通过制度和能力建设方面的援助，推动受援国的政治进程，并透过公正、透明的选举赋予受援国当选政权更大的合法性，从而推动其国家—社会关系的有效融合。但正如瓜瓦拉（Guevara）所说，外部援助能够通过技术和知识的传授强化其制度和能力，却本质上代替不了政权合法性的生产进程，因为合法性只能根源于其内部。①

与此同时，选举援助能够为其选举制度乃至更广泛的国家建设提供重要的参照、引导，尤其是其急需的知识和技能。但国家能力建设是长期的内生性进程，选举援助只是外部的刺激性因素，本身代替不了这种复杂进程。更重要的是，如何将一种"外来"的知识和技能应用于一种政治、社会、文化背景完全不同的另一个国家，成为其国家建设进程中的持久动力？由于为会员国提供的这类选举援助，其实践只有短短的20多年时间，就其经验而言有待提升和总结，这就使得这方面的研究和实践变得越来越有必要。

---

① Berit Bliesemann de Guevara, "The State in Times of Statebuilding", Civil Wars, vol. 10, no. 4, 2008, pp. 348 – 368.

新南南合作与联合国的作用

申 文[*]

"南南合作"是指南方国家,即发展中国家之间的合作,其本质是南方国家谋求国家发展,摆脱贫穷落后状况的一种政治经济选择。传统的南南合作是指发展中国家间的技术及经济方面的合作。经过近50年发展,南南合作经历了发展中国家间技术合作(TCDC)及发展中国家间经济合作(ECDC)两个阶段,进入21世纪以来,南南合作有了新的发展,逐渐走向了多方位、多领域的广泛合作时期。联合国是当今世界最具影响力的国际组织,自南南合作起步以来,联合国就对南南合作发挥了建设性的作用。

一、"南南合作"的历史沿革及局限

(一)南南合作的历史沿革

1. 初步发展

1955年4月举行的万隆会议上,第一次有人提出了发展中国家在互利和互相尊重国家主权的基础上实行经济合作的建议,在亚非国家面前展示了确立平等互助的新型合作关系的前景。[①] 会议确定了南南合作"磋

---

[*] 申文,复旦大学国际问题研究院联合国研究中心博士生。
[①] 郝赪:《关于"南南合作"模式研究》,河南大学2006年硕士学位论文,第7页。

商"的原则,提出了在发展中国家间实施资金和技术合作,因此被认为是南南合作的开端。

20世纪50年代后期,不结盟运动兴起,它最初主要强调争取和平,反对参加大国的同盟,维护国家的主权和独立。[①] 不久,运动就做出了在政治独立的同时应该谋求经济自主的反思。在1964年举行的联合国第一届贸易与发展会议上,77个发展中国家联合发表了《77个发展中国家联合宣言》,谴责了不合理的贸易制度,表示要建立新的政治经济秩序,强调发展中国家彼此接触和磋商联合行动,77国集团由此产生。[②] 不结盟运动、77国集团的出现,分别代表了发展中国家的政治和经济上的合作。他们推动了南南合作、南北对话的发展,通过的一系列纲领性文件,确定了合作的领域、内容、方式与指导原则,为"南南合作"打下了基础。差不多与此同时,在南方国家中一批区域合作组织相继成立,如拉丁美洲和加勒比地区国家的中美洲共同市场、非洲的中非经济和关税同盟、东非共同体等。尽管这一时期成立的区域经济一体化组织尚处于初期阶段,规模小,实质性贸易和经济合作举措有限,[③] 但是它们的出现代表了"南南合作"这一时期的重要形势和发展趋势。

2. 繁荣时期

进入20世纪70年代以后,随着第三世界的民族解放运动深入发展,发展中国家进入了以经济发展来巩固民族政治独立的阶段。[④] 这一时期美苏两个集团,特别是西方集团为争取崛起的第三世界,在经贸与发展问题上采取了较为宽松的政策,南方国家国际收支情况较好,贸易环境得到改善。1973年的石油危机使部分南方国家受益,催生了一批"富国"。在此背景下,南南合作在这一时期得到加强和提升。这一时期南南合作的繁荣主要表现在贸易、资金援助、技术、区域合作等几个方面。在贸易领域方

---

① 樊勇明:《西方政治经济学》(第二版),上海人民出版社2006年版,第296页。
② 同上书,第297页。
③ 郝赪:《关于"南南合作"模式研究》,河南大学2006年硕士学位论文,第8页。
④ 刘德斌:《国际关系史》,高等教育出版社2003年版,第485页。

面，发展中国家间的相互贸易额在世界贸易总量中的比例有了一定的提升，由1971年的20.2%增加到1981年的27.3%。在资金援助上，由于石油斗争取得胜利，一些"富国"，特别是欧佩克组织（OPEC）国家纷纷慷慨解囊，对其他发展中国家提供援助。[①] 据经合组织（OECD）的统计，从1970年到1980年的十年内，仅欧佩克石油组织对南方国家的经济贷款或者赠款就达到了485亿美元。在技术上，尽管水平较低，但是南方国家之间还是在技术转让、专利出售以及培养人才方面做出了不少业绩。在区域合作上，发展中国家在20世纪七八十年代又先后成立了近百个区域性合作组织。影响较大的如阿拉伯共同市场、安第斯条约集团、南方共同市场等。这些组织在区域内建立合资企业或者联合企业，谋求联合自立自强。

3. 低潮与滞缓时期

20世纪80年代初到90年代初，南南合作处于低潮。这主要是由于这一时期国际贸易环境变得不利于南方国家，各国收支普遍出现恶化，造成合作区域中贸易量减少，经济活力下降。合作机构效率低下、资金短缺等因素，则使得20世纪70、80年代确定的南南合作计划或方案在执行中都大打折扣，未能取得预期目标。而肇始于发达资本主义国家内的经济危机，波及许多南方国家，各国均以解决自身问题为重点，将注意力放在处理国内问题上。南南合作在南方国家优先考虑的问题中的地位下降，重要性也随之降低。[②]

20世纪90年代初始，南南合作活力有所恢复。一些组织如不结盟运动、77国集团等组织的活动有所增加，但是难以掩盖南南合作进展乏力的现实。随着两极格局结束，长期被压抑的政治、民族、宗教矛盾爆发，一些南方国家间、地区间爆发了冲突，极大地损害了南南合作。同时，1997年金融危机这样的世界性金融灾害，加剧了南方国家各自为政的事

---

① 南方委员会的报告，张小安等译：《对南方的挑战》，中国对外翻译出版公司1991年版，第130页。

② 同上书，第134页。

态。一些国家在金融危机中采取的贸易壁垒政策,不仅破坏了区域合作国家间的信任,也损害了南南合作。

从20世纪90年代末起,南南合作有了新的气象。随着经济全球化的深入,一批新兴经济体崛起,西方国家相对衰弱,南南合作的动力和内容发生了变化,南南合作步入了一个新的历史时期。

(二)历史上南南合作的局限

20世纪60、70年代形成并发展起来的南南合作是广大南方国家基于类似历史境遇和发展任务而开展的互助,在彼时为南方国家的发展做出了贡献,首创了发展中国家的合作模式。但作为特定历史时期的产物,既往的南南合作存在较大短板及局限。

首先,它是一种以政治为优先的政经合作,是一种国家行为。既往的南南合作,是一种以政治为主、经济为辅的合作模式,有时甚至是纯粹的政治行为。在这样的模式中,合作的领域和项目,很大程度上由合作国家的外交关系与意识形态决定(甚至个别是政治首脑的偏好决定),并受到当时国际政治形势影响。在此情景下,一些合作不重视经济效益,合作的延续性、稳定性较差。此外,国家(政府)是合作的主角,以市场为导向的私人经济、股份公司等行为体作用微小。这固然与彼时南方国家中国家主义盛行,私营经济体薄弱,市场经济体系未普遍建立有关。现代经济学及实践表明,市场在经济中起基础作用是确保经济活力的基本保障,纯粹以政府为导向的南南合作缺乏活力和可持续发展性。

其次,它是一种低层次的经贸和技术合作。南方国家普遍经济社会落后,工业基础薄弱,产业单一,技术水平较低,它们之间的经贸合作较为粗放,内容往往以实用、简单的技术援助及简单的资金贷(赠)款为主,合作领域集中在农牧业、轻工业,少量涉及重工业。在经贸领域,囿于经济状况,一些南方国家甚至进行货货互易。尽管这些合作为改善南方国家的社会经济状况做出了贡献,但是无助于从根本上改变产业技术结构和不利的国际贸易地位。

最后，既往的南南合作难以摆脱依附性的经济地位和西方国家对南方的控制。西方国家在战后形成了一套囊括货币、贸易、金融、技术等领域的经贸制度安排，处于"中心—外围"经济格局[①]的中心地位，并且依靠意识形态、有条件的发展援助、文化霸权等手段，控制南方国家，巩固自身的"中心"位置。广大南方国家，在政经格局下，长期处于"外围"地位，扮演原料供应方、倾销市场、初级产品加工者的角色。南南合作虽然加强了南方国家的凝聚力，却无法打破不合理的政治经济格局，[②] 无法改变南方国家处于"外围"的现实。与南南合作相比，南北对话无疑分量更重。受到"中心—外围"模式的影响，源自发达国家的经济危机，在对资本本身造成巨大冲击的同时，也对南方国家造成巨大的损害。

二、新南南合作的背景、内涵及动力

新南南合作是相对20世纪60、70年代的南南合作而言的，是新时期（20世纪90年代末期以来的历史）的南方发展中国家间的合作。它有其产生的历史背景、内涵及动力。

（一）新南南合作的背景

进入21世纪，世界经济发生了巨变，新的政经格局日益清晰地展现在世人面前。在经济全球化的大趋势下，新兴国家的强力崛起和西方经济体的相对衰弱无疑是这场变动的焦点。新世纪以来，西方主要经济体经济发展迟缓。作为世界第一大经济体的美国，饱受赤字庞大、过度消费等问

[①] "中心—外围"论作为一种阐释二战后世界南北经济关系的学说，在解释南方国家落后的经济的问题上，具有较好的说服力，本文予以采纳。

[②] 1973年欧佩克国家干预世界石油市场的举动可以视为南方国家协作一致，试图改变西方石油价格体系的一次尝试。

题的困扰，经济发展乏力；2006年以来的次贷危机将其推向严重的社会、经济危机。欧洲国家经济受福利制度、高失业率、美国的次贷危机等因素影响，经济民生发展缓慢，2010年生成的主权债务危机使其雪上加霜，进而影响到了全球经济。日本在经历了十多年的经济停滞之后，经济回复缓慢。另一方面，以金砖五国及新兴经济体11国[1]为代表的新兴经济体，在进入21世纪后保持了国家政权的稳定、经济的平稳甚至高速增长。有统计表明，金砖国家2013年经济比重约占全球的21%，新兴经济体11国在2009年的经济比重即达到全球的33.3%。在对全球经济发展贡献方面，金砖五国将长期保持在60%的增长贡献。[2] 经合组织（OECD）的研究报告指出：世界经济的重心已向东和南迁移，从OECD成员国转向新兴经济体。[3]

与此同时，与一些社会经济迅速发展，成长为新的全球经济引擎的国家相比，部分南方国家却没能实现经济起飞，有的反而出现了倒退到前工业发展阶段的现象。这显示出，进入21世纪后，南方国家间在社会经济发展上出现了分化。南方集团内出现了发展失衡、贫富差距拉大、利益诉求各异的复杂形势。一些不发达的南方国家在"中心—外围"的格局中处境更为不利，依赖发达国家以及新兴经济体的援助，从发达国家或新兴经济体的发展中"搭便车"的思想在这些国家中盛行。

另一个值得注意的背景是南南合作中意识形态色彩的褪去。作为特殊历史时期的产物，南南合作蕴含着深刻政治含义。"南南合作"一词，本身蕴含着南方国家团结协作，应对超级大国及西方国家的压迫、剥削及霸权的潜在意义。但是，冷战结束后的20多年，世界见证了意识形态在国

---

[1] 金砖五国指的是南非、巴西、俄罗斯、印度及中国；新兴经济体11国指的是阿根廷、巴西、中国、印度、印度尼西亚、韩国、墨西哥、俄罗斯、沙特阿拉伯、南非、土耳其。

[2] 参见林跃勤、周文主编：《金砖国家发展报告2012》，社会科学文献出版社2013年版，前言，第1—11页。

[3] 经济合作与发展组织（OECD），孙迎春等译：《2010年全球发展展望：财富转移》，国家行政学院出版社、中央编译出版社2011年版，第7页。

际政治中的消退,国际社会中意识形态因素的作用变小。在南南合作的语境中,"南"与"北"的区分淡化,"南"与"北"的对抗性减小。诚如张蕴岭所言:当年"南南合作"的提出是为了通过加强合作,改变南部国家在国际经济格局中所处的不利地位,强调的是"南""北"的对抗性,而现在"南"与"北"已经去意识形态化,不复当年的语境了。[①] 南方国家在20世纪80年代以后已出现经济政治发展的分化,经过20多年的演变,难以再形成用一个声音说话的整体。

(二)南南合作的新内涵

20世纪90年代末期至今的南南合作,较以往的南南合作,在合作的主体、内容和领域、参与者上都有了新变化。

首先,作为合作的主体,南方国家方面,发展中国家已经出现分化,成为如下几类:一是新兴的经济体。部分原南方国家利用出众的自然禀赋,凭借巨大的人口红利,依靠强大的政府调控等有利因素,成功的参与到全球的产业链之中,经济发展迅猛,成为崛起的经济体。这类国家,如中国等金砖国家,在世界经济格局中已经具有举足轻重的地位,在全球经济低迷时期被视为经济发展的引擎。在新时期的南南合作中,他们是主导性的行为体和施动方。二是中等规模的发展中国家。一些南方国家在冷战结束后保持了国内政治稳定,经济社会水平的发展,在地理区域或经济领域内,他们具有优势地位,成为具备实力的经济体,具备进一步发展的潜力和空间。土耳其、沙特等国家是其中的代表,是新南南合作的中坚力量。三是不发达的南方国家,他们以撒哈拉以南非洲国家和部分亚洲国家为代表。由于各类原因,他们的经济社会水平发展缓慢,甚至较之前有所倒退,处于世界政治经济格局的"边缘"位置,被动的接受全球化的进程。他们是新南南合作的主体,在新时期的南南合作中,他们最迫切的需

---

① "新南南合作的喜忧:深层次矛盾将浮上水面",http://finance.sina.com.cn/world/qtdq/20120213/105111364757,shtml,2014年8月10日查询。

要来自其他南方国家的援助合作及成功的发展经验和知识。

南方国家分化的客观事实，暗示了南方国家间的不同利益诉求和潜在的分歧，但是分化也为新时期的南南合作提供了调整与新的历史机遇。在南南合作形成50多年后的今天，分化了的不同南方国家间产生了不同产业结构、差异的发展思路、独有的自然禀赋等各具特色的要素，差异可能带来摩擦甚至竞争，也为开展合作提供了前提。

如今绝大多数南方国家都走上了市场经济发展道路。市场在资源配置和经济运行中发挥基础作用，私人经济、股份企业等市场单位获得较大发展，企业制度趋同，金融体系、市场体系不断成熟。[①] 此外，经济全球化客观上将多数南方国家纳入一个相互依存的紧密环境之中，提供了共同的规则和"游戏"机制。相似的国内市场经济和共同的国际经济环境，为新时期南方国家间的合作定下了共同的生态环境。一种以市场为导向、经济效益为驱动的富有活力、可持续的新南南合作成为可能。

其次，从合作的内容与领域上看，进入新千年以来，南南合作的领域得到了深化和拓宽。一般认为，以往的南南合作集中在第一产业，少量分布在第二产业，具体而言，多集中在农林牧、采掘和轻工业及少量重工业领域。但随着高科技的发展与外溢，南南合作的传统领域也有了深入的发展，一方面传统合作中的有效实用的技术合作、援助得以延续，另一方面，高科技的应用提升了传统的农林牧等领域的合作水平与质量。此外，在贸易、金融、信息、全球治理等众多新兴领域面临着相似的问题和共同的挑战，新南南合作的领域较以往有全面的拓宽。在技术合作（TCDC）及经济合作（ECDC）之后，南南合作逐渐走向了多方位、多领域的广泛合作领域。贸易合作方面，既有基于能源与制成品之间的不同产业贸易，也有由于全球产业链不同分工而产生的产品贸易。金融合作方面，南方国家间，诸如区域性金融合作，货币的境外结算等跨国金融安排成为重要的合作内容。在信息合作方面，各国普遍意识到合作的重要性，南方首脑会

---

① 王跃生、马相东："全球经济双循环与新南南合作"，《国际经济评论》2014年第2期，第67页。

议以及各区域合作组织均以协议、宣言等形式加大了交流与协作,在建立信息技术基础设施、建设信息交流平台等方面展开了多样的合作。此外,随着全球性问题的凸显,南方国家面临的共同的"大"问题如环境治理、气候问题、粮食问题、网络安全等全球治理难题给南方国家带来了巨大挑战,南方国家已经在这些问题上开展了合作与交流。在可以预见的未来,全球治理方面的合作将会是新南南合作的重要内容。

再次,新南南合作的参与者十分丰富。既往的南南合作是以国家为唯一参与者、以政治考量为首要出发点的官方合作。新南南合作涉及地区、国家、地方、企业、民间的各级参与者,涵盖政治合作、经济贸易、基础民生等"高"、"低"议题。既有区域或跨区域之间的交流合作机制,如金砖国家会议、中非合作论坛等,也有如中国—智利自由贸易协定这样国家政府间主导的双边、多边安排。地方政府与企业在新南南合作中越发扮演着活跃的角色。地方政府在南南合作方面开始日益发挥主动性,有国家协同做出的南南合作安排,也有独立牵头开展的合作。跨国企业、私人企业等成为南南合作中能量的活力因子。

不可否认,新南南合作蕴含着政治动机,但是与以往不同,新时期南南国家进行合作时,受意识形态的影响减少,多了重视实际效益和平等互利的考量,合作更为丰富、活跃。政治的考虑、经济利益动机、基础民生事业需要等各层次的考量与需求提升了新时期南南合作的深度与广度。

(三) 新南南合作的动力来源

首先,新兴国家间的合作与互动是新时期南南合作的一大动力。新兴经济体具有资本、技术、市场、管理等经济要素,在一段时间内是南方国家中最具实力、活力的一部分,是新时期南南合作主导力量的主体和施动者。新兴经济体合作兴,则新南南合作兴。新兴经济体间存在相似的国际政治经济观和互补的比较优势。

21世纪以来,伴随着新兴经济体的崛起,他们在国际政经格局中话语权与地位得到一定提升,一些国家开始摆脱"外围"地位,逐步移向

"中心"。他们成功地参与到一些代表性的组织和机构，并在核心议题上扮演关键角色。例如，原来只有发达国家组成的G7集团，在2000年前后加入了新兴11国而成为G20集团。在气候、环境、网络等全球治理的关键领域，中国、印度、巴西等南方大国的态度不容忽视。

尽管如此，二战后形成的国际政治经济秩序没有发生质变，发达国家依旧是规则的制定者，新兴国家则是既有规则的被动遵守者和新规则的有限影响者。这样的制度安排不能反映现今的实力配比和发展趋势，是不合理的。以象征世界金融领域话语权的国际货币基金组织（IMF）为例，其内部的制度依旧维护旧的秩序。在投票权比例上，发达国家（西方7国）份额占比一直在45%以上，发展中国家的份额只占36%；在组织高层管理人员中，只有一位副总裁来自发展中国家。而2010年生成的有利于南方国家的改革方案却在2014年年初因遭到美国的阻击而处于搁置状态。[①]西方国家则极力维持其经济霸权。在如今全球经济发展放缓之时，美国极力推行其高标准的跨太平洋伙伴关系协定（TPP）和跨大西洋贸易与投资伙伴关系协定（TTIP）计划。不能反映新时期经济实力分配的不公平秩序、西方相继生成的经济危机、美国的经济霸权引起了新兴经济群体的普遍警惕和戒备。有学者指出，中国希望建立一个非霸权、权力分散化和区域多极化、政治稳定、文化多元、经济相互依存的国际新秩序。[②] 这也是广大新兴经济体的心声和渴望。反霸权、多边协作、相互依存、自主自立是新兴经济体共同的政经秩序观。构建更为公正合理的国际政经体系，争取宽松有利的国际环境是新兴经济体共同的理念动力。

不同的历史因素、社会制度、文化背景对新兴经济体合作的影响不容

---

① 依据2010年11月生成的IMF改革方案，将有6%的投票权由发达国家转向新兴经济体，除南非以外的其他四个金砖国家进入IMF十大投票权所有国行列。2014年1月美国国会就IMF改革方案做出裁定，否定其中负担新增出资份额，使得本次改革受阻。

② ［西］米格尔·奥特罗—伊格莱西亚斯："欧元对国际货币体系的冲击：中国和巴西的经验"，《国际经济评论》2009年第2期，第22页。转引自孙伊然："后危机时代中国南南合作的战略依托和选择"，《教学与研究》2014年第8期，第22页。

忽视。但是在全球化的今天，绝大多数走上市场经济道路的南方国家无论是否愿意，都处于全球性的经济链上。少有国家具备所有的禀赋优势，各国都要在世界上寻求其所缺乏的发展要素。在新兴国家存在诉求分歧，甚至产生较大的利益之争的同时，也生成了可以互补的比较优势。以金砖五国为例，当前中国有着巨大的市场、巨大的外汇储备、庞大健全的产业体系、强力的宏观调控等优势，但是存在着能源、原材料供应不足、人口红利逐步丧失的状况；印度具有领先的软件产业、潜在庞大劳动力市场的优势，同时有基础设施不足、社会改革推进停滞的短板；俄罗斯拥有巨大的能源储量，但是缺乏足够的资金。此外，巴西拥有先进的农牧业和大量的原材料资源，南非拥有先进的采矿业并占据重要的地理位置。[1] 这些国家情况各具优劣，都形成了自身的比较优势，并具备优势互补的可能。如今，中国已经是俄罗斯、巴西、南非最重要的能源、原材料买主，印度则成为其他经济体的软件及信息服务来源国，俄罗斯、巴西、南非则提供了较为稳定的能源、原材料市场。新兴经济群体意识到了缓和既有经济摩擦，推进优势互补的必要性。在共同的理念之下，新兴经济体之间生成的比较优势和利益交集将是新南南合作的另一个驱动力。

其次，通过新南南合作有可能替代甚至超越原有的南北合作是南南合作的内在动力。有学者指出，原有的"中心—外围"世界格局已经发生了变异。[2] 不论这一论断是否成立，新时期南方国家通过南南合作即可获得以往通过南北对话才可取得的资金、管理、科技、市场等发展要素则是客观事实。一方面，中国、印度、巴西等大新兴经济体在与发达国家的接触过程中，获得了投资，并在付出巨大的代价之后，获得了庞大的外汇储备、较为先进的管理，生成了大规模的完备产业体系基础。但在发达国家主导的国际秩序中，他们还处于不合理的地位。这些新兴国家在面对其他亚非拉次发展中国家时具备了像发达国家一样对外投资转移低端产业的能

---

[1] 董雯：《金砖国家的合作：动因及前景》，外交学院2013年硕士学位论文，第15页。
[2] 王跃生、马相东认为世界格局正由"中心—外围模式"向"双循环模式"转变，参见"全球经济双循环与新南南合作"一文。

力，并开始了升级原有产业体系进而与发达国家进行新一轮经济互动的进程。

另一方面，在中国等新兴大国的产业已发展到相当程度之时，部分亚非拉国家在全球化经济进程中由于各类原因受挫，一再被边缘化，获取"中心"的投资等发展要素越发困难。新兴国家对外投资，转型升级及获取资源原材料的需求，与其他亚非拉国家要求获取发展要素的愿望形成了契合，这将是新南南合作的内在动力。近十年，中国、印度对非洲，中国对拉美的持续性投资，设立经济贸易特区是典型的例子。新兴大国在与其他南方国家合作的过程中，获得了丰富的原料及劳动力，移出了较为低端的产业链，换取了产业升级的空间。其他南方国家，通过新南南合作获得了资金、适合的技术及管理经验，促进了优势产业的发展与繁荣，缓解了经济社会压力。

从更高的层面看，其意义在于中国等新兴国家的成功发展道路将对其他发展中国家产生影响并被借鉴，南方国家可以在"南方"找到适合自身的发展模式。南南合作语境中通过南方国家之间合作而谋取发展的美好愿景将在新南南合作中找到实现的可能。

再次，共同面对并有待解决新的全球问题是新南南合作的外在动力。进入21世纪以来，尤其是2006年以来的"后危机"时代，许多问题日益全球化，任何一个国家都无力独自面对。在金融安全、粮食保障、能源安全、气候变暖、地区冲突等问题前，相对发达国家，处在经济调整期的南方国家更需要协调合作。南方国家中无论是新兴经济体、中等发展中国家还是最不发达国家，发展是永恒的议题，面对上述问题南方国家间存在着既有差异又有共同点的诉求。西方发达国已经无力单独进行治理，他们鼓励南方国家参与全球治理，但是也有可能利用现行机制作出不利南方的单边安排。这促使南南国家必须加强合作，推进成员间的协作共赢，协调与发达国家的关系，应对全球治理问题便成为新南南合作的新着力点。更有意义的是，推进全球治理的同时也是建设一个更加公正公平的国际经济政治秩序的契机。作为一个全新的全球性议程，南方国家将有机会成为新机制的制定者参与到全球治理的决策过程中。

三、联合国在新时期南南合作中的作用

联合国是当今最具有普遍意义及权威的国际组织。《联合国宪章》前言及第一条第三款分别规定，"运用国际机构，促成全球人民经济及社会之进展"，"促成国际合作，以解决国际间属于经济、社会文化及人类福利性质之国际问题。"推进世界社会经济与发展，是联合国的宗旨之一。新时期南南合作是既往合作的继承与发展，被注入了新的内涵和任务。联合国的宗旨决定了其对南南合作秉持支持态度和起着推进作用。

首先，联合国是南南合作理念的重要创立者、积极推广和深化者。历史上，发展中国家首先在联合国框架内的贸易与发展会议中提出要改变不合理的政治经济秩序，发展中国家彼此磋商联合行动的呼吁。此后，随着越发多的南方国家加入联合国大家庭，南南合作理念有了深入发展的群体基础。1978 年为推进南方国家技术合作而确定的《布宜诺斯艾利斯行动计划》（BAPA），第一次明确完整地形成了南南合作的概念，明确了南方国家合作的 15 个技术领域。

21 世纪以来，联合国在推进南南合作理念方面的作用日趋明显。在 2000 年的联合国千年计划中，南南合作占有重要地位。为了推广和纪念南南合作的精神和理念，2004 年联合国大会通过了第 58/220 决议，确定了每年的 12 月 19 日为世界南南合作日。[①] 2009 年的联合国内罗毕会议通过的两个重要文件：《77 国集团成员国和中国外交部长第三十三届年会部长宣言》和《在内罗毕举行的南南合作高级别联合国会议成果文件》，作为南南合作理念发展的一个新的里程碑，明确了新时期南南合作的范围，即多方位、多领域的广泛合作领域，更指出政府、区域组织及联合国在南

---

① 2011 年 12 月，联合国大会决定自 2012 年起，联合国南南合作日从 12 月 19 日改为 9 月 12 日，以纪念 1978 年联合国发展中国家间技术合作会议通过《促进和实施发展中国家间技术合作的布宜诺斯艾利斯行动计划》。

南合作中的角色。

其次，联合国系统是当今南南合作的重要工具及平台。联合国不仅是当今南南合作理念的推广者，还是南南合作的重要工具和平台（或者媒介）。具体表现为：第一，联合国各类相关机构就是南南合作的践行者，尤其是负责协调、指导经济及社会事务的经社会和与其相关的联合国系统内机构，他们直接参与到当今南南合作实践的第一线。不仅有专门性的机构，如在新南南农业合作中，联合国粮农组织、世界粮食计划署等粮农组织负责推进南方国家间使用的农业技术、发展模式的交流与合作，还具有为协调南南合作而服务的专门机构——联合国南南合作办公室。第二，联合国还成为多类层次、各色内容、广泛形式的南南合作平台和合作媒介。通过它们的影响，推广南方国家社会经济发展的成功案例，并且为地区性组织框架下的南南合作建言献策。

四、结论

南南合作从20世纪60年代兴起，至今已经走过50多年的历史。在这50多年的历程中，南南合作并非一帆风顺，出现了高潮和低谷。它首创了南方国家间平等互惠的合作模式，有着重大的进步意义，但是也存在较大的短板。由于各类原因，它缺乏活力、稳定性，难以可持续。20世纪90年代末期以来，世界政经格局出现了大变化。首先，一批南方大国崛起成为新兴国家，它们在世界政经版图中占据越发重要的位置，甚至成为世界经济发展的引擎；而以美国为首的北方发达国家，实力相对衰落，但是依旧控制着战后国际秩序，掌握着国际机制体系中的话语权和制定权。其次，在一批南方国家崛起的时候，南方国家群体内部也出现了分化，出现了新兴经济体、中等发展中国家及"边缘"发展中国家。新南南合作就是在这样的背景下产生的，它在合作主体、内容与领域、层次上都有了新的特点。新南南合作是富有动力的，既有观念上的契合，也有在市场经济中生成的比较优势及共同利益，还有共同面对的来自外部问题的

联合国与南南合作

压力。

联合国在南南合作中发挥着无可替代的作用。新时期,联合国对南南合作的理念予以深化及推广,同时它又是南南合作的工具和平台。应该注意到,联合国在新南南合作中也存在挑战。它是理念的先导者,但在具体实践中却主导乏力;在近期经济萧条的背景下,缺乏行之有效的南南合作方案。越来越多的组织将南南合作纳入其工作范围,联合国却一时无力更好地进行协调。今后,在南南合作问题上,联合国如何更好地依托新兴经济体发展合作,推进或争取南南合作的主导权,以及制定新南南合作的协调机制,将是联合国亟需思考和解决的问题。

联合国与阿富汗民主重建

王 晋[*]

一、引言

  2002年塔利班政权倒台后，扶植和培育阿富汗的国家能力成为国际社会协助其冲突后重建的一项重要职责。在此过程中，联合国的作用十分突出，尤其在帮助阿富汗构建民主制度方面，联合国做出了巨大的努力。迄今阿富汗已经进行了三次总统大选和两次议会大选，西方意义上的民主制度架构在阿富汗已经初见端倪。但十多年来，阿富汗国内形势依旧令人担忧：塔利班活动猖獗，鸦片经济难以根除，失业率居高不下，民生问题得不到改善。现政府在战后重建中屡屡出现的腐败等问题都使阿富汗民众对政府失望至极，尤其是被视为"民主制度关键"的"选举"漏洞百出，舞弊事件层出不穷，阿富汗政治现状与国际社会的最初设想大相径庭。

---

[*] 王晋，以色列海法大学（University of Haifa）政治科学学院国际关系系博士研究生，海法大学国际关系系研究助理。

国内学界关于阿富汗战后政治重建的文献较多,[1] 但是大多仍然是从阿富汗自身的政治、文化、社会和对外关系角度考察政治重建进程,缺少从"联合国驻阿富汗援助团"(UN Special Mission to Afghanistan, UNSMA)与阿富汗相互关系的视角考察阿富汗战后政治重建的文章。本文以2002年之后的历次阿富汗选举为线索,观察联合国在阿富汗民主进程中的作用,结合相关的"后内战国家"重建理论,分析联合国在阿富汗政治重建中所暴露出的问题与挑战。

本文余下篇幅将会分为三个部分,第一部分我们将回顾学界关于"后内战国家"(Post Civil War)的讨论。内战后的国家进行政治重建,往往需要"外部力量"的帮助。联合国构建民主政治进程的努力可以被放在"后内战国家"的视角下进行分析和评估。综合以往的文献,我们认为,任何"第三方"帮助下"后内战国家"想要完成的民主政治重建,必须同时满足"包容的政治体系"、"强大的援助保证"和"良好的民主传统"三个条件。第二部分我们将回顾2002年以来阿富汗的历次总统和议会选举,以及"联合国驻阿富汗援助团"在选举中的作用。我们认为,作为"后内战国家"的"第三方",联合国帮助下的阿富汗民主政治重建并不成功。第三部分我们将结合"后内战国家"理论与阿富汗的民主重建事实,分析联合国在阿富汗政治重建失败的原因。我们认为,由于阿富汗重建是发生在美国主导的"反塔利班战争"之后,因此政治重建受到美国的影响较大,"联合国驻阿富汗援助团"无法帮助阿富汗建立"包容的政治体系";"联合国驻阿富汗援助团"当前的规模和配置,无法满足阿富汗政治重建中需要的

---

[1] 相关国内文献,可以参见刘青建:"阿富汗重建失效之分析",《西亚非洲》2008年第10期;王凤:"从制宪进程看阿富汗现行政治体制的特点",《西亚非洲》2008年第10期;张吉军、汪金国:"'后阿富汗战争时代'阿富汗政治稳定发展研判:国家治理的视角",《南亚研究》2014年第1期;李芳洲、闫伟:"阿富汗现代化历程及特征",《内蒙古大学学报(社会科学版)》2012年第5期;李因才:"联合国选举援助团与阿富汗2004年大选",《南亚研究季刊》2014年第1期;汪金国、张吉军:"论后塔利班时代阿富汗的政治发展——从政治文化维度的探讨",《南亚研究》2013年第1期。

"强大的援助保证";而阿富汗历史上形成的独特的"弱中央政府"和"地方强人政治"的政治文化,证明了阿富汗并没有"良好的民主传统"。这都使得联合国帮助下的阿富汗政治重建依旧任重道远。

二、联合国与"后内战国家"理论

作为国际关系理论的两个热门话题,冲突与和平一直吸引着学者们探索不倦。其中,"后内战国家"由于涉及到"冲突结束"和"和平重建",因此成为学界探讨的热门话题。传统的西方学界认为,建立民主政体才是重建和平和稳定的重要基石。西方理论界对于"后内战国家",很大程度上集中在如何在后冲突国家建构民主政治这一话题上。其中"联合国维和行动"(UN Peacekeeping)在"后内战国家"中的作用也被广泛讨论。在本文中,我们使用的"联合国维和行动"一词代指所有联合国主导和管理的旨在促进和平的行动,包括派驻维和部队、观察员、核查团等。

关于"后内战国家"理论的讨论涉及"内战冲突方",探讨内战各方实力强弱、地位、关系等因素与"后内战和平"之间的相互关系也就成为了学界的焦点。有学者认为,只有内战双方在战场上出现了"决定性胜利"(decisive victory)之后,内战才会趋于平息,而和平也会很快建立。与此相反,在战场胜负出现之前,"谈判桌上的和解"带来的和平往往不可持久。这是因为内战的"决定性胜利"将摧毁"失败方"(defeated group)的物质和组织基础,"失败方"也就再没有能力组织起新一轮的冲突。[1] 除了失去组织能力之外,"失败方"也将被迫解除军备,这也

---

[1] Licklider Roy, The Consequences of Negotiated Settlements in Civil Wars, 1945-1993, *The American Political Science Review*, 1995, 89 (3): 681-690; Luttwak Edward, Give War a Chance, *Foreign Affairs* 1999, 78 (4): 36-44; Monica Toft, Ending Civil Wars: A Case for Rebel Victory? *International Security*, 2010, 34 (4): 7-36.

将为和平的到来提供有利的条件。[①] 也有学者以内战双方彼此的地位作为分析视角。他们发现，内战中如果是政府一方取得胜利，那么内战之后的和平往往难以维持太久，新的反叛很快又会出现；而如果是反政府武装取得胜利，那么内战之后的和平会持续的比较长久。究其原因，主要是因为内战中反政府武装的胜利意味着利益分配链条的重新划分，能够矫正先前的一些社会不公。[②]

对于和平谈判和内战结束之间的关系，有学者认为内战谈判（negotiation settlement）的作用被高估了。一方面，内战各方往往并不信任，又具有相互摧毁的能力，所以谈判必然会面临重重困难，甚至很难坐在谈判桌前畅谈和平。另一方面，就算能够达成相应的协议，根据和平谈判建立起来的分权政府（power-sharing），往往意味着各方的相互妥协，内战根源的诸多问题仍然被掩盖而无法解决。"后内战社会"的政治重建必然要求曾经的内战各方"解除军备"，而缺少信任的内战各方也往往会尽力保存自己的武装力量，各方也容易因此产生矛盾进而重燃冲突。[③] 所以除非内战各方真正的能够在战场上"分出胜负"，否则单纯地通过一种西方"民主"式的选举安排，很难彻底清除曾经的内战各方战火重开的危险。

如上所示，由于不少学者认为内战冲突各方相互之间"缺乏信任"是导致"内战后重建"失败的重要原因，因此如何帮助内战各方建立"信任"（trust）就成为不少学者探索的方向。美国学者芭芭拉·沃尔特（Barbara Walter）提出，内战冲突各方也会面临国际关系理论中出现的"安全困境"（security dilemma）的难题。沃尔特将"后内战社会"冲突频发的原因归咎为各方缺乏彼此的"信任"。在构建冲突各方"信任"的

---

① Wagner Robert Harrison, The Causes of Peace, in *Stopping the Killing: How Civil Wars End*, edited by Roy Licklider, New York: New York University Press, p. 225.

② See Quinn, Jason M, T. David Mason and Mehmet Gurses, Sustaining the Peace: Determinants of Civil War Recurrence, *International Interactions*, 2007, 33 (2): 167 – 193.

③ Licklider Roy, The Consequences of Negotiated Settlements in Civil Wars, 1945 – 1993, *The American Political Science Review*, 1995, 89 (3), p. 685.

过程中，认为由具有"安全担保"（security guarantee）能力的"第三方"（external actor）介入到内战谈判当中，那么冲突各方结束内战并构建和平的成功概率将会大大增加。沃尔特指出，内战往往涉及到地区敏感问题，所以以大国为首的"国际介入"往往会遭到内战当事方的抵触，而联合国的"国际背景"容易消除内战各方对于外部介入的抵触情绪。[①]

联合国作为"第三方"介入到"内战后国家"的方式主要可以分为两类。一类是提供直接的军事介入，即联合国派出维和部队、观察员和核查团等到内战相关当事国，监督各方停火，震慑可能发生的暴力行为。丽萨·豪特曼（Lisa Hultman）等人认为，如果联合国维和部队数量众多，武器装备先进，且能够在第一时间对违反内战和平协议的一方进行"反击"，那么该维和部队对驻在国的震慑作用就会大大提升，驻在国人民受到内战袭扰的程度就会大幅减小，相关冲突方内战重启的可能性也就由于失去彼此接触的机会而大大降低。[②] 另一类是，联合国和国际社会可以通过经济制裁、政治压力等手段向破坏和平进程的一方施加压力。弗吉尼亚·福特纳（Virginia Fortna）提出，由于具有独特的"国际背景"和众多的"国际资源"，联合国也就可以调动更多的资源来帮助相关当事国结束内战。尽管也出现过在联合国介入的情况下，有关当事方推翻原有承诺而内战重开的例子，但是联合国仍然在"后内战国家"中占据重要的作用。而且，"捣乱"的内战当事方很可能会遭到国际社会的外交孤立以及经济制裁，这将迫使内战各方不得不仔细考虑违反和平协议的成本。[③]

多伊尔和山巴尼斯（Doyle and Sambanis）分析了"内战后社会"建立和平的三个条件。二人认为，"后内战社会"是否成功可以由三个变量

[①] Walter Barbara, The Critical Barrier to Civil War Settlement, *International Organization*, 1997, 51 (3): 335–364.

[②] Lisa Hultman, United Nations Peacekeeping and Civilian Protection in Civil War, *American Journal of Political Science*, Vol. 57, No. 4, October 2013, pp. 875–891.

[③] Virginia Fortna, Does Peacekeeping Keep Peace?, International Intervention and the Duration of Peace After Civil War, *International Studies Quarterly*, 2004, 48 (2), pp. 269–292.

考察，即"政府能力"（local ability）、"各方的敌意"（level of hostility）和"国际干预能力"（international ability）。通过数项社会经济指标划分政府能力的强弱，多伊尔和山巴尼斯认为，如果政府能力不够强大，那么冲突各方将很可能重燃战火。在"国际干预能力"方面，通过经济援助和联合国维和行动的强弱，多伊尔和山巴尼斯认为国际介入越强，当事国建立一个和平的"内战后社会"就越有可能。尽管"政府能力"和"国际干预能力"越强，内战可能性就会越低，但是多伊尔和山巴尼斯认为，影响"后内战国家"冲突与和平最为关键的变量，是各方的敌意程度。如果各方彼此不信任，敌意程度相当高，那么即使政府能力和国际介入都很强，也不能构筑持久的和平进程。多伊尔和山巴尼斯通过归纳联合国维和行动的历史，认为联合国维和行动可以在短期内促进冲突各方的和解，帮助"后内战国家"建立和平进程。但是一旦联合国维和行动结束，国际介入撤离，那么内战很有可能会重新爆发。所以多伊尔和山巴尼斯认为，联合国维和行动成败的关键在于构建一套维护和平的长效机制，这种长效机制就是建立以西方政治为样板的"民主政体"。[①]

许多西方学者对于"民主政治"在促进"后内战国家"建立和平和稳定方面的作用深信不疑，不过近些年来，也有不少学者对"民主制度"与"后内战国家"之间能否"协调"进行了反思。罗纳德·帕里斯（Ronald Paris）就批评西方学术界所吹捧的"民主秩序"能够帮助"后内战社会"重建和平与稳定太过幼稚。帕里斯认为，在"后内战社会"应当首先建立的不是"民主政治"，而是运行有效的行政体系，如果过快地建立民主政体，将会促使各个冲突方彼此矛盾激增，不信任和恐惧也将进一步累积。如果此刻有效的行政体系"缺位"（absence），容易造成当事国的混乱和内战的重启。因此"联合国维和行动"在"后内战国家"

---

① Doyle Michael, Nicholas Sambanis, International Peace building: A Theoretical and Quantitative Analysis, *American Political Science Review*, 2000, 94 (4): 779–801.

开展的"民主"建设,往往会将当事国引入冲突的乱局之中。① 在莫桑比克、萨尔瓦多和塞拉利昂等国,联合国的维和行动帮助了曾经的冲突各方加入到联合国主导、参与或者协调的民主政治架构之中。在这个架构下,冲突各方放弃了曾经的武力解决争端的模式,转而通过彼此协商和参与选举来彼此竞争。然而在索马里、卢旺达、安哥拉和利比里亚等国,虽然联合国维和行动曾经帮助当事国建立了较为系统的"民主政体",但是随着联合国维和行动的结束,这些国家很快又陷入了内战的旋涡。

通过以上关于"后内战国家"与联合国的相关文献回顾,我们认为,内战各方想要突破内战环境下的"安全困境"、克服彼此的"不信任",需要一个具有公信力的"第三方"(external actor)的介入。作为最具有国际影响力和最大的国际组织,联合国在帮助"后内战国家"重建民主政治的作用是突出和重要的。首先,联合国需要在"后内战国家"建立起包容各方内战力量、具有广泛代表性的政治体系,即"包容的政治体系"。只有这样才可以保证曾经的"冲突方"在放下武器之后,仍然有机会通过政治途径分享权力。其次,在构筑"后内战国家"政治体系中,来自某个或者某些"冲突方"试图"重开战端"的不和谐声音必然会伴随而来。要克服这些不和谐声音,联合国需要有"强大的援助保证",推进民主政治进程,同时对违反和平协议的"捣乱者"进行必要的惩戒。最后,联合国主导或者帮助下的"后内战国家"民主重建,往往意在建立以西方国家为"样板"的"民主政治"体系,这就离不开"后内战国家"特定的政治文化。政治文化是一个主观价值范畴,是人们对于政治生活的政治价值取向模式,包括政治认知、感情、态度、价值观等政治心理层次诸要素,政治理想、信念、理论、评价标准等政治思想意识是其表现形式,与物质的政治系统是互动平衡的关系。② "后内战国家"如果具

---

① Ronald Paris, Saving Liberal Peace-building, *Review of International Studies*, 2000, 36 (2): 337 – 365.

② Robert W Jackman, The Poverty of Political Culture, *American Journal of Political Science*, Vol. 40, No. 3, August 1996, pp. 697 – 716.

有很好的民主传统,那么民主建设就会相对容易;而如果缺乏民主传统,那么民主建设就会相对困难。

三、联合国在阿富汗的民主重建

在这一部分我们将回顾"联合国驻阿富汗代表团"在阿富汗民主重建工作的历史,并评估其民主重建工作的效果。选举的公平性是学界定义民主政治的重要指标。[①] 我们将选择历次选举的"投票率"和"是否存在大规模舞弊"两个变量作为分析视角,考察民主建设在阿富汗的成效。一方面,"投票率"往往能够反应该国的选民热情,是考察该国民众对政治体制信心和相关政治议题关注度的重要依据。如果选举的"投票率"逐渐升高,说明选民对于大选关注度越高,对于该国民主政治的信心也越大。[②] 另一方面,"舞弊情况"在任何选举中都难以避免,但是"大规模舞弊情况"在暴露该国民主政治建设成功与否的同时,影响着选民对于该国民主政治的信心以及对于参选人和选举议题的信任程度。[③] 因此,如果"投票率逐渐升高,""大规模舞弊情况"逐渐减少,则说明阿富汗的民主建设在逐渐进步,联合国驻阿富汗代表团在阿富汗的民主建设是成功的;反之,如果选举的"投票率"逐步减少,或者"大规模舞弊情况"广泛存在,那么就说明阿富汗民主建设仍然有待加强,联合国驻阿富汗代表团在阿富汗的民主建设并不成功。

---

① [美]佩特曼著,陈尧译:《参与和民主理论》,上海人民出版社2006年版,第7页。
② Ssee Daniel Rubenson, Does low turnout matter?, Evidence from the 2000 Canadian federal election, *Electoral Studies*, Volume 26, Issue 3, September 2007, pp. 589 – 597; Michael McGrath, Election reform and voter turnout: A review of the history, *National Civic Review*, Volume 101, Issue 3, pp. 38 – 43, Autumn (Fall) 2012.
③ Bernd Beber and Alexandra Scacco, What the Numbers Say: A Digit-Based Test for Election Fraud, *Political Analysis*, (2012) 20: 211 – 234.

2001年底塔利班政权倒台后，协助阿富汗的战后民主重建成了联合国的重要职责之一。2001年10月3日，联合国秘书长科菲·安南任命前阿尔及利亚外长普拉西米（Lakhdar Brahimi）为联合国秘书长驻阿富汗特别代表，帮助战后的阿富汗组建新一届政府。普拉西米"被联合国赋予了在阿富汗处理人道主义、人权事务和政治事务的全权"，同时普拉西米将"通过制定重建和安置计划，来帮助阿富汗过渡到和平的'后冲突'时期"。据此普拉西米统筹管理联合国驻阿富汗代表团的两个分支机构——联合国阿富汗特派团（UN Special Mission to Afghanistan, UNSMA，以下简称"联阿特派团"）和联合国协调人权事务办公室（the UN Office for Coordination of Humanitarian Affairs, UNOCHA，以下简称"联阿人权办"）的活动。[1] 根据2001年11月14日联合国安理会通过的第1378号决议，"申明联合国应当发挥中心作用支持阿富汗人民紧急建立这一新的过渡行政当局以导致组成新政府的努力"，其最终目标是四个方面，"即应具有广泛基础、多族裔和代表所有阿富汗人民，并致力同阿富汗的邻国保持和平；应尊重所有阿富汗人民的人权，无论其性别、种族或宗教为何；应尊重阿富汗的国际义务，包括同打击恐怖主义和阿富汗境内及向境外非法贩运毒品的国际努力充分合作；应在局势许可时协助紧急运送人道援助以及难民和国内流离失所者的有序返回"。[2]

普拉西米任期的工作主要集中在政治上，先后组织了2001年11月的波恩会议，2002年6月的阿富汗临时大国民议会（Emergency Loya Jirga）和2004年1月的阿富汗制宪大国民议会（Constitutional Loya Jirga），为阿富汗国家的政治民主进程打下了基础。普拉西米在阿富汗的首要贡献是在2001年11月，帮助阿富汗各方和国际社会共同达成了结束阿富汗内部冲突、促进全国和解的《关于在阿富汗重建永久政府机构之前的临时安

---

[1] Lakhdar Brahimi Appointed Special Representative for Afghanistan, Biographical Note, 5 November 2001, http://www.un.org/News/Press/docs/2001/bio3397.doc.htm.

[2] 联合国安理会第1378（2001）号决议，http://www.un.org/chinese/aboutun/prinorgs/sc/sres/01/s1378.htm。

排的协定》，即《波恩协定》。根据《波恩协定》，国际社会将帮助阿富汗组建一个为期六个月的临时政府，并授权联合国秘书长特别代表在过渡时期于阿富汗享有广泛的斡旋、监督、调查和咨询等权力。根据《波恩协议》，2012年3月28日安理会通过了第1401号决议案，决定正式组建联合国驻阿富汗代表团（UNAMA，以下简称"联阿援助团"）作为联合国在阿富汗的最高机构，"全权负责联合国在阿富汗境内的一切活动的规划和实施"，普拉西米担任"联阿援助团"第一任团长。[1] 尽管联合国驻阿富汗特别代表团在决议中成为一个整体，但是在实际工作中，"联阿援助团"还是按照具体工作内容划分为"联阿特代团"和"联阿人权办"，由"联阿援助团"的两个副团长分别领导。

2001年12月22日，任期六个月的阿富汗临时政府成立并正式行使职权。根据《波恩协定》，首次阿富汗全国大选将在阿富汗临时政府成立之后的两年半内举行，即最晚不得迟于2004年6月，以"选出具有充分代表悉尼港的政府"。为了促成阿富汗国内民主制度尽快建立，普拉西米奔走于阿富汗国内各派势力和国际社会之间，关键是2002年6月帮助阿富汗举行了"临时大国民会议"，成立了为期18个月的"阿富汗过渡政府"，卡尔扎伊当选过渡政府总统。2004年1月，阿富汗制宪会议通过新宪法，规定阿富汗实行总统共和制，阿富汗国家政权设总统和副总统各一名，总统身兼国家元首和政府首脑之职，由选举产生，任期五年，可连任一次。阿富汗2004年宪法的制定最终以总统制获胜而告终，并且使政体呈现强总统、弱议会、弱司法的特征。宪法规定，总统既是国家元首，也是政府首脑；不设总理，由总统出面组织政府；总统掌握高层人事任免权、决策权、军事大权、外交权等重要权力；行政、立法、司法三权分立，总统选举和议会选举分别举行等。[2]

---

[1] 联合国安理会第1401（2002）号决议，http://www.un.org/zh/sc/documents/resolutions/02/s1401.htm。

[2] 参见王凤编著：《列国志·阿富汗》，社会科学文献出版社2007年版，第145—148页。

在阿富汗新宪法通过后不久的 2004 年 1 月，普拉西米即告离任，其职务由法国人琼·阿诺特（Jean Arnault）接任。阿诺特上任之后的第一个难题，就是组织并监督于 2004 年 10 月举行的阿富汗总统大选。由于"联阿援助团"缺乏人手，阿诺特组织的阿富汗总统大选日程不得不一拖再拖，从 2004 年 3 月推迟到 2004 年 10 月。在此次总统选举中，包括过渡政府总统卡尔扎伊在内的 18 名候选人参加了竞选，其中包括一名女性候选人。共有 800 多万名选民参与投票，占登记选民总数的近七成，其中女性选民占总选民的 42%。无效选票仅有 10 万张，占总选票数的 1.3%。整个选举过程大体平稳，不算太低的投票率和只有百分之一左右的无效投票，显示"选举工作取得全面成功"。尽管出现了一些舞弊现象，但是"对总的选举结果不产生实质影响"，并未影响卡尔扎伊当选的合法性以及民众和国际社会对阿富汗民主进程的信心。[①]

2004 年总统选举结束后，阿诺特就迎来了他的另一个"大考"，即 2005 年的阿富汗议会选举。2005 年 9 月阿富汗开始举行议会选举。这也是保证阿富汗建立民主政治的关键一步。根据阿富汗宪法，阿富汗总统对议会负责，议会分长老院（上院）和人民院（下院），统称"大国民会议"。在 2004 年阿富汗总统大选中，舞弊行为就已经存在，尽管并不影响大选结果，但是阿诺特还是希望能够采取措施减少舞弊现象。阿诺特领导的"联阿援助团"将治理舞弊的工作重点放在了改革计票方式上。阿富汗议会选举采取的投票方式是"不可转移单票制"（Single-nontransferable vote，SNTV），或称"复数选区单记不可让渡投票制"，属"半比例代表制"，是一种用于复数选区的选举制度。一个选区内有多个议席，每位投票者只能投一票给一个候选人。票数投给候选人，议席则是根据选票多寡决定。在此投票制下，战略性投票的空间很大。因为只能投一票，选民若不想浪费宝贵的一票，必须谨慎选择有机会当选的候选人。但是若投给领

---

① See Report of the independent Panel of election experts on the 2004 Afghanistan Presidential Elections, 转引自李因才："联合国选举援助团与阿富汗 2004 年大选"，《南亚研究季刊》2014 年第 1 期，第 34 页。

先太多的候选人，则选票的效益亦不能发挥到最大。这使得战略性提名有运作的空间，政党可提名与对手同质性高的候选人，以期瓜分票源。阿诺特认为，这种投票方式会造成议会权力的分散，容易使阿富汗议会失去"制衡总统"的功能。

阿诺特与卡尔扎伊进行了数次协商，希望能够修改现行的议会选举计票方式，不过最终未能成功，因为一方面阿富汗卡尔扎伊政府反对更改计票方式，认为新的投票方式将不利于自己的政治盟友在议会选举中获得议席；而另一方面选举日期日益临近，联合国安理会希望尽快组织选举以稳定阿富汗局势，所以"联阿援助团"不得不选择屈服。2005年9月18日，阿富汗同时举行了议会下院选举和各省议会选举。这是阿富汗30多年来的首次议会选举。尽管此次选举意义重大，但是选举统计结果显示，此次议会选举的投票率只有约50%，较2004年阿富汗总统选举的投票率有所下降。而且在这次选举中，出现了较大规模的舞弊事件。

如果说2004年阿富汗总统选举和2005年阿富汗议会选举中出现的某些不尽如人意的"舞弊"事件，是"联阿援助团"不熟悉工作的"偶然原因"所导致的，那么2009年总统大选则再次显示出阿富汗民主重建的某些失败。在这次大选中，卡尔扎伊与曾任外交部长的阿卜杜拉·阿卜杜拉（Abdullah Abdullah）竞争。根据阿富汗的宪法，总统大选须在现任总统离任前30日至60日期间进行。联合国对于此次选举十分重视，"充分理解即将到来的总统和省议会选举对于阿富汗的意义，认识到'联阿援助团'在选举中的巨大作用。应阿富汗政府的请求，'联阿援助团'将会尽力支持选举进程"。① 卡尔扎伊任期原于2009年5月22日完结，他建议把选举提前到4月21日举行，但国际社会认为4月举行大选过于仓促。由于有之前2004年总统大选和2005年议会选举中出现的"舞弊"先例，"联阿援助团"希望通过完善选举监督机制来为选举创造更为公平的竞争环境。几经周折，最终选举在2009年8月正式举行。

---

① 联合国安理会第1868（2009）号决议，2009年3月23日，http://www.un.org/chinese/aboutun/prinorgs/sc/sres/09/s1868.htm。

此次总统选举的舞弊情况同样十分严重，而且选民的投票率相对较低（只有约40%的投票率）。与此同时，"联阿援助团"团长凯·艾德（Kai Eide）和副团长彼德·高伯瑞（Peter Galbraith）在关于选举监督的问题上分歧严重。团长艾德认为应当由联合国领导的"阿富汗选举申诉委员会"（Electoral Complaints Commission）与"阿富汗独立选举委员会"（Afghan Independent Election Commission）共同监督大选，而副团长高伯瑞则认为，阿富汗国内腐败情况十分严重，"联阿援助团"应当坚持由"阿富汗选举投诉委员会"独立监督阿富汗大选。[1] 在阿富汗大选结束之后，高伯瑞向媒体广泛披露了阿富汗大选进程中存在的舞弊丑闻，并公开了自己与凯·艾德的矛盾："我认为我们应当直面阿富汗大选的舞弊问题，而凯·艾德则希望低调处理并掩盖舞弊丑闻。"[2] 最终联合国秘书长潘基文只能终止了高伯瑞的职务。

2009年10月"阿富汗选举申诉委员会"公布报告显示此次选举中舞弊现象严重，全国210个投票站都有明显舞弊行为；此次大选投票率约50%，虽然较2004年的总统大选和2005年议会选举相对稳定，但是在超过500万张选票中，有130万张被裁定为存在"舞弊嫌疑"的废票。就连"联阿援助团"团长凯·艾德也不得不公开承认，阿富汗的总统选举中存在大范围舞弊。由于不满此次总统大选中的舞弊现象，2009年11月另一位候选人阿卜杜拉·阿卜杜拉宣布退出第二轮总统大选。这次千疮百孔的总统大选让"联阿援助团"的声誉一落千丈，不久后艾德的"联阿援助团"团长职务也被斯塔凡·德米斯图拉（Staffan de Mistura）接任。

随着2009年总统大选的结束，阿富汗议会选举于2010年10月展开。斯塔凡·德米斯图拉领导的"联阿援助团"仍旧没有有效地改变阿富汗

---

[1] Colum Lynch and Pamela Constable, Diplomat is Fired in Clash Over Addressing Afghan Vote Fraud, *Washington Post*, 1 Oct. 2009, p. A. 8.

[2] John Hockenberry, Dismissed Afghan Envoy Speaks Out, Transcript of interview with Peter Galbraith, 2009 – 10 – 01, http://www.thetakeaway.org/story/6508-dismissed-afghan-envoy-speaks-out/#transcript.

大选中存在着的舞弊现象。2010年的议会选举同2009年的总统大选有诸多相似之处，一方面是选举日期被几经推迟，国际社会认为，刚刚经历了2009年总统大选纷争，选举机构需要有足够的时间来总结经验，为议会选举做好准备，因此大选的日期也就由5月推迟至10月；① 另一方面是大选的选票舞弊行为严重，阿富汗政府反腐败选举监督机构在选举后收到超过3500宗关于选举舞弊或者操作不当投诉，以至于阿富汗议会选举事务官员不得不下令将全国七个省的投票"重新计票"。最终"阿富汗选举申诉委员会"确认，在这次选举的投票率约为47%。② 在共计560万张选票中有130余万张存在造假、重复投票等舞弊现象，新选举产生的阿富汗议会成为了政治强人的"私人领地"。③

综合"联阿援助团"成立以来的所帮助和监督的阿富汗历次总统和议会选举，我们绘制出表10—1：

表10—1　2004—2010年阿富汗历次大选简情

选举举行时间	2004年10月	2005年9月	2009年8月	2010年10月
"联阿援助团"负责人	琼·阿诺特（Jean Arnault）	琼·阿诺特（Jean Arnault）	凯·艾德（Kai Eide）	斯塔凡·德米斯图拉（Staffan de Mistura）
选举投票率	70%	50%	50%	47%
是否存在大规模舞弊	小范围存在	大范围存在	大范围存在	大范围存在

通过表10—1我们不难看出，从2004年到2010年的历次阿富汗全国范围选举中，选民的"投票率"逐步降低，与此同时"大规模舞弊情况"仍然广泛存在。这说明了阿富汗民主建设仍然存在巨大漏洞，"联阿援助

---

① "美英建议取消或推迟2010阿富汗议会大选"，中国日报网，2009年12月10日，http://www.chinadaily.com.cn/hqgj/2009-12/10/content_9155690.htm。

② "阿富汗议会选举投票率约47% 超400万选民参与"，中国新闻网，2010年9月21日，http://www.chinanews.com/gj/2010/09-21/2549993.shtml。

③ Antonio Giustozzi, *Empires of Mud: War and Warlords in Afghanistan*, London: Hurst, 2009, p.91.

团"在阿富汗的民主重建工作也并不成功。

四、余论：联合国与阿富汗民主进程的反思

通过回顾"联阿援助团"帮助下的阿富汗民主建设进程，我们认为阿富汗民主政治进程仍然存在诸多问题，"联阿援助团"的民主建设工作也远未成功。当下仍未结束的2014年的阿富汗总统大选就可以作为我们此结论的佐证。尽管2014年阿富汗总统选举的投票率超过了50%，[①] 但是仍然没有达到2004年总统选举70%的投票率；与此同时，关于此次大选存在"大规模舞弊"的指责仍然不绝于耳，致使此次阿富汗总统大选的结果至今仍然没有定论。

通过"后内战国家"相关理论的回顾和梳理，我们得出了"后内战国家"成功建立持久民主政治的三个必备条件，即"包容的政治体系"、"强大的援助保证"和"良好的民主传统"。"联阿援助团"帮助下的阿富汗民主建设之所以未取得成功，同当前"联阿援助团"的处境与阿富汗国情息息相关。

首先，"联阿援助团"未能帮助阿富汗建立起在战后"包容的政治体系"。当前的阿富汗政府建立在2001年美国和"北方联盟"推翻塔利班之后，其政府政治力量主要由原"北方联盟"和西方社会挑选的"民主人士"组成。这个政府看似非常具有"包容性"，却存在着一些先天的问题。一方面，阿富汗内部的诸多职位都被传统的军阀和地方实力派所霸占。"北方联盟"的军事领导人如塔吉克族的领导人穆罕默德·法西姆（Mohammad Fahim）就以国防部长的身份进入新一届政府履职；而大名鼎鼎的军阀、乌兹别克族领导人拉希德·杜斯塔姆（Rahid Dostum）也进入政府履新，担任阿富汗陆军参谋长一职。在2002年阿富汗政府任命的

[①] "外媒：阿富汗大选顺利举行 投票率大幅攀升"，参考消息网，2014年4月17日，http://world.cankaoxiaoxi.com/2014/0407/371860.shtml。

32个省长中,其中20个省长都是"北方联盟"的领导人。① 另一方面,阿富汗的权力中央缺失了两个重要的部分,即阿富汗伊斯兰政治力量与阿富汗塔利班。对于美国和西方国家来说,理想的阿富汗政府应该是由世俗的文官所领导的民主政府。而在阿富汗社会具有重要影响力的伊斯兰宗教势力,则长期被人为地排除在阿富汗中央权力体系之外。② 与此同时,作为在阿富汗南部普实图族仍然具有广泛影响力的塔利班,也被排除在阿富汗政府之外。塔利班在阿富汗国内的势力不容小视,已经在阿富汗全国34个省中的31个省建立了极有影响的影子政府。尽管从2009年以来,包括"联阿援助团"在内的 f 国际力量都在努力促成阿富汗政府与塔利班的"和解",希望能够将塔利班融入到阿富汗民主政治体系之中,但是和解进程并不顺利。一方面塔利班否决阿富汗宪法的合法性,坚持"伊斯兰教法"高于一切,致使和解失去了共同的基础;加上阿富汗政府内部反对和解的声音不绝于耳,毕竟如果塔利班真的来到当前的阿富汗政府中,势必打乱现有的利益格局。"包容的政治体系"未能建立,势必意味着政治代表性的局限。塔利班袭扰下的阿富汗政府,不得不继续依靠传统"军阀"和地方"强人"把持政治,民主制度也就因此会受到极大的干扰。

其次,"联阿援助团"并没有"强大的援助保证",往往无法单独做出决定,影响了其作为"外部介入者"的"公信力"。其一,"联阿援助团"内部人事变动频繁,从2002年至今的12年时间里,先后经历了六任团长,分别是普拉西米(Lakhdar Brahimi,2002年3月—2004年1月),琼·阿诺特(Jean Arnault,2004年1月—2006年3月),汤姆·柯尼希斯(Tom Koenigs,2006年3月—2007年12月),凯·艾德(Kai Eid,2008年3月—2009年12月),斯塔凡·德米斯图拉(Staffan de Mistura,

---

① Antonio Giustozzi, *Empires of Mud: War and Warlords in Afghanistan*, London: Hurst, 2009, p. 91.

② See Amin Saikal, *Islam and the West: Conflict or Cooperation?* New York: Palgrave Macmillan, 2003, Chapter. 2.

2009年12月—2012年1月)和扬·库比什(Ján Kubiš, 2012年1月—至今)。频繁的人事调动,使得"联阿援助团"团长往往刚刚熟悉阿富汗国情和工作就被调离岗位,"联阿援助团"也就无法深入和突破性地开展阿富汗民主重建工作。其二,"联阿援助团"人数不足,资金有限。最初"联阿援助团"只有75名工作人员和少量的警卫人员,分布在包括首都喀布尔在内的七座城市,预算也仅仅约4300万美元。尽管今天"联阿援助团"已经有近1200名工作人员,经费也增长到2010年的2.5亿美金,但是要想在国土广袤且地区差异显著的阿富汗开展民主重建工作,人员数量和办公经费依然捉襟见肘。其三,"联阿援助团"力量太小,受到多方力量掣肘。相较于美国、印度、巴基斯坦、伊朗等国际和地区势力,以及阿富汗国内各个势力,"联阿援助团"力量过于弱小,无法单独做出重大决定。例如作为一个"国际组织"背景的"联阿援助团",在安全等事务上需要同阿富汗政府、国际安全援助部队(ISAF)、北约以及其它形形色色的国际组织和机构进行协调。2008年联合国安理会通过了第1806号决议案,强调了"联阿援助团的目标和国际安全援助部队(安援部队)的目标是相互配合的,强调需要加强合作、协调与相互支持,同时适当考虑到它们各自的指定职责",授权"联阿援助团"团长在民政事务方面的领导权力,"联阿援助团和秘书长特别代表将在其任务范围内,遵循加强阿富汗自主权和领导作用的原则,领导国际民事努力"。[1] 民主政治建设涉及方方面面,而"联阿援助团"得到的授权仅仅是"民政事务",其在民主建设方面的约束力和威信力就大大减少,加之在各个领域内,"联阿援助团"需要考虑到阿富汗地方政府、相关邻国如印度、伊朗和巴基斯坦等内外部行为体的利益,其创建民主政治的能力也就大打折扣。

最后,阿富汗在历史上缺乏"良好的民主传统"。一方面,在历史上尽管阿富汗一直是君主专制的封建专制国家,但是其中央政府的权威并不能畅行国内。自西方资本主义兴起,开始全球扩张,由于阿富汗是印度和

---

[1] 联合国安理会第1806(2008)号决议,http://www.un.org/chinese/aboutun/prinorgs/sc/sres/08/s1806.htm。

巴基斯坦通往中亚的必经之路，在殖民时期受到英国和沙俄的争夺。同时，阿富汗的中央政权200多年来一直掌握在普什图人手中，但乌兹别克族、塔吉克族等其他民族则搞地方割据，阿富汗中央政府从来没有对全国进行过有效统治。在1978年"四月革命"后，阿富汗政府权威逐步削弱乃至瓦解，国家陷入混乱，民族国家走上瓦解和分裂，君主时代的矛盾全部爆发出来。此后，苏联入侵，阿富汗人民饱受战争之苦，流离失所。苏联撤军后，各派力量争权夺势，国家陷入内战。尽管塔利班曾高举"铲除军阀、恢复和平、重建国家"和"把阿富汗建设成为统一、民主和繁荣的伊斯兰共和国"的旗帜，但是不能改变阿富汗仍然缺少"政令畅通的中央政府"的历史。

另一方面，阿富汗决定建立民主政权与制度的要求并不是来自于阿富汗国内，而主要源自以美国为首的西方国家的意愿。在政府建立问题上，卡尔扎伊政府受到美国的支持，其运作资金几乎全部来自于美国，在治安方面，也有驻阿美军的维护。在宪法制定与议会选举上，阿富汗也受到联合国的智力支持与美国的资金赞助。可以说，阿富汗政权建立是由外部力量塑造的，其自身并没有建立民主政权的基本要素。托克维尔在《论美国的民主》中也认为，民情对于民主建设会起到重大作用，"民情不仅仅包括国民的心理习惯，也包括国民的各种见解、社会上传播的众多舆论观点，还包括国民的生活方式、生活习惯以及全部思想意识。它是一个民族的整体道德状况和精神风貌的表现"。"他们（美国人——笔者注）从自我治理中学会了地方自治，从生活中学会了政治……他们不但对行政制度和法律机制十分熟悉，还知道如何按照这些制度从事政治活动。"[1] 一项正式制度被移植到一个陌生的国家和地区之后，需要与之适应的非正式制度的支持和协调，以保证该正式制度的内化。从阿富汗的情况来看，目前建立起的政权与制度均属于正式制度的范畴，是外塑的，与阿富汗传统的"民情"相适应仍然需要时日。

---

[1] [法]托克维尔著，张晓明编译：《论美国的民主》，北京出版社2012年版，第84、88页。

联合国和"联阿援助团"帮助下的阿富汗民主政治建设，是随着2002年塔利班倒台后推动的"后冲突国家"民主政治建设。虽然"联阿援助团"与国际社会一道，成功地帮助阿富汗建立起以美国为蓝本的"三权分立"的政治体系，但是从2004年至今的历次总统选举和议会选举暴露出阿富汗民主政治建设并不成功。"联阿援助团"在建设民主阿富汗的道路上，仍然会面临十分艰巨的挑战。

从"软制衡"理论看非正式国际组织在新兴国家间的发展[*]
——以印度、巴西、南非对话论坛(IBSA)为例

江天骄[**]

随着新兴国家的不断发展,国际体系中各国的力量对比正在发生明显的变化。以美国霸权为主导的传统国际政治、经济、金融秩序都难以真实反映当前各国,尤其是新兴国家的利益诉求。相关国际制度、国际组织和国际合作机制都在经历着深刻的变化。[①]由新兴国家建立起来的各种国家间合作制度安排拥有以下显著特点:诸边代替多边,以柔性机制为主,不具备强制约束力的合作协议。这一模式使得各国之间开展合作的手段更加灵活,回旋的余地也更大。[②]其中就包括20国集团(G20),金砖国家(BRICS),基础四国(BASIC)和印度、巴西、南非对话论坛(IBSA)。

---

[*] 本文已发表在《拉丁美洲研究》2015年第3期。

[**] 江天骄,复旦大学国际关系与公共事务学院博士生,复旦大学金砖国家研究中心科研助理。

[①] T. J. Volgy, R. Corbetta, K. A. Grant and R. G. Baird, (eds.), *Major Powers and the Quest for Status in International Politics: Global and Regional Perspectives*, New York: Palgrave Macmillan, 2011; A. Narlikar, *New Powers: How to Become One and How to Manage Them*, London: C. Hurst & Co., 2010; and M. Cox, "Is the United States in decline again?", in *International Affairs*, Vol. 43, No. 4, 2007, pp. 643–653.

[②] SoreanuPecequito, Cristina, "Brazil's Foreign Policy in the 21st Century: The Combining Axis of Horizontal and Vertical Multilateral Cooperation", in *RevistaBrasileira de PoliticaInternacional*, Vol. 51, No. 2, 2008, pp. 136–153.

一、非正式国际组织的概念辨析

随着中国不断推行多边外交战略，积极参与全球治理，国内学界对于国际制度和国际合作机制一直保持着高度关注。在关于国际合作安排方面，刘宏松提出了比较系统性的理论研究成果。[①] 刘宏松从史蒂芬·克拉斯纳（Stephen Krasner）对国际机制[②]的定义入手，结合查尔斯·李普森（Charles Lipson）对正式与非正式国际机制[③]的比较研究，提出了国家对国际机制形式的相关偏好的理论。刘宏松认为，成员国创造相互间具有法律约束力的权利和义务关系的意图是区分正式与非正式国际机制的标准。国内偏好、承诺可信性需求以及国家间相互依赖的结构特征则是影响国家选择国际机制的制度形式的三大要素。

然而，笔者认为，国际机制这一概念过于宏大。不同发展水平的国家行为体所参与的所有国际合作的制度安排都可以被统称为国际机制。而若要准确反映当前新兴国家间合作的主要特点，诸多非正式国际组织（IIGO）的建立则提供了一个更为精确的研究方向。所谓的非正式国际组织主要是与正式的国际组织（FIGO）相区别的一个概念。其中，正式国际组织是各国依据国际条约所形成的一个正式实体，一般由三个或三个以上国家构成，且拥有独立的秘书处或其他常设机构（包括设立总部或拥有常设岗位及职员）。而非正式国际组织主要是依据各国对某一国际问题

[①] 刘宏松："非正式国际机制的形式选择"，《世界经济与政治》2010年第10期，第73—96页；"非正式国际机制与全球福利"，《国际观察》2010年第4期，第11—19页；以及"正式与非正式国际机制的概念辨析"，《欧洲研究》2009年第3期，第91—106页。

[②] Stephen D. Krasner, "Regimes and the Limits of Realism: Regimes as Autonomous Variables", in *International Organization*, Vol. 36, No. 2, 1982, pp. 497–510.

[③] Charles Lipson, "Why Are Some International Agreements Informal?", in *International Organization*, Vol. 45, No. 4, 1991, pp. 495–538.

联合国与南南合作

所持有的明确的共同预期或目标而组建,并不需要签署正式的国际协议。非正式国际组织也拥有明确指向的成员国并召开经常性会议,但没有独立的秘书处或其他常设机构。①

根据上述定义,当前新兴国家积极参与或推动建设的非正式国际合作制度中(G20,BRICS,BASIC,IBSA 等),很大一部分都属于非正式国际组织的范畴。另外,还存在像上海合作组织(SCO)这种从非正式国际组织转变为正式国际组织的特别案例。总体上,非正式国际组织这一概念有助于更加具体、准确地描述新兴国家所偏好的国际制度安排。

表 11—1 政府间国际合作安排的正式化程度光谱

制度安排	组织原则	成员	组织结构	案例
非组织化	自助原则(无政府状态)	全员	自发产生互动	霍布斯文化下的世界
去中心化的合作机制	拥有共同的默契	松散但相关联的成员	自发产生秩序	国际惯例法
基于明确承诺的机制	口头承诺、公报、各国尚未批准的协议和对话	与会代表	有限次数的会议,没有独立的秘书处	广场协议、国际软法、削减战略核武器谈判
非正式国际组织	拥有共同的预期	明确的组织成员	经常性会议,没有独立的秘书处	八国集团、二十国集团、欧洲协调
正式国际组织中的非正式组织	聚焦于专门的领域或议题	正式国际组织成员国中的一部分	临时或特设会议,没有独立的秘书处,可能会向正式的秘书长报告	联合国安理会、世界卫生组织、北约五国集团

---

① Felicity Vabulas and Duncan Snidal, "Organization without Delegation: Informal Intergovernmental Organizations (IIGOs) and the Spectrum of Intergovernmental Arrangements", in *The Review of the International Organization*, Vol. 8, No. 2, 2013, pp. 193–220.

续表

制度安排	组织原则	成员	组织结构	案例
正式国际组织	由国际条约赋予的共同权利与义务	该组织正式成员	经常性会议，设有独立的秘书处	世界贸易组织、阿盟、北约
超国家组织	拥有制度化的规则及强制执行力	被承认的成员国	经常性立法会议，有独立的秘书处	欧盟

资料来源：Felicity Vabulas and Duncan Snidal, "Organization without Delegation: Informal Intergovernmental Organizations (IIGOs) and the Spectrum of Intergovernmental Arrangements", in The Review of the International Organization, Vol. 8, No. 2, 2013, pp. 193 – 220。

在关于解释为何新兴国家偏好非正式国际组织这一问题上，西方学者现有的研究成果主要是从外交的灵活性和成本收益的角度进行分析。从国际组织的特点上来看，正式国际组织往往需要成员国做出具有约束性的承诺而拥有较强的集体监管能力；成员国之间互相共享情报，长期交易成本较低；总体上集中化的管理制度使其机制的作用更加稳定，从而适用于应对常规性的国际问题。与之相反，非正式国际组织则赋予成员国更大的国家自主性，也不需要各国做出约束性的承诺；其短期交易成本较低，各国可以用最小程度的行政管理投入来快速建立新机制，从而应对各种不确定性或国际危机管理。[①] 因此，新兴国家往往更偏好以最小的投入、最灵活的方式来应对目前复杂多变的全球治理问题。此外，也有学者指出非正式国际组织是新兴国家搭建的支持型外交关系网络，且最终无论是发达国家还是新兴国家都会努力使自己成为外交关系网络的中心。[②] 还有的理论认

[①] Felicity Vabulas and Duncan Snidal, "Organization without Delegation: Informal Intergovernmental Organizations (IIGOs) and the Spectrum of Intergovernmental Arrangements", in The Review of the International Organization, Vol. 8, No. 2, 2013, pp. 193 – 220.

[②] Daniel Flemes, "Network Powers: Strategies of Change in the Multipolar System", Third World Quarterly, Vol. 34, No. 6, 2013, pp. 1016 – 1036.

为,由于新兴国家自身实力的不断发展,其相应的利益也处在快速变化中。[1] 所以,非正式国际组织往往是层出不穷,但来得快去得也快。

实际上,新兴国家除了看中非正式国际组织在灵活性、低投入和低成本等技术层面的优势以外,更加在意的是其战略性价值。由于传统的国际政治、经济和金融体系是美国霸权主导下的产物,相关国际制度和国际组织都越来越不能满足新兴国家的发展需要。为了改善现有国际组织内部的规则、程序和合法性问题,新兴国家首先需要拿出一套有别于发达国家所提倡的机制、模式和价值。从这个角度来说,新兴国家在非正式国际组织中开展合作,一方面是为了协调立场,通过联盟来增强实力;另一方面则是为了从战略上平衡霸权国家以及发达国家的话语权及其对国际制度的影响力。换句话说,非正式国际组织虽然不会马上取代现有的国际组织,但通过联盟的力量及其示范效应,必然会推动现有的国际组织在议程设置、机构工作效率以及保障成员国权益的公平性等方面做出进一步改革。

二、"软制衡"与非正式国际组织的战略意义

为了更清晰的解释建立非正式国际组织对于新兴国家发展的战略意义,2005 年由罗伯特·佩普(Robert Pape)教授提出的"软制衡"(Soft Balancing)理论[2]提供了一个良好的基础框架。华尔兹主张的传统均势理论认为,均势是各国为了保障自身安全、维持力量对比的平衡状态而采取的一系列行动。均势是国际体系作用下的结果,行为体会自发形成联盟维

---

[1] Jürgen Rüland, "The Rise of 'Diminished Multilateralism': East Asian and European forum Shopping in Global Governance", in *Asia Europe Journal*, Vol. 9, No. 2 – 4, 2012, pp. 255 – 270.

[2] Robert Pape, "Soft Balancing Against the United States", in *International Security*, Vol. 30, No. 1, 2005, pp. 7 – 45.

持力量的平衡。①而"软制衡"则有别于这种国际体系的结构性产物，它是一种国家有意选择的外交战略。②尽管不是所有的非正式国际组织都与"软制衡"相关联，但许多由新兴国家建立或是积极开展合作的非正式国际组织往往承担着这些国家推行"软制衡"外交的使命。正如上文所述，由于非正式国际组织所需的投入小、成员国的灵活性大，又能够及时调整策略应对新的全球治理议题，从而有效促进了新兴国家参与国际事务、制定游戏规则、争夺话语权，并最终实现对霸权国的"软制衡"。

佩普教授认为，各国目前虽然不会直接挑战美国的霸权，但往往会通过非军事手段来影响、迟滞甚至挫败美国的单边主义行径，削弱其影响力。与传统均势理论强调通过军事手段采取"硬制衡"（Hard Balancing）不同，"软制衡"的主要手段包括建立政治联盟和国际机制，强化联盟内部的经济联系，推行"纠缠外交"（Entangling Diplomacy）等。③"软制衡"理论最早被用来解释法国、德国和俄罗斯对美国在2003年发动伊拉克战争时期的外交行动，④后来也逐渐被运用到解释有关亚

---

① Kenneth N. Waltz, Theory of International Politics, New York: McGraw-Hill, 1979, p. 122; "International Politics Is Not Foreign Policy", in Security Studies, Vol. 6, No. 1, 1996, pp. 54 – 57.

② Llai Z. Saltzman, "Soft Balancing as Foreign Policy: Assessing American Strategy toward Japan in the Interwar Period", in Foreign Policy Analysis, Vol. 8, No. 2, 2012, pp. 131 – 150.

③ "纠缠外交"指使用国际制度中的规则和程序来影响霸权国家的外交政策，或是用来帮助界定新兴国家的利益所在。其中也包括在全球治理的各项机制和峰会中，新兴国家为了共同的利益而建立相应的联盟和关系网络的措施。See T. V. Paul, "Soft Balancing in the Age of US Primacy", in International Security, Vol. 30, No. 1, 2005, pp. 46 – 71。

④ T. V. Paul, "Introduction: the Enduring Axioms of Balance of Power Theory and Their Contemporary Relevance", in T. V. Paul, J. J. Wirtz, M. Fortmann, (eds.), Balance of Power: Theory and Practice in the 21st Century, Stanford: Stanford University Press, 2004, pp. 1 – 28.

洲、① 中东②和欧洲③的地区事务以及国际合作④方面。其中，在 2003 年 2 月 24 日，美、英两国率先向联合国安理会提交寻求对伊拉克动武的提案；而就在同一天，法、德、俄针锋相对地提出了继续对伊拉克是否拥有大规模杀伤性武器进行核查的备忘录，从而在安理会形成了"主战"和"主查"分庭抗礼的态势，并最终迫使美国让步。法、德、俄在安理会成功挫败了美国试图通过联合国使其对伊动武合法化的计划，而这也成为"软制衡"理论的经典案例之一。此外，在反战问题上，土耳其的外交策略也在"软制衡"的框架下得到了很好的阐释。尽管无法像欧洲大国那样公然提出抗议，土耳其总统埃尔多安还是通过先后访问俄罗斯和中国来表达希望以和平方式解决伊拉克问题的诉求。而当时的土耳其外长则加紧与欧洲各国建立起"反战轴心"，从而确保在国际制度层面巩固反战同盟的势力，削弱美国出兵伊拉克的合法性。在地区事务方

---

① Y. F. Khong, "Coping with Strategic Uncertainty: The Role of Institutions and Soft Balancing in Southeast Asia's Post-Cold War Strategy", in J. J. Suh, P. Katzenstein and A. Carlson, (eds.), *Rethinking Security in East Asia*, Stanford: Stanford University Press, 2004, pp. 172 – 208; Kai He, "Institutional Balancing and International Relations Theory: Economic Interdependence and Balance of Power Strategies in Southeast Asia", in *European Journal of International Relations*, Vol. 14, No. 3, 2008, pp. 489 – 518; Kai He andHuiyun Feng, "If Not Soft Balancing, Then What? Reconsidering Soft Balancing and U. S. Policy toward China", in *Security Studies*, Vol. 17, No. 2, 2007, pp. 363 – 395.

② AlexandruGrigorescu, "East and Central European Countries and the Iraq War: The Choice between 'Soft Balancing' and 'Soft Bandwagoning'", in *Communist and Post-Communist Studies*, Vol. 41, No. 3, 2008, pp. 281 – 299.

③ F. Oswald, "Soft Balancing between Friends: Transforming Transatlantic Relations", in *Journal of Contemporary Central and Eastern Europe*, Vol. 14, No. 2, 2006, pp. 145 – 160; Robert Art, "Striking the balance", in *International Security*, Vol. 30, No. 3, 2006, pp. 177 – 185.

④ R. Grant andR. Keohane, "Accountability and Abuses of Power in World Politics", in *American Political Science Review*, Vol. 99, No. 1, 2005, pp. 29 – 43; S. J. Stedman, "UN Transformation in an Era of Soft Balancing", in *International Affairs*, Vol. 83, No. 5, 2007, pp. 933 – 944.

面，冷战结束以来，欧盟一体化的不断加深也被视作对美国霸权的一种"软制衡"。尤其是1999年创立的欧盟共同安全与防务政策（CSDP）以及《里斯本条约》生效后各成员国更加统一的外交和安全政策，使得欧盟在诸多全球治理议题上能发挥其独特的"规范性力量"从而有效制约美国的单边主义行为。而在亚洲方面，中国积极主动的多边外交及其不断强化的参与国际规则制定的能力也被部分学者视为"软制衡"的案例。

另一方面，"软制衡"理论也受到了各种各样的挑战。其中最大的问题是难以区分哪些行为是国家有意识采取"软制衡"战略而形成的结果，哪些则是正常外交过程中发生的摩擦或是冲突。[1] 国内学者在介绍"软制衡"理论时，也主要是根据这一点认为其缺乏有效的实证基础。[2] 其实，所谓的外交摩擦正是"软制衡"战略所极力避免发生的情况。"软制衡"与"硬制衡"的根本区别就在于前者考虑到后者的行为将付出巨大的代价，从而极力约束和限制自己的制衡强度。一旦发生摩擦就有可能导致事态升级，这与"软制衡"的初衷是相背离的。因此，并不存在所谓"软制衡"与外交摩擦难以区分的问题。

不过，"软制衡"理论也有需要修正的地方。佩普认为，"软制衡"是"硬制衡"的前奏。当国家感受到的威胁上升到一定程度时，"软制衡"机制也将直接演变成为"硬制衡"机制。但这种转变是否会发生，在什么条件下发生，其中的关键因素佩普并没有解释清楚，反而让人觉得

---

[1] Stephen Brooks and William Wohlforth, "Hard Times for Soft Balancing", in *International Security*, Vol. 30, No. 1 2005, pp. 72 - 108; Keir A. Lieber and Gerard Alexander, "Waiting for Balancing: Why the World Is Not Pushing Back", in *International Security*, Vol. 30, No. 1, 2005, pp. 109 - 139; JolyonHoworth andAnandMenon, "Still Not Pushing Back: Why the European Union Is Not Balancing the United States", in *Journal of Conflict Resolution*, Vol. 53, No. 5, 2009, pp. 727 - 744.

[2] 杨少华："评'软制衡论'"，《世界经济与政治》2006年第7期，第40—45页；焦世新："'软均势论'及其实质"，《现代国际关系》2006年第8期，第57—63页。

"软制衡"和"硬制衡"有着天然的联系,"软制衡"理论是为现实主义在解释现实问题中遇到的困难进行辩护。实际上,采取"软制衡"战略有其前提条件:(1)霸权国家的影响力巨大但并未对潜在制衡国家造成严重的主权威胁;(2)霸权国家仍然是经济和安全方面的公共物品的主要供给方并且无法被轻易取代;(3)霸权国家不会轻易采取反制措施,因为该制衡行为仍然在可以接受的范围以内,或该制衡行为没有通过军事力量直接挑战霸权国。[1] 其中,霸权国家不会采取反制措施是重要前提,而这一前提的必要条件是新兴国家有效限制了制衡的强度。如果新兴国家通过建立正式的国际组织来推行"软制衡"战略,那么由于条约义务或是约束性承诺的束缚,制衡措施很有可能导致同盟困境[2]的出现,进而造成与霸权国的直接对抗,甚至演变为"硬制衡"。

因此,新兴国家偏好使用非正式国际组织来扮演"软制衡"的角色,一方面是为了避免上述战略性风险;另一方面,新兴国家并没有脱离现行的国际机制,而是采取相互联系的做法,在积极参与全球治理的过程中,从制度内部推动改革。现实主义的传统观点认为,南北问题是一种零和的结构性矛盾,[3] 南方国家必然采取激进的做法来解决发展问题,甚至破坏现有的国际制度。然而,当前的国际环境不同于冷战时期,国际力量对比也发生了根本转变。从气候问题到经济危机,各类多边议题的解决都离不开新兴国家和发展中国家的力量。新兴国家推行"软制衡"战略的根本

---

[1] T. V. Paul, "Soft Balancing in the Age of US Primacy", in *International Security*, Vol. 30, No. 1, 2005, pp. 46-71.

[2] 同盟困境是由美国学者斯奈德于1984年提出的理论,其主要含义是结盟国家会因友不履行条约义务而"被抛弃",又或是因盟友的利益而被拖入一场与自身利益相悖的冲突,即"被牵连"。本文所指的同盟困境主要是"被牵连"的情况。尽管成员国之间并不一定是同盟关系,但条约义务或是约束性承诺的存在,却极大地加强了成员国"被牵连"的可能性。See Glenn H. Snyder, "Security Dilemma in Alliance Politics", *World Politics*, Vol. 36, No. 4, 1984, pp. 461-495。

[3] Stephen Krasner, *Structural Conflict: The Third World Against Global Liberalism*, Berkeley: University of California Press, 1985, p. 3.

目的不是为了破坏现有的国际体系和制度，而是为了通过内部改革，获得国际声望（尊重）[①]和力量的再分配。[②]

根据这一目标，新兴国家推行的"软制衡"战略是否成功主要取决于能否得到正向反馈：（1）霸权国或西方发达国家在具体问题上做出妥协或让步，使新兴国家得到尊重和力量的再分配，即说明制衡有效；（2）成员国通过内部合作进一步提升了相对实力，赢得了他国的尊重，并且使国际力量对比进一步发生变化。只要能够获得正向反馈，"软制衡"战略就会被证明是成功且有效的。新兴国家也就不会冒险采取其他战略，而是在"软制衡"和正向反馈的过程中不断循环，直到国际机制的改革完成，新兴国家获得充分的国际声望和力量再分配，并最终导致南北发展趋于平衡，需要被制衡的因素消失。

在后文中，笔者选取了印度、巴西、南非对话论坛（IBSA）作为实证案例，来研究现实中"软制衡"战略的运用及其正向反馈的效果，从而为新兴国家发展非正式国际组织的动力来源及其可持续性做出合理解释。之所以选择IBSA作为案例对象主要是基于三个方面的原因：（1）IBSA是由新兴国家创建的，符合本文定义的非正式国际组织；（2）IBSA从2003年成立至今已有超过十年的发展历史，更被誉为"南南合作的典

[①] 对新兴国家来说的国际声望至少包括两个层面的意义：（1）作为国际社会中平等的一员而获得充分的尊重；（2）其独特的发展需求和利益可能会有别于其他国家普遍的利益这一点得到承认。See Philip Nel, "Redistribution and Recognition: What Emerging Regional Powers Want", in *Review of International Studies*, Vol. 36, No. 4, 2010, pp. 951–974。

[②] 所谓力量的再分配是指新兴国家所关注的政治、经济、文化等资源被谁得到，在何时得到以及如何得到的问题。See Michael Barnett and Raymond Duvall, "Power in Global Governance", in Michael Barnett and Raymond Duvall, (eds.), *Power in Global Governance*, Cambridge: Cambridge University Press, 2005, pp. 1–32。

范",① 具有较强的代表性;(3) 由于国内学界至今对 IBSA 鲜有研究,②关注程度不高,本文将有效填补这一学术空白。

三、印度、巴西、南非对话论坛(IBSA)的案例研究

印度、巴西、南非对话论坛于 2003 年成立。当年 6 月,在法国埃维昂举行八国集团(G8)会议期间,应邀出席的南非总统姆贝基主张强化南方国家之间的合作,并试图邀请共同与会的巴西、中国、埃及、印度、墨西哥、尼日利亚、沙特阿拉伯和南非一起组成南方国家中的八国集团。最终,印度总理瓦杰帕伊和巴西总统卢拉响应了该倡议,从而为建立 IBSA 奠定了基础。③ 同年 9 月,三国领导人在参加联合国大会期间宣布 IBSA 正式成立。根据《巴西利亚宣言》的精神,三国将加强相互之间的沟通与协调,发掘贸易和投资机会,促进南南合作、国际减贫和社会发展,在全球治理的议题中代表新兴国家的利益,将发展中国家的立场带到主要的多边国际舞台上,获取国际议程设置的能力。④

IBSA 是一个非正式国际组织。⑤ 在过去十年间,IBSA 围绕对话论坛(Dialogue Forum)、工作小组(Working Groups)和扶贫基金会(IBSA Fund)这"三大支柱"(The Three Pillars)的建设,促使印度、巴西和

---

① John Mashala, "The India-Brazil-South Africa Trilateral Dialogue Forum at 10 Years: Reflections and Looking Ahead", Proceedings Report 24, Institute for Global Dialogue, 24 October, 2013.

② 国内对 IBSA 进行系统性研究的学术文章很少,参见时宏远:"印度巴西南非对话论坛:缘起、成就与挑战",《拉丁美洲研究》2009 年 10 月,第 55—61 页。

③ Gladys Lechini, "Middle Powers: IBSA and the New South-South Cooperation", NACLA Report on the Americas, No. 40, Sep. – Oct. 2007, p. 29.

④ Ian Taylor, "'The South Will Rise Again?', New Alliances and Global Governance: The India-Brazil-South Africa Dialogue Forum", Politikon, Vol. 36, No. 1, 2009, pp. 45 – 58.

⑤ 关于 IBSA 组织结构示意图参见附件一。

南非三国在政治、安全、经济、文化、科技、能源、环境以及对外援助等方面实现多元而均衡的合作。通过对话论坛，三国政治互信不断加深，在一系列重大多边议题和全球治理问题上达成共识。① 在此基础上，16 个工作小组穿插在政府、民众以及私营部门之间，并签署了多项协议，将三边合作落到实处。② 此外，IBSA 扶贫基金与联合国开发计划署携手，共同将社会发展的成功经验传递给广大发展中国家，从而为 IBSA 赢得了"南南合作典范"的美名。

IBSA 除了强化印度、巴西和南非三国的内部合作以外，在推行"软制衡"战略方面也取得了显著的成效。后文将主要通过经济与贸易、政治与社会发展、金融与对外援助这三个领域来评估 IBSA 的"软制衡"战略。

（一）经济与贸易领域

在经贸领域内，IBSA 的"软制衡"战略主要体现为两个方面：（1）制衡并消解发达国家在世界贸易体系内的制度和结构性优势，主要通过在 WTO 谈判中采取一致立场、抱团作战，并直接促成了 WTO 内部的 G20 集团；（2）在强化自身经济实力方面，主要通过建立区域间的特惠贸易协定（PTA），推进贸易自由化，减少对北方国家的经济依赖。

IBSA 建立的最初目的就是为了在 WTO 多哈回合谈判中形成联盟，增加谈判的筹码，向北方国家施加压力。③ 由于北方国家主张通过涉及投资、政府采购、贸易便利化等新加坡议题的协定，而在农业问题上采取保

---

① 关于 IBSA 历届峰会信息参见附件二。
② 关于 IBSA 工作小组及相关领域内的合作协议参见附件三。
③ See DebashisChakraborty andDipankarSengupta, "IBSAC (India, Brazil, South Africa, China): A Potential Developing Country Coalition in WTO Negotiations", CSH Occasional Paper 18, 2006; Francis A. Kornegay, "IBSA: Toward a Gondwanan 'Strategic Vision'", in *Synopsis*, Vol. 8, No. 2, 2006, pp. 11 – 14.

护主义措施，使得南北双方一直争议不断。2003年，WTO 坎昆部长级会议上，倾向农业自由化的 G20 南方国家集团在减少出口补贴和移除非关税壁垒等问题上向北方国家发起了挑战。① 而这一南方国家集团的发起人正是印度、巴西和南非三国。当时，巴西外长曾明确表示没有 IBSA 就不会有 G20 集团。② 该谈判力量的出现不仅挑战了发达国家的农业政策，而且对多边谈判机制的合法性也提出了质疑。③

虽然多哈回合谈判陷入僵局与 IBSA 的"软制衡"也有着密切的关联，但其制衡的本意并不是破坏 WTO，而是为了坚持贸易自由化原则，进而推动南北贸易均衡发展。在制衡的过程中，发达国家阵营也曾给出过正向的反馈。比如，IBSA 曾坚决反对 WTO 谈判中的"绿屋会议"制度。④ 到了 2004 年在日内瓦召开的 WTO 会议上，巴西和印度被邀请与美国、欧盟、澳大利亚组成 WTO 谈判内部的核心集团（G5），从而实现了从传统的"Quad"集团（美国、欧盟、加拿大、日本）到 G5 集团的转变。2007 年在德国举行的八国集团会议上通过了加强与新兴国家合作的"海利根达姆进程"。八国领导人将与中国、墨西哥以及 IBSA 三国领导人

---

① Andrew Hurrell, Amrita Narlikar, "A New Politics of Confrontation? Brazil and India in Multilateral Trade Negotiations", in *Global Society*, Vol. 20, No. 4, 2006, pp. 415 – 433; Pedro da Motta Veiga, "Brazil and the G20 Group of Developing Countries", in Paul Gallagher, Patrick Low, and Andrew L. Stoler（eds.）, *Managing the Challenges of WTO Participation: 45 Case Studies*, Cambridge: Cambridge University Press, 2005, p. 115.

② See CelsoAmorim, "The India-Brazil-South Africa Dialogue Forum and World Trade", in *The India-Brazil-South Africa Dialogue Forum*, Brasilia: Ministry of External Relations, Republic of Brazil, 2006, link: http://repositories.lib.utexas.edu/bitstream/handle/2152/13799/PUBRevistaBrasilMEIbas.pdf? sequence = 16（2014.11.25）.

③ Pedro da Motta Viega, "Brazil and the G20 Group of Developing Countries", in Paul Gallagher, Patrick Low, and Andrew Stoler（eds.）, *Managing the Challenges of WTO Participation: 45 Case Studies*, Cambridge: Cambridge University Press, 2005, p. 115.

④ "Fourth Summit of Heads of State/Government Brasilia Declaration", April 2010, link: http://www.ibsa-trilateral.org/images/stories/documents/declarations/Final%20Summit%20Declaration%20-%204th%20IBSA%20Summit%202010.pdf.

举行对话。2009年该伙伴关系又得以延续，并更名为"海利根达姆—拉奎拉进程"。从发达国家提供的正向反馈来看，"软制衡"战略的成功为 IBSA 赢得了国际声望。

另一方面，在经贸领域的"软制衡"还包括强化新兴国家间的经济纽带，通过贸易转移效应，加速成员国内部的经济增长，[①] 实现国际力量的再分配。IBSA 三国之间的贸易额从 2003 年的 25 亿美元增长到 2011 年的 210 亿美元，几乎翻了十倍之多。[②] 根据相关研究，目前，金砖国家内部最强的贸易流是印度出口南非（2.38）、巴西出口俄罗斯（2.10）、巴西

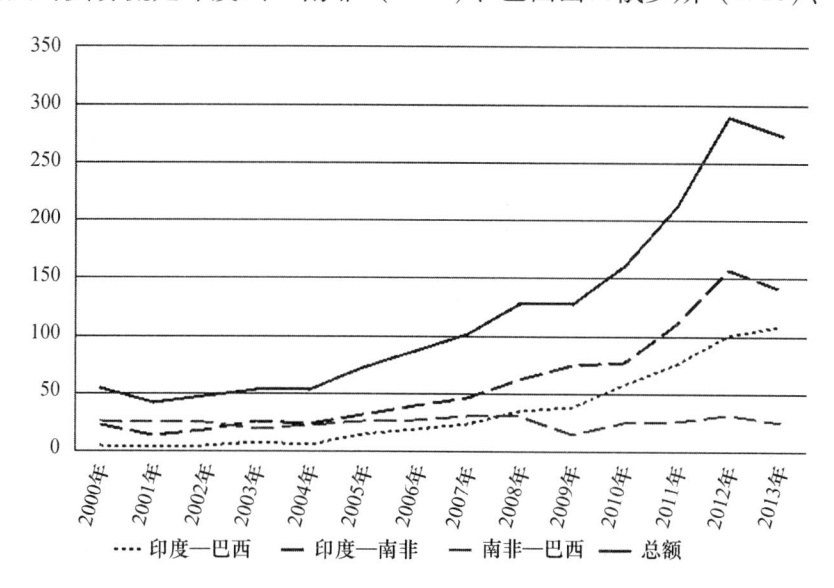

图11—1　IBSA 三边贸易额统计（2000—2013 年，亿美元）

资料来源：根据南非工商部贸易数据库（The DTI）（http：//tradestats.thedti.gov.za/ReportFolders/reportFolders.aspx）、印度商务部贸易数据库（http：//commerce.nic.in/eidb/Default.asp）联合国贸易统计数据（http：//comtrade.un.org/db）综合绘制。IBSA 官方给出的三边贸易总额目前大约为 230 亿美元（http：//www.ibsa-trilateral.org/），由各国统计口径不同，最近两年的数据可能存在误差。

[①] Daniel Flemes, "Network Powers: Strategies of Change in the Multipolar System", in *Third World Quarterly*, Vol. 34, No. 6, 2013, pp. 1016 – 1036.

[②] Folashadé Soule-Kohndou, "The India-Brazil-South Africa Forum A Decade On: Mismatched Partners or the Rise of the South?", November 2013, GEG Program (The Global Economic Governance Program by Oxford University), Working Paper 2013/88.

出口南非（1.94）；其次是巴西出口中国（1.57）、南非出口印度（1.51）、印度出口巴西（1.2）。在前6位中，有5位被 IBSA 成员国包揽。该研究还指出，巴西和印度之间的贸易竞争关系原本较强，但随着时间的推移，竞争性逐渐下降；而印度和南非间的贸易关系在2001年是竞争的，但此后竞争程度逐渐降低，并于2009年转变为较弱的互补关系。①

IBSA 合作已经在三国的经贸往来过程中发挥了巨大的作用。② 为了解决交通不便的问题，三国于2004年签署了航空协议，增设航班和航线，简化人员和货物通关手续。随后，又在2006年签署了海运协议，互相为成员国的船只提供补给和停靠港口的便利。③ 2011年，三国已经实现直航，极大的促进了人员往来和旅游业的发展。在宏观领域，IBSA 正在就建立印度—南方共同市场（MERCOSUR）、印度—南部非洲关税同盟（SACU）和 MERCOSUR-SACU 三个特惠贸易协定而努力。根据联合国贸发会及有关研究预计，如果能够实现自由贸易安排，IBSA 的贸易量将翻一翻，达到6000亿美元。这意味着 IBSA 合作拥有无比巨大的战略价值，并将成为全球经济发展中举世瞩目的角色。④

总体上，在经贸领域的"软制衡"战略是成功的。IBSA 一方面在 WTO 谈判中抱团作战，制衡发达国家，从而换取了相应的谈判地位和国

---

① 贸易强度指数（Trade Intensity Index），参见武敬云："'金砖国家'的贸易互补性和竞争性分析"，《国际商务——对外经济贸易大学学报》2012年第2期，第21—30页。

② Miho Shirotori and Ana Cristina Molina, "South-South Trade: The Reality Check", *UNCTAD Issues in New Geography of International Trade*, 2009, p. 4.

③ IBSA Agreements on Transports: http://www.ibsa-trilateral.org/resource-centre/agreements (2014.12.8).

④ Lakshmi Puri, "IBSA: An Emerging Trinity in the New Geography of International Trade", UNCTAD Policy Issues in International Trade and Commodities, Study Series No. 35, 2007, p. vii; Tsung-Chen Lee, "South-South Trade Liberalization and Shipping Geography: A Case Study on India, Brazil, and South Africa", *International Journal of Shipping and Transport Logistics*, Vol. 4, No. 4, 2012, pp. 323–338.

际声望；另一方面在内部合作中实现了快速的贸易增长，增强化自身的经济实力，进一步改变了国际力量对比的格局。不过，随着美国开始积极推动跨太平洋伙伴关系（TPP）和跨大西洋伙伴关系（TTIP），试图制定新一轮的全球贸易规则的背景下，IBSA 也必须抓紧落实三个特惠贸易协定，继续其"软制衡"的战略。

（二）政治与社会发展领域

在政治领域，IBSA 将联合国和安理会的改革问题视为首要任务，并推行"软制衡"战略，平衡安理会常任理事国的影响力。此外，通过 IBSA 合作，三国之间的政治互信不断加深，在各项多边议题上均能协调一致。而在社会发展领域，三国通过共享知识和技术，建立学习和交流的渠道，进一步促进了成员国内部的政治经济发展。

在推动国际政治秩序改革方面，IBSA 的首要目标就是联合国安理会的改革，实现联合国内部力量对比的再分配。从最早的《巴西利亚宣言》到后来历次峰会的宣言和行动计划中，IBSA 都提倡为了使安理会更加民主化，更具合法性和代表性，应当将更多来自亚洲、非洲和拉美地区的发展中国家纳入安理会常任理事国，[1] 从而不可避免地对现有"五常"的影响力形成制衡。2005 年，巴西和印度与日本和德国在"入常"问题上达成一致，并组建了四国同盟（G4）。南非没有加入这一集团，主要是考虑到来自非盟的压力。但在 IBSA 的框架内也明确表示将始终坚持印度和巴西在联合国安理会改革问题上的立场。[2] 关于联合国改革，IBSA 三国还受到来自其他中等力量国家的挑战。但必须指出的是，IBSA 在联合国改革

---

[1] See "*Brasilia Declaration*" and each summit declarations: http://www.ibsa-trilateral.org/about-ibsa/ibsa-summits（2014.12.8）.

[2] Philip Nel and Matthew Stephen, "The Foreign Economic Policies of the IBSA States", in Daniel Flemes (eds.), *Regional Leadership in the Global System: Ideas, Interests and Strategies of Regional Powers*, Aldershot: Ashgate, 2010, pp. 71 – 90.

问题上反复重申了不结盟运动（NAM）的主张，[①] 不仅要求扩大常任理事国的席位，更致力于改变安理会的投票机制，包括废除否决权以及重新设置联合国各机构的职能。所以，IBSA 虽然要求"入常"，但并不是一味接受现有的联合国制度，更不是破坏现行制度。在联合国改革问题上，发展中国家的利益是紧密而不可分割的。

IBSA 在关于联合国改革问题上的"软制衡"战略同样得到了来自现任"五常"内部的正向反馈。2007 年，英国外长米利班德率先提出，英国将支持四国同盟（G4）以及南非成为常任理事国。[②] 2009 年，法国常驻联合国代表让·莫里斯·里佩尔也表示法国将支持 G4"入常"以及安理会扩容的改革方案。[③] 2011 年在中国三亚召开的金砖国家第三届峰会上，中国和俄罗斯虽然没有明确支持 IBSA 三国获得安理会常任理事国的席位，但对三国为了在联合国中扮演更加重要的角色所付出的努力表示理解和支持。[④] 至此，IBSA 在联合国安理会改革问题上，已经直接或间接得到了来自现任"五常"中"四常"的正向反馈，获得了相当的国际声望。

值得一提的是，虽然同样奉行自由、民主的社会制度和价值观，IBSA 三国并没有成为西方国家的天然盟友。[⑤] 以美国为首的西方国家主张人道主义干涉的原则，并频繁在联合国等国际组织中通过有关决议。而 IBSA 三国则选择站在发展中国家一边，推崇国家主权原则，强烈批判美

[①] See Hennie Strydom, "The Non-Aligned Movement and the Reform of International Relations", in A. von Bogdandy, R. Wolfrum (eds.), *Max Planck Yearbook of UN Law*, 11, Leiden: Koninklijke Brill, 2007, pp. 1 – 46.

[②] "英国外长25日称支持日本南非巴西印度四国入常"，中国网，2014年12月8日http://www.china.com.cn/news/txt/2007-09/27/content_ 8959266.htm。

[③] "法国支持日德印巴四国入常"，网易新闻，《环球时报》2009年3月26日，http://news.163.com/09/0326/14/55BCQGLE0001121M.html（2014.12.8）。

[④] 金砖国家领导人第三次会晤《三亚宣言》第八条，新华网，http://news.xinhuanet.com/politics/2011-04/14/c_ 121304907_ 2.htm（2014.12.8）。

[⑤] Richard Gowan and Franziska Brantner, *A Global Force for Human Rights? An Audit of European Power at the UN*, London: European Council on Foreign Relations, 2008, p. 16.

国采取的双重标准和人道主义干涉,并指出许多在西方国家主导下通过的决议不具有合法性。[1] IBSA 通过对西方国家提倡的所谓普世价值观的制衡,同样为自己赢得了国际声望。

在强化成员国内部政治合作方面,IBSA 主要通过最高级别的三国领导人峰会以及外长会议展开。截至目前,领导人峰会共召开了六次,外长会议则召开了7次。在每次会议上,三国达成的一致意见都以峰会宣言、公报或是联合声明的形式确定下来。虽然这些文件并不具有强制性的约束力,但三国在大部分多边议题上都已经形成了攻守同盟。[2] 有关研究成果表明,南非在联合国大会上的投票行为与印度和巴西保持着高度的一致,而这种一致性与 IBSA 对三国政治立场的协调密不可分。[3] 由于 IBSA 三国拥有共同的自由、民主和人权的价值观念,以及相似的反帝反殖的历史背景,使得 IBSA 成为观念驱动型的支持网络(Advocacy Network)。[4] 这种网络为三国之间促进政治互信带来了天然的优势。自 IBSA 建立之后,三国领导人互访次数比以前有了显著的增加。[5] 2006 年,印度和巴西确立了"战略伙伴关系"。由于印度在南非拥有大量的海外移民,两国关系在传统友谊的基础上进一步深化。而巴西与南非的政治关系在 IBSA 的框架下

---

[1] Philip Nel, "Redistribution and Recognition: What Emerging Regional Powers Want", in *Review of International Studies*, Vol. 36, No. 4, 2010, pp. 951 – 974.

[2] See "Emerging Powers: India, Brazil and South Africa (IBSA) and the Future of South-South Cooperation", Woodrow Wilson International Center for Scholars, Special Report, August, 2009.

[3] Suzanne Graham, "South Africa's UN General Assembly Voting Record from 2003 to 2008: Comparing India, Brazil and South Africa", in *Politikon*, Vol. 38, No. 3, 2011, pp. 409 – 432.

[4] See K. W. Deutsch, "Security communities", in J. Rosenau (eds.), *International Politics and Foreign Policy*, New York: Free Press, 1961, pp. 143 – 193; E. Adler, M. Barnett (eds.), *Security Communities*, Cambridge: Cambridge University Press, 1998.

[5] 时宏远:"印度巴西南非对话论坛:缘起、成就与挑战",《拉丁美洲研究》2009 年10 月,第 55—61 页。

也同样得到了快速发展。此外,三国在防务方面也通力合作。除了军队高层频繁互访,设立联络机制以外,三国海军分别于 2008 年、2010 年和 2012 年举行了联合军演,并在反恐、打击跨国犯罪、非法武器和毒品走私等领域展开密切合作。

在促进 IBSA 成员国之间的社会发展方面,三国致力于分享知识和技术,确立相互学习的合作交流机制。在政府治理和公共政策方面,IBSA 建立了优秀案例交流中心,[①] 同时建立了税收信息交流中心。[②] 三国为了增进民众之间的相互了解,促进信息传递和沟通,还建立了专门的新闻网站,重点反映三国在全球治理问题,包括贸易、环境、能源和多边外交上的动态。[③] 此外,科技合作一开始就被 IBSA 确认为主要合作领域。2004 年 2 月,三国就设立了 IBSA 科技日,每年举行科技部长会晤。三国还分别确定了自己的主导领域:巴西为疟疾和海洋学,南非为肺结核和生物技术,印度为艾滋病和纳米技术合作。[④] 2011 年,三国在南非召开的峰会上宣布,将联合研制并发射两颗 IBSA 共享的观测卫星。

总体上,IBSA 在政治领域上的"软制衡"战略同样取得了显著的成果。一方面,在联合国改革问题上,IBSA 正逐步取得现有"五常"的支持或与其达成默契;另一方面,成员国内部通过深化政治互信,加强多领域内的广泛合作,从而实现在重大多边议题上用一个声音说话,强化了其政治影响力和话语权,进而推动了国际力量的再分配。

(三) 金融与对外援助领域

在金融领域,由于 IBSA 三国自身实力有限,其"软制衡"战略的实

[①] IBSA Center for Good Governance: http://ibsa.cgg.gov.in/website (2014.12.8).
[②] IBSA CETI: http://www.ibsaceti.org/ibsaceti.aspx (2014.12.8).
[③] IBSA NEWS: http://www.ibsanews.com/ (2014.12.8).
[④] 欧阳峣等:"金砖国家科技合作模式及平台构建研究",《中国软科学》2011 年第 8 期,第 103—114 页。

施主要是借助中国的力量，在金砖国家的框架下积极支持人民币成为世界主要货币，从而制衡美元霸权。在对外援助方面，IBSA 则坚持通过南南合作的方式，提供区域性公共产品，区别于西方发达国家附加政治条件的援助模式。

IBSA 在历次峰会宣言和重要的会议文件中都提到，当前美元主导的国际金融体系存在不合理性。此外，还应当改革目前对跨国资本流动的管制措施，从而更好地为南方国家的发展服务。[1] 随着南非于 2011 年正式加入金砖国家，IBSA 成员国也都成为金砖合作的一员。在去美元化的过程中，IBSA 三国均签署协议，支持人民币在国际贸易结算和外汇储备方面发挥更大的作用，扩充特别提款权（SDR）的货币种类，从而建立一个更加稳定的国际货币体系。[2] 在 2013 年的金砖国家德班峰会上，金砖五国开始组建自己的开发银行和外汇储备库。

除了通过外部制衡的方式以外，IBSA 仍然积极参与到现有的国际金融体系中，推动国际货币基金组织（IMF）和世界银行（WB）内部的改革。2010 年，世界银行发展委员会通过了新一阶段的投票权改革方案。发达国家共向发展中国家转移了 3.13 个百分点的投票权，其中印度的投票权升至第七位，中国则升至第三位。这毫无疑问是发达国家对新兴国家做出的让步。此轮投票权改革既是全球经济力量变化的反映，也是新兴国家坚持推动建立更加公平合理的国际金融秩序的结果。同年，各国达成关于国际货币基金组织份额和治理的改革方案。根据这项方案，发达国家应向发展中国家让渡 6% 的份额，欧洲国家还将让出两个执行董事席位。虽

---

[1] See "Brasilia Declaration, June 6, 2003", "Delhi Agenda for Cooperation, March 5, 2004", "Delhi Summit Declaration, October 15, 2008", and "Fourth Summit of Heads of State/Government Brasilia Declaration, April 2010", link: http://www.ibsa-trilateral.org/about-ibsa/ministerial-meetings/trilateral-ministerial-commission-meetings and http://www.ibsa-trilateral.org/about-ibsa/ibsa-summits（2014.12.8）.

[2] 金砖国家领导人第三次会晤《三亚宣言》，新华网，http://news.xinhuanet.com/politics/2011-04/14/c_121304907_2.htm（2014.12.8）。

然该方案在执行过程中遭到了主要来自美国的阻扰，尚未得到落实，但至少也是一次对新兴国家国际声望的巨大提升。

在国际援助和扶贫方面，IBSA 承诺将 GNP 的 0.7% 作为官方开发援助（ODA），并呼吁发达国家向高负债的落后国家和地区提供无条件的债务减免。[①] 同样作为南方国家，IBSA 并不将这种援助看作是捐赠国和受助国之间的关系，而是作为一种南方国家间平等的伙伴关系。这种关系是建立在尊重他国主权和独立、互利互惠、无条件和不干涉他国内政的基础之上。[②] 其中，无条件这一原则与西方通过有条件的援助从而推广其政治制度和价值观念的做法形成了巨大反差，从而成为新兴国家在对外援助方面对发达国家采取的"软制衡"。

IBSA 扶贫基金于 2004 年设立。该基金由三国政府共同出资，联合国开发计划署（UNDP）负责运营。起初，印度和巴西各出资 10 万美元，南非出资 5 万美元。2005 年，三国再向该基金拨款 100 万美元。而在 2006 年第三届外长会议上，三国承诺每年至少向该基金拨款 100 万美元。[③] 目前，该援助计划的主要成果包括：在海地对太子港地区的硬水回收项目做出了重大贡献。通过减少疾病感染，抵御洪水危机，创造更多的就业等措施，使得海地项目已经成为冲突后重建项目的优秀案例；在几内亚比绍的开发项目则主要是通过引进新型种子和提高农业生产技术的方式为当地的粮食生产创收；另外，还有在布隆迪开展的艾滋病防治工作，在佛得角进行的医疗设施援建工作，以及为了调停巴以冲突而在拉姆安拉设

[①] "Brasilia Declaration of the IBSA Trilateral Forum", June 2003, link: http://www.ibsa-trilateral.org/images/stories/documents/comuneques/Brasilia_Declaration_2003.pdf（2014.12.8）.

[②] "Fourth Summit of Heads of State/Government Brasilia Declaration", April 2010, link: http://www.ibsa-trilateral.org/images/stories/documents/declarations/Final%20Summit%20Declaration%20-%204th%20IBSA%20Summit%202010.pdf（2014.12.8）.

[③] 贺双荣："南南合作的新动向：印度巴西南非对话论坛"，江时学主编：《2006—2007 年拉丁美洲和加勒比发展报告》，社会科学文献出版社 2007 年版，第 219 页。

立体育中心等。这一系列项目的落实和开展都足以证明，IBSA 在提供对外援助和公共产品，减少地区贫困和促进国际发展方面发挥着巨大作用。①

总体上，IBSA 积极参与了国际金融秩序的改革。一方面，通过金砖国家合作，试图借助人民币的力量制衡美元霸权；另一方面，在改革国际金融制度方面，包括 IBSA 成员国在内的新兴国家，在关于世界银行投票权和国际货币基金组织份额的问题上迫使发达国家做出让步，从而推动了国际金融力量的再分配。此外，IBSA 通过提供区域公共产品，发展不同于西方国家的扶贫和援助模式，赢得了良好的国际声望。因此，IBSA 在金融和对外援助领域的"软制衡"战略的成效是显著的。

四、结论

随着国际力量对比发生深刻的变化，新兴国家正积极推动建立更加公平合理的国际秩序。虽然相关制度改革的最终结果还不得而知，但有一点可以明确的是，新兴国家通过"软制衡"战略至少促成了国际制度文化的变革，即所谓的"多边非正式主义"（Multilateral Informality）将成为 21 世纪国际舞台上的主流。②

针对这一现象，本文主要围绕新兴国家对建立非正式国际组织合作的偏好原因及其可持续性进行了研究，并提出新兴国家"软制衡"战略的成功是非正式国际组织合作的动力来源。正式的国际组织投入和运作成本较高，且成员国必须做出具有约束性的承诺，容易导致同盟困境的出现和

---

① 关于在几内亚比绍的农业项目，参见杨易等："农业三方合作的国际经验及对中国的启示"，《世界农业》2012 年第 11 期，第 8—19 页；其他项目介绍来源于 IBSA 基金会官网：http://tcdc2.undp.org/ibsa/（2014.12.8）。

② Daniel Flemes, "Network Powers: Strategies of Change in the Multipolar System", *Third World Quarterly*, Vol. 34, No. 6, 2013, pp. 1016–1036.

冲突升级，甚至伴随着与霸权国形成"硬制衡"的战略风险。相比之下，非正式国际组织的成本较低，简单易行，给与了新兴国家更为灵活的外交手段，有利于推行"软制衡"战略，从而实现获取国际声望和力量再分配的根本目标。根据这一目标，对"软制衡"战略效果的评估取决于两个方面的反馈：（1）新兴国家通过非正式国际组织联合起来的力量能否迫使霸权国或发达国家在制衡的相关问题上做出让步；（2）新兴国家通过非正式国际组织在各领域内开展的合作，能否转化为成员国相对实力的提升，进而改变国际力量的对比状况。不过，必须指出的是，无论是霸权国的让步还是新兴国家自我力量的提升都是一个渐进的过程。因此，当"软制衡"战略获得正向反馈或取得阶段性成功时，将激励新兴国家进一步强化在非正式国际组织中的合作。

IBSA 作为新兴国家建立的非正式国际组织，在过去十年中取得了巨大的成就。IBSA 合作的动力及其可持续性与印度、巴西、南非三国成功的"软制衡"战略有着密切的关联。在经贸领域，IBSA 制衡了北方国家在 WTO 谈判中的影响力，并被逐步纳入核心集团，而三国之间的经贸合作也在 IBSA 的框架下蒸蒸日上；在政治与社会发展领域，IBSA 推动联合国安理会改革的努力正得到越来越多的常任理事国的认可，而三国内部的政治互信也不断加深，在各类多边议题上都能实现攻守同盟；最后在金融和对外援助领域，IBSA 通过金砖国家合作，支持人民币制衡美元霸权，取得世界银行和国际货币基金组织改革的初步胜利，而在对外援助方面，IBSA 也走出了一条不同于发达国家的南南合作之路。总体上，IBSA 在上述领域内通过推行成功的"软制衡"战略，赢得了相当的国际声望，提升了成员国自身的实力，进而实现了国际力量的再分配。通过对 IBSA 的实证检验可以证明，新兴国家的"软制衡"战略是其建立和维持非正式国际组织的内在原因。"软制衡"战略的成效决定了相关非正式国际组织深化合作的可能性。

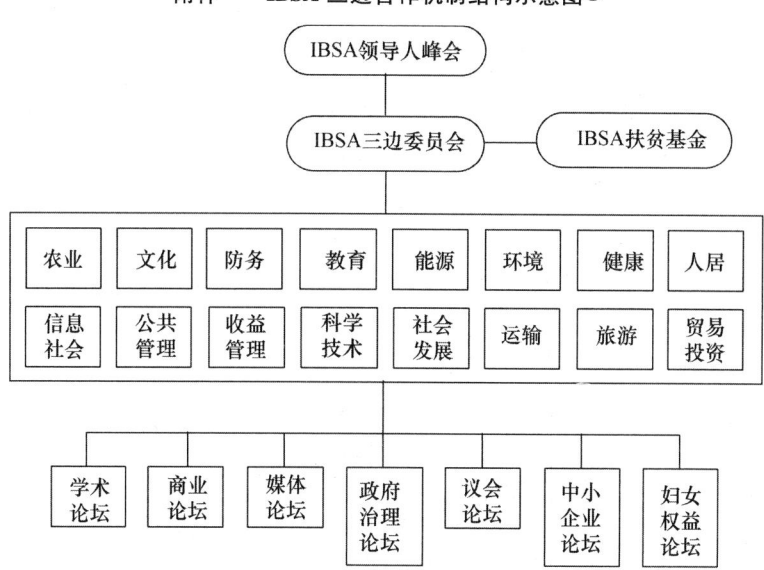

附件一　IBSA 三边合作机制结构示意图①

```
                    IBSA领导人峰会
                          │
                   IBSA三边委员会 ── IBSA扶贫基金
                          │
  ┌────┬────┬────┬────┬────┬────┬────┬────┐
  农业  文化  防务  教育  能源  环境  健康  人居
  信息  公共  收益  科学  社会  运输  旅游  贸易
  社会  管理  管理  技术  发展              投资
                          │
  ┌────┬────┬────┬────┬────┬────┐
  学术  商业  媒体  政府  议会  中小  妇女
  论坛  论坛  论坛  治理  论坛  企业  权益
                  论坛        论坛  论坛
```

附件二　IBSA 领导人峰会②

年份	主办国	主办国领导人	地点
2006	巴西	卢拉	巴西利亚
2007	南非	姆贝基	比勒陀利亚
2008	印度	辛格	新德里
2010	巴西	卢拉	巴西利亚
2011	南非	祖玛	比勒陀利亚
2013	印度	辛格	新德里

---

① 根据 IBSA 官方网站公开的信息绘制：http://www.ibsa-trilateral.org/（2014.12.8）。
② 根据 IBSA 官方网站信息整理：http://www.ibsa-trilateral.org/about-ibsa/ibsa-summits（2014.12.8）。

附件三　IBSA 工作小组相关合作协议清单[①]

工作小组	协议类型	合作领域	签署年份
农业	谅解备忘录	农业及有关领域的三边合作	2006 年 9 月 13 日
文化	谅解备忘录	推动文化交流	2007 年 10 月 17 日
教育	谅解备忘录	高等教育合作	2007 年 10 月 17 日
能源	谅解备忘录	三国组建一支在生物燃料方面的工作团队	2006 年 9 月 13 日
能源	谅解备忘录	太阳能领域合作	2007 年 10 月 17 日
能源	谅解备忘录	风能领域合作	2010 年 4 月 15 日
环境	谅解备忘录	环境保护合作	2008 年 10 月 15 日
卫生健康	谅解备忘录	疾病防治以及药品研发方面合作	2007 年 10 月 17 日
人居环境	谅解备忘录	三国致力于提高国内人居环境	2008 年 10 月 15 日
信息社会	合作框架	推动信息化社会的建立及共享信息方面的合作	2006 年 9 月 13 日
公共管理	谅解备忘录	公共政策及政府治理方面的合作	2007 年 10 月 17 日
海关及税收管理	三边协议	创设 IBSA 税收信息交流中心	2007 年 10 月 17 日
科学技术	谅解备忘录	高新技术及创新研发领域的合作	2010 年 4 月 15 日
社会发展	谅解备忘录	解决社会问题方面的合作	2007 年 10 月 17 日
旅游	三边协议	鼓励更多的内部旅游资源开发和交流	2008 年 10 月 15 日
贸易投资	行动计划	有关技术标准和其他合格规范方面的贸易便利化合作	2006 年 9 月 13 日
贸易投资	谅解备忘录	有关技术标准和其他合格规范方面的贸易便利化合作	2008 年 10 月 15 日
运输及基础设施	三边协议	商船运输和海洋运输相关的三边合作	2006 年 9 月 13 日
运输及基础设施	五年行动计划	民航合作	2008 年 10 月 15 日
运输及基础设施	五年行动计划	海运合作	2008 年 10 月 15 日

---

① See Folashadé Soule-Kohndou, "The India-Brazil-South Africa Forum A Decade On: Mismatched Partners or the Rise of the South?", November 2013, GEG Program (The Global Economic Governance Program by Oxford University), Working Paper 2013/88. 在此基础上，结合 IBSA 官方发布的最新信息，对表格的具体内容又做了修正，http://www.ibsa-trilateral.org/resource-centre/agreements (2014.12.8)。

续表

工作小组	协议类型	合作领域	签署年份
妇女权益①	谅解备忘录	三国致力于提升妇女权益及消除性别歧视	2008年10月15日
外交部门合作②	谅解备忘录	巴西外交部里约布兰科研究院、印度外交部外事服务研究院和南非外交部外交学院	2011年10月18日

---

① 妇女权益问题不作为某一工作组的管辖内容，而是作为三国国民层面的合作。
② 外交部门合作不作为某一工作组的管辖内容，而是进行独立的信息和研究合作。

金砖国家机制与南南合作

贾 儒[*]

制度创建的一大问题是如何设计出对所有理性的行为体都有吸引力的激励结构，制度维护的关键是如何使制度激励结构与变化的外部和内部环境相互适应。传统观点认为，国际机制必然以相应的国际组织为载体、依托，否则很难实施。[①] 要维持一个国际机制的运行，必须具备两个条件：首先，必须有一个霸权国有维持机制的政治意愿。[②] 其次，机制的客观效果必须使所有成员国都会增进自己的国家利益，实现帕累托改进。[③] 随着新兴国家的不断发展，国际体系中各国的力量对比正在发生明显变化，这种传统观点正受着不断冲击。以美国霸权（Pax-Americana）为主导的传统国际政治、经济、金融秩序都难以真实反映当前各国，尤其是新兴国家的利益诉求，例如金砖国家在 IMF 的投票权份额就反映不出这个国家集团在世界经济中的贡献和影响力，相关国际制度、国际组织和国际合作机

---

[*] 贾儒，上海国际问题研究院硕士研究生。

[①] 苏长和著：《全球公共问题与国际合作：一种制度的分析》，上海人民出版社 2000 年版，第 61—95 页。

[②] ［美］罗伯特·吉尔平著，杨宇光等译：《国际关系政治经济学》，上海人民出版社 2011 年版，第 102 页。

[③] ［美］罗伯特·基欧汉著，苏长和等译：《霸权之后——世界政治经济中的合作与纷争》，上海人民出版社 2012 年版，第 104—133 页。

制都在经历着深刻变化。① 由新兴国家建立起来的各种国家间合作制度安排拥有以下显著特点：国家集团化倾向明显，以非正式机制为运作方式，不具备法律约束力的合作协议为运作原则。这一模式使得各国之间开展合作的手段更加灵活，回旋的余地也更大。② 金砖机制作为目前发展最迅速的非正式国际机制，虽然还有待观察，但其发展潜力巨大是毫无疑问的，对未来治理绩效的乐观预期也被认为是金砖机制的制度合法性来源。

一、非正式国际机制的发展

随着中国不断推行多边外交战略，积极参与全球治理，国内学界对于国际制度和国际机制一直保持着高度关注。在关于非正式的国际合作安排方面，刘宏松提出了比较系统性的理论研究成果。③ 他从史蒂芬·克拉斯纳（Stephen Krasner）对国际机制④的定义入手，通过对正式与非正式国

---

① T. J. Volgy, R. Corbetta, K. A. Grant & R. G. Baird, (eds.), Major Powers and the Quest for Status in International Politics: Global and Regional Perspectives, New York: Palgrave Macmillan, 2011; A. Narlikar, New Powers: How to Become One and How to Manage Them, London: C. Hurst & Co., 2010; and M. Cox, "Is the United States in decline again?", International Affairs, Vol. 43, No. 4, Sep. 2007, pp. 643–653.

② Soreanu Pecequito, Cristina, "Brazil's Foreign Policy in the 21st Century: The Combining Axis of Horizontal and Vertical Multilateral Cooperation", Revista Brasileira de Politica Internacional, Vol. 51, No. 2, 2008, pp. 136–153.

③ 刘宏松：“非正式国际机制与全球福利”，《国际观察》2010 年第 4 期，第 11—19 页；以及"正式与非正式国际机制的概念辨析"，《欧洲研究》2009 年第 3 期，第 91—106 页。

④ Stephen D. Krasner, "Regimes and the limits of realism: regimes as autonomous variables", International Organization, Vol. 36, No. 2, 1982, pp. 497–510.

际机制①的比较研究，提出了国家对国际机制形式的相关偏好的理论。在关于解释为何新兴国家偏好非正式国际机制这一问题上，西方学者现有的研究成果主要是从外交的灵活性和成本收益的角度进行分析。查尔斯·李普森（Charles Lipson）认为非正式国际机制相对于正式条约性质的国际机制具有无可比拟的优势。②首先，由于不具有正式国际法地位，其实际效果只是一种相互之间的政治承诺。当缔约国国内无足够的政治意愿来遵守具有法律约束力的政治承诺时，非正式国际机制是避免法律规定的权利义务关系的最佳选择。其次，非正式协议不必通过国内的审批，避免了政党竞争可能造成的行政效率低下。再次，非正式国际机制具有较大的灵活性，一旦外部环境发生变化，成员国能迅速调整，对原有机制进行修正，不会动摇原有机制的利益分配和绩效激励结构。最后，在国际危机发生时能在较短时间内达成共识，避免危机的进一步升级，提高危机管理的效率。③也有学者指出非正式国际机制是新兴国家搭建的支持型外交关系网络，且最终无论是发达国家还是新兴国家都会努力使自己成为外交关系网络的中心。④田野认为，国家间交易成本表现为国家间缔约成本和国家间治理成本，缔约国选择国家间治理结构时，将在国家间治理成本与国家间缔约成本之间进行权衡。国家间治理成本与国家间缔约成本的总和构成国家间交易成本。作为理性的国际行为主体，缔约国在交易收益给定的情况下，将选择使国家间交易成本最小化的国际治理结构。⑤还有的理论认

---

① Charles Lipson, "Why are some international agreements informal?", *International Organization*, Vol. 45, No. 4, 1991, pp. 495–538.

② Ibid., pp. 511–512.

③ 刘宏松：“非正式国际机制的形式选择”，《世界经济与政治》2010年第10期，第73—96页。

④ Daniel Flemes, "Network Powers: strategies of changein the multipolar system", *Third World Quarterly*, Vol. 34, No. 6, 2013, pp. 1016–1036.

⑤ 田野：《国际关系中的制度选择：一种交易成本的视角》，上海人民出版社2006年版，第171页。

为，由于新兴国家自身实力的不断发展，其相应的利益也处在快速变化中。[1] 所以，非正式国际机制往往是层出不穷，但来得快去得也快。

表12—1 正式国际组织与非正式国际机制的对比[2]

正式国际组织	非正式国际机制
各国依据国际条约形成的一个正式的实体	各国对国际问题达成共识但没有正式协议
多个领域达成政治共识的成员国集合	在某一领域达成共识的成员国集合
拥有独立的秘书处或其他常设机构，包括设立总部或拥有常设岗位及职员	召开经常性会议，但没有独立的秘书处或其他常设机构
具有条约或法律约束性承诺	具有宣言的道德约束力，更加灵活
具有独立于成员国的行政监督机构	国家制定政策的独立自主性
长期交易成本较低	短期交易成本较低，能快速建立新机制
拥有集中化的管理制度，机制更加稳定	最小化的行政管理投入，成本低
适用于常规性问题的管理	适用于对高度不确定性或危机的管理

实际上，包括中国在内的新兴国家，除了看中非正式国际机制在灵活性、低投入和低成本等技术层面的优势以外，更加在意的是其战略性价值。由于传统的国际政治经济体系是美国霸权主导下的产物，相关国际制度和国际组织都越来越不能满足新兴国家的发展需要。绝对的权力导致绝对的腐败，对霸权不加任何约束必然是危险的。因此，用西方的国际关系理论来解释，中国将采取金砖机制的手段，而用中国传统的外交思想来概括，就是斗而不破。为了改善现有国际组织内部的规则、程序和合法性问题，中国和其他新兴国家首先需要拿出一套有别于发达国家所提倡的机制、模式和价值。从这个角度来说，中国促进新兴国家在非正式国际机制

---

[1] Jürgen Rüland, "The rise of 'diminished multilateralism': East Asian and European forum shopping in global governance", *Asia Europe Journal*, Vol. 9, No. 2–4, 2012, pp. 255–270.

[2] Felicity Vabulas, Duncan Snidal, "Organization without delegation: Informal intergovernmental organizations (IIGOs) and the spectrum of intergovernmental arrangements", *The Review of the International Organization*, Vol. 8, No. 2, 2013, pp. 193–220.

联合国与南南合作

中开展合作,一方面是为了协调立场,通过联盟来增强实力;另一方面则是为了从战略上平衡霸权国家以及发达国家的话语权及其对国际制度的影响力。换句话说,非正式国际机制虽然不会马上取代现有的国际组织,但通过联盟的力量及其示范效应,必然会对改革造成巨大的压力。只要改革还在进行中,这种压力就会被不断释放。

表12—2 国际机制的分类[1]

分类标准	分类面向	具体分支	实例
问题领域	国际安全机制[2]	集体武力机制	北约、华约
		合作安全机制	军控、核不扩散机制
	国际经济机制	国际贸易机制	WTO、GATT、TPP
		国际监督机制	IMF、国际证监会机制
		国际金融机制	World Bank、金砖开发银行
		国际援助开发机制	联合国儿童基金会、国际红十字会
	国际环境机制	国际海洋保护机制	联合国海洋法公约
		国际大气环境保护机制	联合国气候变化框架公约
形式特征	正式机制	一体化协调机制	欧盟,欧亚联盟
	非正式机制	政府间协调机制	G20、G8、金砖机制
作用范围	双边机制(Bilateral regimes)	双边军事合作机制	美日军演协调机制
		双边经贸合作机制	中国—东盟自贸区
	地区性机制(Regional regimes)	地区安全机制	上海合作组织
		地区贸易机制	北美自由贸易区
	全球性机制(Global regimes)	全球性发展机制	联合国千年发展目标
		全球性安全机制	联合国安理会

---

[1] 王杰:《国际机制论》,新华出版社2002年版,绪论,第39—45页。
[2] Ki-joon Hong, *The CSCE Security Regime Formation*, pp. 44–57.

二、金砖国家参与南南合作历史

二战后，布雷顿森林会议确立了美元霸权以及美国在国际金融领域主导地位，该体系下的世界银行和国际货币基金组织以及后来的世贸组织被称为支撑当今世界经济的三大支柱。然而这些国际组织的话语权只掌握在少数几个国家手中，在相当长时间内，国际金融格局发生了相当大的变化，但是国际金融秩序中以三大组织主导的形式并没有发生大的变化。金砖银行和金砖外汇储备库是完全独立于"北方国家"而成立的，势必对国际秩序，特别是对国际金融秩序产生深远影响。重要的是这次革新不是来自美国，也不是来自欧洲，而是来源于新兴经济体组成的国家集团。金砖国家人口约占世界一半，国土面积约占全球1/3，经济总量约占全球20%，外汇储量约占一半，对全球经济增长贡献率高达50%，有两个联合国常任理事国，有两个人口超过十亿的大国，任何一个国家在所在的区域都是举足轻重的。然而在世界银行中，金砖国家加在一起只有13%的投票权，而美国一家就占15%；在国际货币基金组织中，金砖国家表决权的总和不过11%，而美国则拥有17%；世界银行的行长永远是美国人，国际货币基金组织的总裁始终来自欧洲，不难看出，金砖国家在两大国际经济组织中始终处于边缘地位。2010年，IMF提供的投票权改革计划中中国的投票权应由3.65%升至6.19%，于是中国在2012年向IMF增资了430亿美元。但是，2013年3月11日美国国会否决了提升中国在IMF中份额的提案。美国在IMF是最大的股东，拥有17%的投票表决权，并拥有一票否决权，而中国仅占4%。这样的比例显然不能准确反映中国在世界经济中日益增加的重要性。应急储备基金主要承担的是危机救助功能。中国希望在全球经济治理领域里扮演负责任大国的角色。金砖机制会倒逼世界金融体系改革的说法为时尚早。2014年7月15日，中国、俄罗斯、印度、巴西和南非签署《福塔莱萨宣言》，正式敲定成立金砖国家开发银行和应急储备机制。在这个时机成立金砖国家开发银行是一件具有历史转折意义的大事。全球经济目前仍未摆脱 2008 年金融危机的阴影，这次危机就是布雷顿森林会议确立的以美元为世界货币的全球经济秩序的总危机。作为美元秩序的治理机构，国际货币基金组织（IMF）和世界银行在全球经济运行中具有特殊重要性。而美元秩序面临危机的情况下，其他主要货币纷纷推进自己的全球化进程，这就需要相应的全球性制度构架来支撑。金砖国家开发银行简称金砖银行，总部设在中国上海，首任行长由印度提名，首任理事会主席由俄罗斯提名，首任董事会主席由巴西提名，首个区域办公室设在南非，1000 亿美元的初始资本由五个国家平均承担。同时，金砖国家宣布成立 1000 亿美元的应急储备安排，其中中国出资 410 亿，巴西，俄罗斯和印度出资 180 亿，南非出资 50 亿。[①] 2014 年是金砖国家开发银行宣布建立的第一年，在近期它只是一个更多是为了解决目前诉求或者说完成现有国际机构不能完成的任务，但说它是对现有国际经济秩序的挑战还言之过早。挑战西方当然不是金砖国家的目的，事实上，说挑战还不如说"补缺"来得更为准确。仅从服务对象来看，世界银行主要服务的是欠发达地区或者是贫困地区。国际货币基金组织（IMF）主要服务的是发达国家和发达地区。金砖国家开发银行主要服务的则是新兴经济体的金砖国家。金砖国家开发银行成立标志着作为当今全球经济火车头的金砖国家建立了一个非美元的全球范围的制度结构，这是全球经济秩序"去美元化"大趋势下出现"次世界货币体系化"的开辟性事件，对全球经济秩序来说是一个历史转折点。2015 年金砖国家正式运营，2016 年金砖银行将有第一笔贷款，主要的任务有两个：第一，对成员国进行基础建设投资，推动成员国经济发展；第二，保障成员国的金融安全，当一国遭遇金融危机或受到金融攻击时出手相助。金砖国家开发银行的成立，除了加强金砖成员国内部合作外，也促进了非成员国与金砖国家的合作。截至 2013 年底，全球外汇储备合计 12.1 万亿美元，中国外汇储备占全球的 1/3，金砖国家外储占全球的 75%。当前金砖国家成立、组建发展银

---

① 张海冰："2014 年的金砖峰会：从概念组合到力量组合"，上海国际问题研究院时评，http://www.siis.org.cn/index.php?m=content&c=index&a=show&catid=22&id=516。

行，并成立外汇储备库，实际上就是逐步"摆脱美元依赖"，打破原来"财富流向发达国家的"失衡的国际金融循环。从倡议到落实总共 1 年半时间，金砖银行设立的速度和方式让西方很不适应。金砖银行和应急储备安排的设立奠定了新兴国家挑战西方金融霸权的第一块基石。根据日裔美国学者福山提出的西方胜利的"历史终结"论，金砖国家成立新的国际金融机构是没有道理的。不过事实证明西方国家"胜利"的情景并没有出现，金砖机制的出现就是标志，它是对现有国际经济体系的"渐进式改革"和"补位式改革"。①

表 12—3　金砖国际机制的发展历程②

时间	标志事件	重要成果 外部效应	重要成果 内部效应
2008 年 9 月 26 日③	中、俄、印、巴四国外长会议召开	首次以联合公报形式共同发声	将在财政及其他领域举行部长级会议
2009 年 6 月 16 日	四国领导人在叶卡捷琳堡举行了首次会晤	《金砖国家关于全球粮食安全的联合声明》	发表了《金砖国家领导人叶卡捷琳堡会晤联合声明》
2010 年 4 月 15 日	四国领导人在巴西利亚举行第二次会晤	就国际形势、国际金融危机、G20 事务、气候变化等问题深入交换意见	巴西还举办了四国企业家论坛、银行联合体、合作社论坛、智库会议等配套活动
2011 年 4 月 14 日	在中国海南三亚举行金砖国家领导人第三次会晤，发表《三亚宣言》，南非加入	会议讨论了国际形势、国际经济金融、发展、金砖国家合作四大项议题	金砖国家智库会议、金砖国家银行合作机制年会暨金融论坛、金砖国家工商论坛和金砖国家经贸部长会议

---

① 张海冰："世界经济格局调整中的金砖国家合作"，《国际展望》2014 年第 5 期。
② 外交部官网，http://www.fmprc.gov.cn/mfa_chn/gjhdq_603914/gjhdqzz_609676/jzgj_609846/。
③ 复旦大学金砖研究中心网站：http://www.brics.fudan.edu.cn/（部长级会议资料）。

续表

时间	标志事件	重要成果 外部效应	重要成果 内部效应
2012年3月29日	在印度新德里举行金砖国家领导人第四次会晤	全球治理和可持续发展两大议题	发表《德里宣言》,探讨建立金砖国家开发银行的可行性
2013年3月26日	在南非德班举行金砖国家领导人第五次会晤,发表《德班宣言》	与非洲国家领导人展开对话,就世界经济形势、全球经济治理、金砖国家合作等问题深入交换了看法	建立了金砖国家工商理事会和智库理事会,决定设立金砖国家开发银行和应急储备机制
2014年7月15日至16日	在巴西举行金砖国家领导人第六次会晤	发表《福塔莱萨宣言》及其行动计划,签署成立金砖国家开发银行和应急储备安排的协议	

三、金砖国家参与南南合作机遇

金砖国家开发银行和外汇储备库有着完全不同于世界银行和国际货币基金组织的股权结构和运行模式。金砖国家开发银行起始资本500亿美元,每个国家投入100亿美元,兑现份额各国相等。这些机制性安排说明,金砖国家开发银行和外汇储备库真正实现了成员国的平等互利和决策的民主化。金砖国家开发银行不仅为金砖国家和广大发展中国家的基础设施投资服务,而且还向包括发达国家在内的联合国所有成员开放,这一做法体现了金砖国家合作的开放、包容以及利他精神,这是金砖国家合作机制将在发展中国家和发达国家之间发挥桥梁作用的最佳证明。金砖国家开发银行和外汇储备库的股权结构和运作模式必将吸引更多国家加入,而这种模式必将推动国际规则的变化。[1]

美国主导下的IMF遭诟病已久。1997年,亚洲金融危机使各国遭遇

---

[1] 刘宗义:"世界需要'金砖精神'",《新闻晨报》2014年7月15日,http://www.siis.org.cn/index.php?m=content&c=index&a=show&catid=22&id=521。

激烈的汇率风暴，其对亚洲金融市场的毁灭性冲击，至今令人心有余悸。亚洲各国的经济发展，普遍采用了以出口为导向的经济模式，迫切需要汇率市场的稳定，以规避国际贸易风险。在缺乏亚洲联合汇率机制的情况下，各国普遍依赖国际货币基金组织（IMF）来充当最后借款人。不过在经历了1997—1998年的金融风暴洗礼后，大家对IMF的"救援"本质已经有刻骨铭心的惨痛记忆，在欧美主导下的IMF救援机制，与其说是在救火，不如说是在打劫。[①] 受灾严重的泰国、菲律宾、印度尼西亚、马来西亚和韩国纷纷向国际货币基金组织求援，但由于IMF内部官僚主义造成的行政效率低下，在四个月之后才展开谈判，而开出的援助条件让各国望而却步。清单包括：（1）私有化，国有的金融业、电信业等国家战略产业彻底向外资开放，以便利于外资收购本国企业；（2）资本市场自由化，国际资本更加自由流动，加剧了本国金融风险；（3）市场定价和自由贸易，使得本国的低能效产业很难在国际竞争中存活。为了取得贷款，韩国必须裁撤30%的员工。印尼总统苏哈托认为IMF的救助计划有悖印尼宪法，拒绝接受。而IMF因印尼拒绝执行其配套改革计划，停止了其30亿美元的第二部分贷款，迫使印尼政府于1998年7月13日签署了IMF协议，削减财政开支，紧缩通货，扩大开放金融市场，同时还要求其政府实行政治体制改革，最终导致印尼社会大动荡，总统苏哈托倒台。为避免同样的情况再次发生，2000年5月东盟的十个成员国以及中日韩3国（即"10＋3"）的财长在泰国清迈共同签署了建立区域性货币互换网络的协议，即《清迈倡议》，决定建立区域性的金融互助自救机制。经过多次协商后，以多边货币互换为核心的亚洲外汇储备库的规模在2012年达到了2400亿美元，同时还有金额与此不相上下的双边货币互换机制。以"清迈倡议"为基础的亚洲外汇储备库尽管从未动用，但其建立和扩展却为新兴经济体和发展中国家在极不稳定的国际金融体系中寻求联合自保提

[①] 宋鸿兵著：《货币战争文集：战国时代（第四卷）》，长江文艺出版社2012年版，第296页。

供了思路和样板。① 正陷入债务危机的阿根廷很可能成为金砖国家扩大影响力的试金石。2014 年 6 月 30 日，阿根廷一笔约 9 亿美元的重组主权债券到期，国家无力偿还，又面临 13.3 亿美元的美国对冲基金索赔，如果金砖国家能够帮助其摆脱危机，印度尼西亚、马来西亚也会投入金砖国家怀抱。

世界银行虽然在历史和全球经验方面胜出一筹，但其对本土知识和信息的掌握未必有优势。金砖银行依托崛起中的新兴经济体而创立，蕴含着更多的知识内涵，对其他发展中国家输出的不应仅仅是资金，还包括在发展路径方面不同的看法和实践做法，这亦为新旧机制之间的交流提供了相当的空间。② 中国近年来在拉美地区的影响力不断增强，美国不再一家独大，许多数据表明，中国已取代美国成为拉美地区一些最大经济体的头号贸易伙伴。中国在 2009 年超越美国成为巴西的最大贸易伙伴国，2012 年超过 750 亿美元的贸易额，从 2000 年到 2013 年，中巴贸易从 30 亿美元增长到 903 亿美元，约合人民币 5600 亿元，目前中国已成为拉美第二大贸易伙伴。③ 中国所寻求的与拉美的经济联系，在这个地区给中国和美国均提供了大量经济增长潜力，中美这两个国家是可以避免在这一地区成为竞争对手，至少在政治和战略影响上可以做到。当然我们是强有力的经济和商贸竞争者，但是美国的影响力遍布全球。全球经济复苏的不平衡性使得巴西、印度和南非这些新兴经济体意识到依靠华盛顿共识建立的世界经济体系已经不足以支持本国经济发展，必须走独立自主的道路，这也就是金砖机制超越上海合作组织，并成立金砖国家开发银行的原因。

人民币国际化指数在 2013 年继续保持了高速成长，人民币有望在未来的三年超过日元和英镑成为第三大国际货币。2013 年底，人民币国际化指数达到 1.69%，较 2013 年年初的 0.92% 提高了 84%。2013 年美元

---

① 樊勇明："全球治理过程中的金砖合作"，《国际展望》2014 年第 4 期。
② 叶玉："金砖银行应保持开放性"，《解放日报》2014 年 7 月 14 日。
③ R. Evan Ellis, "China's New Backyard", Foreign Policy column, June 6, 2013, http://www.foreignpolicy.com/category/section/feature?page=3.

国际化指数为52.96%，欧元为30.53%，英镑4.3%，日元4.27%。[①] 人民币国际化指的是人民币能够跨越国界，成为国际上普遍认可的计价、结算及储备货币的过程。助推人民币国际化被认为是金砖国家开发银行的重要副产品。首先，中国在国际金融体系当中的地位呈上升态势，人民币信誉的提高有助于推动人民币国际化。第二，通过金砖国家储备基金和能源联盟，我们与新兴大国的贸易、金融交易肯定增加，人民币结算交易增加。清算、定价和储备是人民币国际化不可逾越的三步走，目前还停留在第一阶段。美元霸权使得美国经济与世界经济联系紧密，客观上使得全球经济受美国经济影响，要求更多国际化货币的出现替代美元一家独大的世界货币角色。此外，中俄贸易的本币结算也为人民币国际化提供了契机。2014年4月以来，因乌克兰危机遭受美欧国家制裁的俄罗斯多次强调建立本国支付系统，以减少对欧美同类金融服务的依赖，降低银行和客户的额外支出费用，提高经济活动的安全性。目前俄央行已为此成立了专门工作组，该系统将在2015年1月1日正式建成。5月21日，中俄两国银行在上海签署协议，将直接使用俄罗斯卢布和人民币进行结算。[②] 可以预见的是，未来两国在贸易投资等领域将会更多采取本币结算。

四、金砖国家参与南南合作挑战

低速增长的"新常态"。金砖国家的崛起很大程度上得益于经济崛起，但这种崛起的可持续性和力度仍存在不确定性。金砖国家的异质性是相当明显的，除了经济规模和潜力同样巨大以外，更多的是差异和分歧。

---

① 陈雨露："人民币有望在未来三年成为第三大货币"，2014国际货币论坛暨《人民币国际化报告2014》发布会主旨演讲，2014年7月21日，http://rdcy-sf.ruc.edu.cn/displaynews.php?id=5939。

② 陈康亮："美元失宠 全球去美元化呼声再起"，中新网转载自法国《欧洲时报》，2014年7月28日，http://www.chinanews.com/hb/2014-07-28/6432842.shtml。

没有办法团结起来，其实这正是金砖国家内在不一致的表征。

在金融业务发展方面，金砖国家存在相似特点和监管问题。金砖国家经济都在快速发展，富裕的群体增长很快，需要金融界开发一些财富管理、私人银行的业务来保证他们的财富能够安全和升值。美国的量化宽松货币政策带来的国际流动性泛滥、国际游资流向新兴经济体冲击当地市场，是五国的共同挑战。[①] 在防范外国资本流动所造成的金融风险上，各国还需加强经验交流和合作。

在经济结构方面，四大国的差异明显。巴西注重农业，在农产品出口补贴问题上态度强硬。俄罗斯主要依赖石油天然气资源的出口。印度服务业发达，中国则以制造业为重。它们在全球经济衰退的表现也各不相同。[②] 从发展中国家的发展经验角度分析，发展中经济体在相当一段时间内需要充足的资本流入以促进基础设施建设和国际投资的技术溢出。新增长理论将资本、技术等要素置于与劳动力同等重要的地位，中国、印度等发展中国家过去的发展经验足以证明国际投资对经济增长的基础性贡献。目前除中国以外的其他四个金砖国家国内基础设施水平普遍滞后，俄罗斯甚至连一条标准的高速公路都没有，巴西90%的铁路建于100年前。2013年的金砖国家的本币群体性贬值阻碍了资本流入，不利于经济结构的调整和可持续增长。[③] 在一定程度上还需要防范大规模游资撤离造成的金融不稳定。

在金砖国家之间，贸易争端普遍存在导致面临市场规制的新竞争。巴西与俄罗斯和中国都曾就市场准入发生争端，它在多哈贸易谈判中寻求农业贸易完全自由化的策略，也因印度坚持保护本国大米种植者而受阻。中国在非洲的基础设施建设投资也被西方国家认为是新殖民主义的表现。印

---

① 张燕玲："金砖国家面临业务发展监管问题"，中国人民大学重阳金融研究院专栏，2014年7月22日，http://rdcy-sf.ruc.edu.cn/displaynews.php?id=5976。

② Chris Giles, Jamil Anderlini, Isabel Gorst，"金砖四国"并非铁板一块，[英]《金融时报》2009年6月17日，http://www.ftchinese.com/story/001027041。

③ 王玉柱："货币贬值凸显金砖国家发展困境"，《新民晚报》2013年7月26日。

度和中国依赖俄罗斯的自然资源，尤其是石油和天然气。作为俄罗斯的长久伙伴，印度在获取俄罗斯能源储备资源方面取得了一些有限的成功，但中国拥有更雄厚的财力。金砖国家间的贸易争端会在很大程度上影响金砖银行的效率。巴西和印度中央银行高层曾在2009年和2010年指责中国操纵人民币汇率，低估币值。巴西、印度和南非都担心人民币低估对各自经济的影响。[①] 在2013年巴厘协定的共同宣言中，金砖国家的声音也并不完全一致，[②] 印度以威胁本国粮食安全为由在巴厘协议通过的最后阶段反悔便是最好的例证。[③] 美国在亚太地区和跨大西洋地区同时推进新一轮贸易和投资谈判，以推动新一轮全球贸易和投资规则重建，重新划分和分割市场，获取制度红利，构筑其在全球贸易投资领域的新优势。金砖国家在新一轮国际经贸规则制定中将面临重大考验。

俄罗斯经济的持续低迷对金砖机制的成熟也是一个障碍。近期俄罗斯经济形势持续恶化是在美国及其他发达国家经济复苏的条件下发生的，这在很大程度上表明其危机的主要根源在于内部。多数专家认为，在能源经济占主导地位的情况下，俄罗斯由单纯依靠能源出口的增长模式向更高级模式转型的可能微乎其微。[④] 2013年上半年中俄贸易额同比下降1.2%，金融危机后首现负增长。其原因正如谢尔盖·茨普拉科夫认为，双边贸易从高速增长到下降，根本原因是贸易结构仍未发生质的提升，从而容易随着国际市场行情的波动而出现起伏。2008年2月8日，即将卸去俄罗斯总统职务的普京在国务委员扩大会议上做了《俄罗斯2020年发展战略》的报告，第一次正式确立了国家的创新发展战略，实际上是把俄罗斯从惰性的能源和原料发展道路转向创新发展道路的政治决定。这一战略包含了

[①] Joseph S. Nye, "BRICS Without Mortar"，[新加坡]《联合早报》2013年4月10日。

[②] Raj M. Desai, "What the new bank of BRICS is all about"，*The Washington Post*，July 17, 2014.

[③] Shox："印度临阵反水，WTO万亿美元贸易协定或落空"，华尔街见闻，2014年7月31日，http://wallstreetcn.com/node/102240。

[④] 冯绍雷："俄罗斯经济走向及国内争论"，《国际问题研究》2013年第6期。

以科技进步及其效率的大幅度提高和社会发展目标为基础的广泛内容，希望能够最终将俄罗斯经济转向创新发展的道路，推向以先进技术为基础的快速和稳定增长的轨道。[1] 俄罗斯的经济能否走向创新驱动现代化的道路还是个未知数，但近期乌克兰危机导致的西方国家的经济制裁对俄罗斯经济来说打击是致命的，俄罗斯能否从经济停滞中走出来还有待观察。

从政治上讲，政府间治理将面临新压力。对金砖国家而言，政府层面的主要任务是在推进经济发展的过程中，拓展更有利于经济发展的国际空间，合作竞争成为核心关键词，全球经济治理和区域经济治理的内容都应纳入政府治理的范畴之内。政府治理需要突破传统的经济主权认知，尽快适应经济主权共享和经济利益分享观念下的国际经济合作与竞争。[2]

中国、印度和俄罗斯是亚洲最具影响力的竞争对手，政治的离间作用与凝聚作用不相上下。印度、中国和俄罗斯比邻而居，均为核国家，而巴西不是核国家。中印之间的领土争端虽对金砖机制没有直接影响，但不能排除其对两国关系健康发展造成损害的可能性。由于边界争端的持久历史和涉及的利益层面特别巨大，达成最终解决方案对双方都是严峻的挑战，也不可能设定任何时间表。在此背景下，如何保持边境地区的稳定与和平，防止双方因没有解决的矛盾，特别是对边界争端的历史的解读，以及对"实际控制线"的认识差异等问题而产生新的冲突与对抗。因此，不冲突不对抗原则在中印关系中具有重大的现实意义。[3]

五、结论

随着国际力量对比发生深刻的变化，包括中国在内的新兴国家正积极

---

[1] 李新著：《俄罗斯经济在转型：创新驱动现代化》，复旦大学出版社 2014 年版，第 87 页。

[2] 张海冰："金砖银行，带来国际金融体系新气象"，《人民日报》2014 年 10 月 17 日。

[3] 赵干城："中印关系：新型大国关系的潜质与衍生"，《南亚研究》2014 年第 2 期。

推动建立更加公平合理的国际秩序。虽然相关制度改革的最终结果还不得而知，但有一点可以明确的是，新兴国家通过金砖机制至少促成了国际制度文化的变革，即所谓的"多边非正式主义"（Multilateral Informality）将成为21世纪国际舞台上的主流。[①] 金砖国家在经济发展、社会制度、文化传统、地域特色、核心利益、外交战略等方面存在较大差异，如何在互信基础上共同构建有效的合作机制并非易事。同时，金砖国家在参与全球经济治理机制上面临双重挑战：一是如何实现对旧机制的深度融合与改造；二是怎样创设和掌控更多的新机制，变被动为主动，为新兴市场国家和发展中国家群体参与国际经济合作和竞争创设更大的空间。

金砖机制作为新兴国家建立的非正式国际机制，在过去五年中取得了巨大的成就。中国通过金砖合作这一平台，与其他新兴国家一起，就全球治理和建立国际政治经济秩序等议题协调立场，团结合作，在世界金融体系改革中强化了新兴国家的实力，掌握了话语权；在维护世界和平与地区稳定的过程中，反击了西方主导的武力干涉和经济制裁措施，倡导和平解决争端的途径，赢得了国际声望；在强化各国内部合作方面，通过推动贸易自由化，促进科技、人文、社会发展等方面的沟通和交流，进一步提升了金砖国家自身的实力，从而获得国际力量的再分配。因此，中国通过金砖国家成功推行其金砖机制，将继续促进合作的不断深化。

在金砖银行的机制设计方面，最重要的是以市场化的方式服务国际战略，而这也是近年来国家开发银行的运作经验。二战以后，世界范围内的开发银行资金来源单一，仅仅由相关国家政府的财政部出资筹建，导致传统多边金融机构高度行政化和官僚化。

金砖银行除了由五国政府注资之外，还可以吸纳五个国家的开发银行资金，甚至一些国际组织也可以入股。正如国家开发银行研究院副院长黄剑辉指出的，金砖银行要实现市场化运作，就不能完全是政府的股份，股东结构要更加接地气、更加高效。"同时，金砖银行需要引入现代公司治

---

① Daniel Flemes, "Network Powers: strategies of changein the multipolar system", *Third World Quarterly*, Vol. 34, No. 6, 2013, pp. 1016 – 1036.

理理念，特别是监管部门。众所周知，世界银行成立近70年，一直没有设立监事会，此举也导致了外界对于世行运作不透明的指责。如果金砖银行能在这方面有所突破，将会促动传统国际开发银行进行改革，人员薪酬考评应该实现市场化。①

---

① 黄剑辉："金砖银行可设区域子行"，《国际金融报》A12版，2014年10月13日，http://paper.people.com.cn/gjjrb/html/2014-10/13/content_1486267.htm。

第三世界中的族群冲突：
社会革命、国家内战与人道干预[*]

张敦伟[**]

20世纪90年代初期，随着苏联与南斯拉夫的解体，在原苏东地区的第三世界国家数量急剧增加，这也对国际体系中的等级与平等、秩序与失序、安全与冲突造成了极大的影响。冷战期间，经济发达的第一世界国家热衷于和第三世界国家结盟，借此来维持东—西方阵营的大致平衡，并尽力去争取相对的盟国优势。政治上的支持与经济上的援助既是帮助第三世界国家实现"工业化民主"的承诺，又模糊了南—北国家间的发展差距。然而，冷战出乎意料的结束却让这一切戛然而止，意识形态对抗的缓和使第一世界国家原先的付出与保证显得不合时宜。[①]国际社会则以不干涉国家的主权为名，不再对参与其国内事务抱有足够的耐心。一方面，"主权的让渡"催化了南方国家内部的政治斗争与权力争夺，进一步加剧了国内社会的动荡局势；另一方面，"去殖民化"不仅没有完全消除国家外部势力的渗透与介入，反而使其更加具有隐蔽性与多样化。相比于富有权势、工业化成熟与社会稳定的北方国家，第三世界国家或者南方国家的脆弱性与不安全尤为

---

[*] 本文已发表于《战略决策研究》2015年第2期。

[**] 张敦伟，上海社会科学院硕士研究生。

[①] Fearon, James D., and David D. Laitin, "Ethnicity, Insurgency, and Civil War", American Political Science Review 97.01 (2003): 75–90.

联合国与南南合作

突出。[1]

詹姆斯·盖德杰与迈克尔·麦克福尔认为,在北方核心—南方边缘的国际体系中,双方关于后冷战时代的策略选择与应对方式截然不同。对于北方国家而言,由于经济相互依赖、政治民主化以及被核武器弱化的安全困境,因此大国没有对外扩张的动力,这也与国际政治的自由模式(Liberal Model of International Politics)息息相关。[2] 国家间的冲突并不是消失了,而是它们不再通过军事手段解决问题。处于边缘地带的南方国家缺乏有效的威慑手段,政体形式从民主到专制不一而足,且大多数都依赖于北方核心国家,对外扩张的动力仍然存在。由这些新兴民族国家的殖民地背景可以发现,它们的国家边界往往是由外部力量所确立的。与此同时,社会内聚力的不足与司法系统的不完备也导致族群对抗(Ethnic Antagonism)层出不穷。[3] 由于族群冲突的升级与国家碎片化加剧,多民族联邦国家认同感被进一步削弱,"要求独立"既是社会革命的崭新宣言,又成为国家内战的原因之一。在某种程度上,社会革命与国家内战都是对国家中心范式的挑战。显而易见,民族分离主义者(Secessionist)与民族统一主义者(Irredentist)之间的持续斗争,深刻反映了第三世界国家的这一现实困境。[4]

---

[1] Ross, Michael L., "What do we know about natural resources and civil war?", *Journal of Peace Research* 41.3 (2004): 337–356.

[2] Goldgeier, James M., and Michael McFaul, "A tale of two worlds: core and periphery in the post-cold war era", *International Organization* 46.02 (1992): 467–491.

[3] Bonacich, Edna, "A theory of ethnic antagonism: The split labor market", *American Sociological Review* (1972): 547–559.

[4] Carment, David, "The international dimensions of ethnic conflict: Concepts, indicators, and theory", *Journal of Peace Research* 30.2 (1993): 137–150.

一、问题背景：冷战结束、失败国家与国际法规范

毫无疑问，在冷战结束之后的原苏东地区，第三世界国家中族群民族主义（Ethno-Nationalism）的再合法化对国际体系的现存秩序造成了重大的冲击。[1] 在某种程度上，分离主义者所主张的"民族自决原则"破坏了多族群民族国家的政治统一与社会稳定，因为它并不认同当前国家建构的必要性与国家地位的有效性。对于第三世界国家而言，它们大多都属于多族群民族国家，一旦少数族群坚持要求"全部的主权与权利"，那么激进的分离主义运动将不可避免会演变为国家内战。

更重要的是，族群间的边界往往是变动的，如果国家领土扩大或缩小的话，作为其组成部分的多元族群彼此也会存在认同分歧。克劳福德·杨强调，当前的族群政治具有条件性与连续性，民族分离主义不仅是国内问题，同时也是国际问题，它能够以难民流动、族群骚动等多种方式来影响周边的邻国。[2] 民族分离主义不但寻求邻国的支持与帮助，而且时常产生外溢作用，导致地区格局的秩序失衡。

通常而言，族群民族主义冲突与失败国家的联系紧密。失败国家的政治制度无法为民众提供最低限度的秩序保证与参与承诺，诉求平和的抗争运动往往也不被允许，从而导致国家—社会间冲突的进一步升级。杰克·斯奈德认为，在这种情况下，族群民族主义将是一个系统默认选项（Default Option）。[3] 当政治制度崩溃的时候，族群民族主义无疑会占据主导

---

[1] Rajah, Ananda, "A 'nation of intent' in Burma: Karen ethno-nationalism, nationalism and narrations of nation", *The Pacific Review* 15.4 (2002): 517–537.

[2] Young, Crawford, "The end of the post-colonial state in Africa? Reflections on changing African political dynamics", *African Affairs* 103.410 (2004): 23–49.

[3] Snyder, Jack., "Nationalism and the crisis of the post-Soviet state", *Survival* 35.1 (1993): 5–26.

地位，因为它为民众提供了一个可能的自由愿景，而当前政权却无法满足民众的基本需要。失败国家的治理不善危及政权的统治合法性，也为族群民族主义的意识形态化做了铺垫。原苏东地区的诸多第三世界国家就是典型的代表。

自第一次世界大战结束以来，民族主义思潮的兴起与民族解放运动的发展冲击了西方国家的殖民地秩序，国家主权范围的重新确认得到了国际社会的支持，维持原先领土完整的国际法规范也有所改变。联合国否定了殖民主义统治的正当性，强调第三世界国家的自主地位。在第三世界国家看来，这对于自身的国家建构而言至关重要。然而，在其摆脱殖民地的附庸身份之后，第三世界中多民族联邦国家的族群冲突由于国际法规范的削弱而日益凸显，国家碎片化在后殖民时代的世界中随处可见。[1] 因而，国际社会与联合国的两难处境在于，既要尊重国家政治的秩序现状，又要兼顾分离主义的合理诉求。可以说，在"民族国家"建立之后，"国家主权"与"民族解放"之间依然存在着深刻的矛盾。

赫斯特·翰林指出，国际社会所认同的"自治"实际上包括两个方面：一是外部的自治，即免于外国统治的自由；二是内部的自治，即不受外国干预与影响的自主。[2] 在冷战期间，国家碎片化得到了一定的控制。这或许是因为美苏两国担心己方联盟中国家的分裂与崩溃会打破权力平衡，让自己卷入不必要的冲突之中。但问题在于，美苏两国在维护己方联盟的同时，也致力于瓦解对方联盟。所谓他国的革命既是"别人的麻烦"，同时也是"我们的机会"。向敌对国家的国内反对派输送武器、提供资助，正是第三世界国家长期陷入动荡与不安的主要原因。可以说，苏联与南斯拉夫的解体，意味着大国同样难以承受国家分裂的内部压力，而美国与世界上的其他大国也没有足够的资源与意愿在全球范围内维持所有

---

[1] Riitters, Kurt H., John W. Coulston, and James D. Wickham, "Localizing national fragmentation statistics with forest type maps", *Journal of forestry* 101.4 (2003): 18 – 22.

[2] Hannum, Hurst, "Status of the Universal Declaration of Human Rights in National and International Law", 25 (1995): 287.

国家的领土现状，国际社会甚至在某种程度上默认了国家边界的改变。这更加恶化了第三世界国家的安全问题，使其面临更加严重的分离主义威胁。第三世界的脆弱国家（Fragile States）将进一步向失败国家（Failed States）转变。①

因此，失败国家只有两种选择：一是在维持统一国家形式的同时，接受族群冲突动乱下的普遍无政府秩序；二是分裂为数量众多、自我定义族群边界的迷你国（Ministates）。通常来说，族群边界的自我定义也被视为国家政治制度崩溃的标志。而冷战的结束则是导致族群冲突和失败国家进一步扩大的重要原因之一。②

二、族群冲突爆发的内部因素

总的来说，族群冲突的爆发取决于一系列的内部因素具备与否。③ 本文拟从多民族联邦国家的衰落、压力下的传统社会结构、经济危机、国有资产私有化、集体主义者的心理迷失、官僚阶层的危机管控以及族群领土自治等七个因素出发，讨论原苏东地区第三世界国家中发生族群冲突的可能内因。显而易见，多民族联邦国家的衰落与面临巨大压力的传统社会结构是族群冲突爆发的前置条件，构成了社会革命与国家内战的背景因素。而经济危机、国有资产私有化、集体主义者的心理迷失以及官僚阶层的危机管控则共同制造并加深了一种国家内部的紧张关系。这在很大程度上影响了国家建构的合法性，并孕育了潜在社会革命的发生可能。最后，族群

---

① François, Monika, and Inder Sud, "Promoting stability and development in fragile and failed states", *Development Policy Review* 24.2 (2006): 141-160.

② Schwebel, Stephen M., "Mini-states and a more effective United Nations", (1973): 108-116.

③ 王凯、唐世平："安全困境与族群冲突——基于'机制+因素'的分析框架"，《国际政治科学》2013年第3期（总第35期），第1—36页。

领土自治可以说是最为直接的事件性触发因素,正是这样的诉求使得族群冲突不可避免地走向国家内战。在这样的情况下,战争的结果将最终决定国家维持统一还是走向分裂。

(一) 多民族联邦国家的衰落

1989年11月捷克斯洛伐克的天鹅绒革命表明,多民族联邦国家的解体并不一定会带来军事冲突,这是因为捷克与斯洛伐克双方都在国家边界的划分上没有太多的分歧,并且在其领土范围内族群杂居的比例也不高。然而,这样的和平条件在原苏东地区并不存在。不仅国家间的边界有着较大的争议,而且民族分离主义者对多民族联邦国家的认同感也非常低。

一旦从多民族联邦国家成功分离出来,首要的任务则是以族群集团为主来建构新的国家身份。如果试图避免暴力冲突的风险,民族分离主义者需要获得比原先联邦国家更多的合法性,但这往往并不容易。这些国家的统治合法性通常相对薄弱,它体现在保持最低限度的政治秩序、领土完整以及独立自主上。在这个时候,治理不善会导致失败国家综合症的产生,族群冲突、局部失控与外部介入与干预将接踵而至。

(二) 压力下的传统社会结构

在中亚、高加索以及巴尔干等地区,族群冲突根植于被多重压力扭曲的传统社会结构,尤其是在北高加索,族群迁徙、亲缘共同体与地方宗派相互交织,彼此争夺日益稀缺的土地资源。在这里,族群集团是一种集体身份,用于区分敌我边界以及对抗外来势力。因此,传统社会往往陷入混乱动荡的无政府状态之中,只有帝国力量或外部干预的介入才能维持基本的秩序。与自上而下的国家建构运动中族群民族主义的对立相比,族群集团间的纷争更多的是自下而上的微观冲突（Micro-conflict）。[①]

（三）经济危机

可以说，社会革命的根源在于国家中民众的想法。当社会变迁导致国家提供的价值能力小于个人的价值期望时，人们就会产生关于国家政体的挫折——相对剥夺感。这一挫折——相对剥夺感的来源非常广泛，既包括现代化和城市化的长期效应，也涉及到经济的短期波动。因此泰德·格尔强调，革命理论的首要任务在于，揭示这一系列影响民众认知态度的机制。[②] 在詹姆斯·戴维斯看来，在社会经济发展过程中，个体对于自身需要的实际满意程度与期望值之间会有一定差距。如果个体实际满意程度远远没有达到预期满意度，当它达到一定的累积量时，社会革命就可能发生。一个时期的经济繁荣，提高了大众的期望值，如果随后出现了经济严重衰退，把期望值粉碎，那么就会促使大众产生被剥夺感和攻击感[③]。

（四）国有资产私有化

在国有资产私有化的过程中，时常会引起不同族群集团之间的冲突。而谁掌握着国家权力，就意味着谁有更大的机会去获取收益。通常来说，对国有资产私有化的争夺会隐藏于公民权利诉求等一般性议程背后。毫无疑问，国有资产的归属正是政治权力斗争的动机所在。在这个时候，族群边界会因为利益分配而被人为地夸大，暴力冲突的出现与升级也屡见不鲜。

---

① Raleigh, Clionadh, et al, "Introducing acled: An armed conflict location and event dataset special data feature", *Journal of Peace Research* 47.5 (2010): 651–660.

② Gurr, Ted Robert, "Minorities at risk- a global view of ethnopolitical conflicts", *United States Institute of Peace Press*, Arlington, VA 22210 (USA) .1995. (1995).

③ [挪] 斯坦因·U. 拉尔森主编，任晓等译：《政治学理论与方法》，上海人民出版社2006年版，第235—245页。

（五）集体主义者的心理迷失

在威权国家甚至专制国家中，民众对于集体身份与团结有着习惯性的需求，寄希望于国家力量来解决问题。当原先的集体身份分崩离析之后，而孱弱的公民社会又无法提供集体身份的代替品时，民众往往会根据群体中的某些相同属性而自我组织起来，并通过排斥性的社会运动塑造一种族群身份，以此完成个人利益的集体性表达。

（六）官僚阶层的危机管控

一般来说，在强国家—弱社会的结构中，官僚阶层的自我利益感知是清晰而敏感的。一旦官僚阶层的利益获取受到威胁，它们会迅速地组织防御进行抵抗，有时候甚至诉诸于预防性的武力使用。就社会革命来说，它开始可能只是为达成某个目标而发起的民众运动，后来才发展为具有多元目标的不同群体间的协作努力，并成为企图推翻政府的运动。它之所以会朝着这样的方向发展，更准确地说是因为政府采取了绝对抵制的镇压姿态。过激行为的产生也可能是因为政府过于严厉或苛刻地限制运动，强烈反对与运动有关的人，并试图消灭运动与它的支持者。政府的镇压可以有多种形式，并产生不同的效果。杰克·戈德斯通认为，在政府能够区别对待运动支持者，并集中实行镇压措施，那么镇压若不是结束运动，就是使之转入地下。而在镇压不集中、不一致和过于武断，甚至政府受到国内外的强大压力时，运动就可能吸引支持者，同时使其目标和行动变得更加激进。[1] 在这种情况下，国家内战是否爆发将取决于官僚阶层所采取的应急处理方式。

---

[1] ［美］查尔斯·蒂利、西德尼·塔罗著，李义中译：《抗争政治》，译林出版社2010年版，第40页。

（七）族群领土自治

在原苏东地区，国家体系的等级结构与政治单元是复杂而多样的，主要包括以下三个层次：加盟共和国、自治共和国以及自治州，某种程度上这也属于国家建构中的族群领土自治（Ethno-Territorial Autonomy）。[1] 在一定的领土范围内，它们享有文化与政治上的自决权。当一个国家体系内所接纳的族群数量日益增多，且公共物品供给面临缺额时，族群之间就不可避免地存在关系上的紧张。多个族群的共处不可避免会形成事实上的"少数族群"，而它们的自决权也难以得到绝对的保证。在这样的情况下，族群领土自治就成为族群冲突的导火索。无论如何，为了避免国家陷入分裂的境地，一个强大的中央性政府（亦可指帝国）时常会无视或限制单一族群的领土自治诉求，确保其依旧从属于国家体系。如此一来，族群冲突各方的不妥协将会导致国家内战的爆发。

三、案例：国家内部的冲突类型

根据托马斯·韦斯的划分，国家内部的冲突类型可以分为以下五种：[2] 民族—国家建构、新帝国主义、政治权力、宗派主义与少数族群（见表13—1）。从冲突群体的界定标准、目标以及意识形态来看，政治权力、宗派主义以及少数族群或许更符合国内事务的一般定义，基本不涉及建立新国家的问题，仅局限于资源要求或国家权力分享，意识形态化程度也不高，亦即社会革命性较弱。而严格来说，民族—国家建构与新帝国主

---

[1] Cornell, Svante E., "Autonomy as a source of conflict: Caucasian conflicts in theoretical perspective", *World Politics* 54.02 (2002): 245–276.

[2] Weiss, Thomas G. "Governance, good governance and global governance: conceptual and actual challenges", *Third World Quarterly* 21.5 (2000): 795–814.

义不单是国家内部冲突，与前三种冲突类型相比更容易产生外溢作用。并且，由于对原先的国家合法性抱有强烈的质疑，社会革命性通常较强，一般都立足于建立新国家或者维持新国家的独立自主地位。另外，一旦族群冲突激化、国家内战爆发，则可能会引起国际社会的进一步关注，并导致外部介入与人道干预。

表13—1　第三世界国家内部的冲突分析[①]

国家内部的冲突类型	冲突群体的界定标准	目标	意识形态
民族—国家建构（俄罗斯—格鲁吉亚的阿布哈兹与南奥塞梯问题、俄罗斯内部的车臣问题）	族群民族主义诉求	建立国家	族群民族主义
新帝国主义（俄罗斯—乌克兰的克里米亚问题）	政治性诉求	建立国家	领土收复主义
政治权力	政治性诉求	国家权力	多元化
宗派主义	宗派诉求	国家权力	无
少数族群	族群诉求	要求资源	无

在俄罗斯—格鲁吉亚的阿布哈兹与南奥塞梯问题与俄罗斯内部的车臣问题中，族群民族主义诉求是国家内部冲突产生的主要原因，两个案例中都有着基于族群民族主义建立新国家的目标。在第一个案例中，阿布哈兹与南奥塞梯分别是格鲁吉亚的自治共和国与自治州，在苏联解体之后都有着从格鲁吉亚独立出来的要求。身为格鲁吉亚少数族群的它们不仅明确宣布独立，还建立了相对独立的国家权力与经济体系。而俄罗斯为了取得这两个地区的实际控制权对此抱有默认甚至支持的态度。因此，阿布哈兹多次否决了在格鲁吉亚享受"最广泛的自治"的设想，南奥塞梯甚至提出

---

① 参考 Weiss, Thomas G. "The United Nations and Civil Wars", *Washington Quarterly* 17.4 (1994): 139–159。

要加入俄联邦，以获得俄罗斯的安全保证。而美国出于安抚亲美的格鲁吉亚与遏制俄罗斯的原因也卷入到争端之中。2008 年的俄罗斯—格鲁吉亚战争则源于格鲁吉亚对南奥塞梯地区的军事行动，并直接导致俄罗斯介入，随后还承认了阿布哈兹与南奥塞梯的独立。第二个案例里，俄罗斯则成为了被民族分离主义困扰的对象。车臣作为俄联邦的一个自治共和国，在 1994 年第一次车臣战争结束后名义上未脱离俄联邦，却拥有事实上的独立。直到 1999 年第二次车臣战争中，俄罗斯重新占领车臣大部分土地，基本稳定了车臣的地区局势。但车臣分离主义者并没有放弃建立新国家的目标，转而采取游击战与恐怖主义袭击来加以反抗。

至于俄罗斯—乌克兰的克里米亚问题则更加地复杂。克里米亚是以俄罗斯为主的多民族地区，因而对乌克兰化的民族政策较为反感，后来逐渐演变为独立或回归俄罗斯的要求。对于俄罗斯而言，克里米亚的回归公投意味着，不但能够重新拥有塞瓦斯托波尔这一战略要地，同时也能增进国内民众的团结一致。而美国则联合欧盟扩大对俄制裁，同时与乌克兰接触密切，积极吸纳乌克兰加入北约。尽管这个案例中的族群冲突得到了有效地控制，并没有导致国家内战的爆发，但仍然有着潜在的发生可能性。

在上述三个案例中，尽管它们具有地缘政治（如因素 1 与 2）与诉求目标（如因素 7）上的高度相似性，但是具体的内部因素所起到的作用也不尽相同，其共同点是政治性预期要优先于经济性预期（即因素 5 与 6 要高于因素 3 与 4）。

四、族群冲突中的外部变量

一直以来，肯尼斯·沃尔兹强调的是国际冲突的国内根源，而罗伯特·基欧汉则关注国际力量在国内结构中所起到的作用。俄罗斯作为原苏东地区的重要影响力量，一直扮演着某种间接参与的角色。尽管俄罗斯宣称自己只是中立的、善意的调停者，愿意帮助联合国阻止和预防自身国境及周边的军事冲突，但事实上俄罗斯仍然会倾向于帮助"忠于"自己的一方。在格鲁吉亚战争中,俄罗斯支持南奥塞梯与阿布哈兹的分离主义者;在北奥塞梯—印古什冲突中,俄罗斯站在北奥塞梯一边。在摩尔多瓦问题上,德涅斯特河左岸共和国一直受到俄罗斯军队的庇护。对于克里米亚自治共和国宣布从乌克兰独立出来,俄罗斯也持赞许态度。通常来说,俄罗斯会对自己支持的一方加以援助,让其占据有利位置,然后再回到维护和平的中立方身份,不惜使用武力或威胁来反对任何试图改变现状的行为。

简而言之,俄罗斯的介入取决于该族群冲突中是否牵涉其关键的国家利益。在地缘政治上可以做出如下的范围划分:[①](1)冲突发生于俄罗斯联邦境内,并对其内部稳定与国家统一造成重大威胁,如俄罗斯一向最为看重的车臣问题。(2)冲突发生于俄罗斯联邦境外,但会对其国家边界产生一定影响,如阿布哈兹与南奥塞梯问题。一旦冲突事件升级,俄罗斯会立即采取反应行动。(3)冲突的发生地点与俄罗斯联邦并不接近,但涉及俄罗斯的重大利益,如德涅斯特河左岸问题,俄罗斯也不会轻易放弃。(4)冲突并不涉及俄罗斯的重大利益,如塔吉克斯坦内战,俄罗斯一般避免直接介入,而是通过独联体来执行多边维和行动,且强调在其中发挥主导作用。

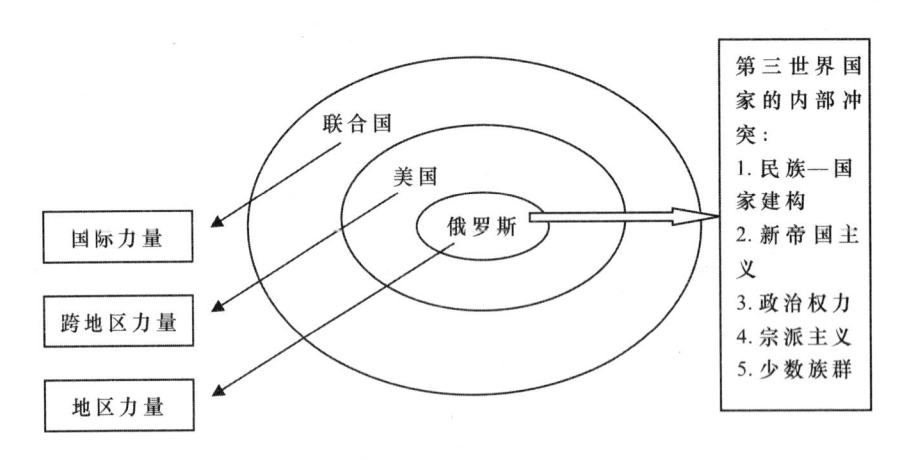

图13—1 第三世界国家(原苏东地区)的族群冲突分析

① Thakur, Ramesh Chandra, *The United Nations, Peace and Security*, Cambridge: Cambridge University Press, 2006.

过去，美国一边在原苏东地区拉拢潜在盟国，一边也乐于看到族群冲突与国家碎片化给俄罗斯带来的麻烦。然而，"9·11"事件之后，美国的战略利益重心发生转移，保持该地区的稳定秩序，管控冲突与危机成为主要优先目标。正如俄罗斯在应对第三世界的族群冲突中，一直坚持独联体的主体地位，同样地美国也希望突出北约的作用。在国家内战问题上，俄罗斯与美国再次形成了紧张的竞争关系。尽管如此，两者的偏好比重还是存在些许差异，例如美国关注的或许主要是乌克兰的核不扩散保证，但俄罗斯可能认为乌克兰的任何领土变动都事关自己的国家利益安全与否。

对于联合国而言，保证美国与俄罗斯能够在国际法规范内行事是最为关键的问题，因为从人道干预的角度出发，美、俄两国在应对第三世界的族群冲突中至关重要。俄罗斯需要避免新帝国主义与孤立主义的两个极端，而美国则需要考虑干涉主义与孤立主义的某种平衡。与其他地区不同，联合国所要关注的不单是领导权的归属问题，而且还要协调大国间的利益争夺与意见分歧。因为在对原苏东地区第三世界国家进行人道干预的这一方面，美国与俄罗斯都是国家安全与地区秩序的重要保证方。如何让安理会发挥多边主义的约束功能，甚至将独联体与北约纳入人道干预的整体框架之中，是可以进一步去思考的方向。

五、国家间战争与国家内战：国际社会的认知反应

如前所述，族群冲突、社会革命与国家内战之间实际上存在着紧密的联系。除了危机产生的内部因素之外，国际社会的认知反应（亦即外部变量）同样至关重要。可以说，由族群民族主义冲突引起的国家内战正在日益增多。过去，国际社会所面临的是如何处理国家间的战争，而现在，更多的时候则需要调停国家内部的动乱与暴力。国际法对于国家间的战争有着较强的规范约束，但对于国家内战或者国家内部的暴力行为却往往束手无策。当然，"国家内战"一词本身也是含糊不清的，冲突双方可

能彼此都有着不同的界定。一方为了防止外部力量的介入与干预，会倾向于将其定义为一个国家的内部事务；而另一方为了谋求独立则试图确立清晰的国家边界，并把越过边界的军事行动等同于国家间的入侵战争。无论如何，一场国家内战的爆发都会产生外溢作用，波及周边邻国。而国外势力也会透过国家边界向某一方提供物资援助或外交支持，这恰恰加重了国家内战问题的复杂性与尖锐性。

严格来说，外部的介入与干预会对国际法造成一定的冲击，因为国家主权不可侵犯本来就是联合国宪章中不容置疑的一项条款。但随着冷战后新兴民族国家的大量出现，国际社会普遍放弃了对于国家主权的狭隘定义，更多的是根据具体的国家行为来确定国家利益诉求的合理性，而且由联合国所领导的介入与干预本身也具有一定的合法性。一旦国家内战导致了严重的人道主义灾难，那么国家主权也不再是安全的外交避风港。然而，在国家内战中，联合国同样要面临严峻的考验，因为冲突方常常是不止两个，冲突领域也有可能是多向度的，有时候还要受到大国力量的影响。因此，联合国的危机管控具有极大的不确定性。

（一）国家碎片化与人道干预

毫无疑问，国家内战的日益增多带来了国家碎片化，这是在后殖民时代"民族国家"的解放与建立中所没能解决的困难。外部压迫的解除并不意味着内部稳定的实现，甚至有着极端的声音主张对失败国家再殖民化，因为这一类国家并不适合实行自治。在这样的情况下，联合国的人道干预就是必要而适度的，它试图在维护国家秩序与保证国家自主之间保持某种脆弱而微妙的平衡。

通常来看，人道干预并不是一个孤立现象，它由其他国家的联合与协作来共同完成，并且所采取的行动也会深刻地影响一个国家的现实状态。如果一个国家放任其国内的族群冲突与暴力行动升级，那么联合国可以通过全体决议，来实行集体性的经济制裁与军事控制。但问题在于，人道干预的中立性是难以保证的。一方面，人道干预可能是为了实现某种人道主义目标；另一方面，人道干预也可能夹杂着大国利益的取向。尽管联合国宪章对于人道干预有着严格的限定，但实际上弱小国家也很难表示反对。这就陷入了一种左右为难的执行困境之中，也是人道干预的争议所在。同时，除了大国干涉的危险之外，还需要考虑大国冷漠的问题。很多时候，由于与自身利益无关，包括美国、俄罗斯在内的大国都希望联合国能够自己承担人道干预的任务，这直接导致了人道干预无法及时而有效地实施。当然，许多第三世界国家也对人道干预的合法性表示怀疑，因为它不仅是对国家主权的侵犯，而且人道主义战争本身就制造了不少的人为灾难。出于地缘政治利益诉求的原因，美国的全球霸权与俄罗斯的地区霸权在其中的表现也比比皆是。因此，阿列克斯·德瓦尔认为，人道干预需要寻求与战争方式不同的实施手段，它应该是反破坏性的。[1] 而如何避免军事武力的滥用与大国主导的单边主义干涉，也是联合国的人道干预不得不面对的问题。

在穆罕默德·阿尤布看来，人道干预可以分为两类：[2] 一是政治驱动的人道干预，即大国的政治利益是干预行动的主要原因。这会失去人道干预的合法性，很多时候它直接被等同于大国对弱小国家的军事侵略；二是政治限制的人道干预，仅仅出于人道主义的干预是不存在的。任何的人道干预都不可避免地要承担某种意义上的政治任务，即保证国家边界和重建国家政府。这样的政治任务一般会需要高昂的成本付出。而一旦代价过大，国际社会与国内民众中就会出现中止人道干预的呼声。人道干预的执行动力不足往往导致行动的失败，这会给目标国带来更加沉重的灾难。人道干预的悖论正是，既不能在行动之前鼓励外国侵略，又不能在行动之后加重国内冲突。

通常情况下，联合国的人道干预总是面临着极大的困难。首先，联合国的介入时机难以抉择。保持绝对的中立或许是不可能的，某一时间点的

---

[1] De Waal, Alex, and Rakiya Omaar, "Can Military Intervention Be Humanitarian?", *Middle East Report* 24 (1994): 3.

[2] Ibid., p. 102.

选择都可能会被指责为对其中一方的刻意偏袒，特别是联合国行动在很大程度上受到大国所左右的情况下，不免让人加深这样的怀疑。其次，人道干预的有效性总是备受质疑，仅仅在设置停火线上就时常被认为促成了事实上的国家分裂，而维护和平的武力部署也被当成是某种形式的再殖民化。再次，撤离期限也很难确定下来，控制冲突、监督停火、选举监督、民主管理等一系列行为带有连贯性，联合国行动的具体日程也要根据实际情况来加以调整。最后，在人道干预的评估标准上，大国总是从自身利益出发，因而造成彼此间分歧重重、争论不断。另外，利益相关度不高与干预成本的不可控，又会使大多数成员国缺乏积极参与的动力。

（二）国家中心范式与联合国

从定义上说，在国家内战的人道干预中起主要作用的联合国，与国家中心范式似乎格格不入，而国际组织的中立性保持也需要回避大国的操纵。但实际上，联合国的人道干预根本没法离开大国的主动参与。一旦缺乏充足的资金支持与精良的维和部队，联合国的人道目标与安全议程也将无从实现。直到目前为止，国家始终是难以被放弃的。无论如何，联合国需要"国家性"来保证人道干预的执行力，而处于内战中的国家也需要"国家性"来维持国内的社会稳定与经济秩序。[1]

因而，回到族群冲突的应对上，可以简单地列出以下几种可能手段：（1）先发制人的军事打击；（2）长期性的维和部队部署；（3）援助性的物资输送；（4）重建性的经济贸易体系发展；（5）协调性的民主选举监督管理。可以看出，使用第一种手段的情况是有限的，所造成的后果也有极大的不确定性。大多数时候只是对突发事件的紧急应对，例如发生大规模的族群清洗。而第二种手段尽管有利于族群冲突的危机管控，但过高的

---

[1] Evans, Gareth, "The responsibility to protect: Rethinking humanitarian intervention", *Proceedings of the Annual Meeting (American Society of International Law)*, The American Society of International Law, 2004.

成本也是其难以维持的原因。至于物资援助则更多的是短期性的目标。可以说，最后的两种手段并不是单一、孤立的，而是系统性的目标，既包括政治性的国家建构，又包括经济性的国家发展。这不但要求多方国家与国际组织的参与配合，同样也需要多种辅助方式的协调运作。

（三）角色定位：俄罗斯、美国以及联合国

对于国际社会而言，如何应对族群冲突、社会革命与国家内战是后冷战时代重要的安全议程。换句话说，怎样合法而有效地实现人道干预也是联合国不得不面对的新挑战。从某种意义上来说，人道干预作为多边主义行动，更多涉及到的是一个集体安全难题，即失败国家的干预陷阱、[①] 大国的选择性介入、维和任务的集体行动困境与承诺扩大。简而言之，以上三点涵盖了人道干预的实行动力、干扰因素、付出代价以及潜在成本。

穆罕默德·阿尤布认为，由于联合国自身资源的匮乏，安理会又被大国把持，因此不可能在应对国家内战中起到该有的作用。[②] 然而，出于保证干预过程中的透明与公正，安理会作为人道干预执行的中枢机构，仍应该继续发挥协调作用。而俄罗斯、美国分别作为地区大国与全球大国，尽管有时候会对人道干预起到负面影响，但是对干预行动的效率与效用仍有很大的帮助，同样是不可忽视的辅助力量。

[①] 在执行人道干预的时候，联合国应该避免落入失败国家的干预陷阱，即赋予族群民族主义完全的合法性，因为这意味着给国家分裂提供了一个永久性的理由。可以参考 Collier, Paul, *Breaking the conflict trap: Civil war and development policy*, World Bank Publications, 2003。

[②] Ayoob, Mohammed, "Third world perspectives on humanitarian intervention and international administration", *Global Governance* 10.1 (2004): 99 – 118.

联合国与南南合作

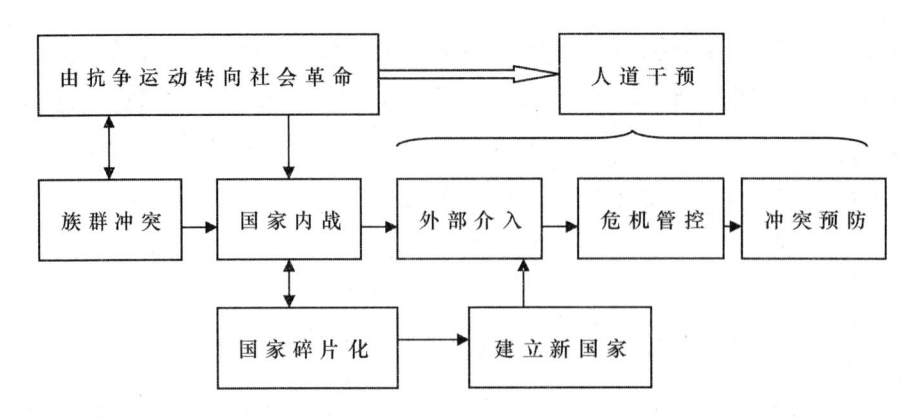

```
由抗争运动转向社会革命 ⟹ 人道干预
        ↕                    ⎫
   族群冲突 → 国家内战 → 外部介入 → 危机管控 → 冲突预防
              ↕           ↑
         国家碎片化 → 建立新国家
```

图13—2　第三世界国家（原苏东地区）族群冲突与人道干预的发展轨迹

从某种意义上说，族群冲突既是社会革命的爆发原因，又是社会革命的表现之一。而抗争运动向社会革命转变意味着平和诉求有可能进一步升级为暴力行为或国家内战，加重国家碎片化甚至建立新国家。在这种情况下，人道干预对于防止族群冲突与国家内战所造成的灾难无疑是必要的（如图13—2所示）。联合国的人道干预在第一阶段表现为一种外部介入的维和行动，通过控制交战各方的武装力量，从而实现强制性停火。物资援助与难民保护等随之展开。接着是第二阶段的危机管控，尽可能重启国内政府与反对派之间的多方谈判进程，并防止磋商期间的突发事件导致局势进一步恶化。最后则进入第三阶段的冲突预防。

在这个时候，冲突各方基本已经做出一定让步并达成基本共识。因而，国内社会重建、避免发生新的族群冲突与国家内战是联合国的工作重点。无论如何，联合国、美国与俄罗斯三者所具有的影响力都是毋庸置疑的。可以说，人道干预始终是国际社会应对第三世界的族群冲突、社会革命与国家内战的有益探索。

六、如何处理族群冲突：中国政府的策略选择

本文所关注的是这样三个问题：在什么情况下，一个国家会有发生社

会革命的风险？国家应该如何去应对日益频发的族群冲突？同时，国家的战略最优先目标又是什么？回到中国的现实政治，族群冲突与分离主义同样是困扰已久的顽疾，一旦应对失当，就会有社会革命或国家内战的危险。即使是联合国的人道干预，中国也时常强调要尊重主权国的合法权利与不干涉他国内政。如前所述，由于国际层次与外部力量的复杂性，中国显然更倾向于国家干预而不是联合国干预。因此，也有必要在国内政治层面上对中国政府的策略选择加以分析。

表 13—2　中国政府的策略选择

族群冲突类型	事件抗议	物质诉求	暴力行为	分裂活动
官方态度	持续关注	温和	保守、谨慎	坚决、迅速
国家干预程度	中	低	高	高
合法性相关度	中	低	高	高
政府立场	劝告与疏导	安抚	危机管控	镇压

在这里，通过表 13—2 可以将边疆地区的族群冲突类型分为四种：分裂活动、暴力行为事件抗议、以及物质诉求以及。首先，从官方态度上就可以看出明显的不同。对于事件抗议，中央政府与地方政府都较为敏感。因为事件抗议通常因某一事件而触发，通过多种媒介的传播与渲染，由此波及开来并迅速上升为对整个国家体系和官僚结构的怀疑和不信任。民族情绪的产生往往是一个积累性的过程，因为一部分民众会将不同时间和不同地点的利益受损事件相互联系起来，进而对政府形成一种浅薄的敌意。同时又因为整体诉求目标的空泛与分散，无论是中央政府还是地方政府都很难在短时间内做出有效回应。这无形中又会给他们传递某种非善意的信息，认为体制上的痼疾是导致自己的利益诉求得不到重视的根本原因，因而不可避免地会成为"自我实现的预言"，并极大加剧与政府间的冲突和对立。这一敌意螺旋的过程很容易被分裂主义力量所操纵与影响，其结果也会变得难以预测和控制。一旦矛盾激化、冲突升级，政府部门的危机管控失效，原先本来就得不到官方认可的集体行动也将被视为对政权的冲击

与威胁,中央政府与地方政府之间将抱有完全一致的目标与信念。至此,国家干预也就势在必行了。

与事件抗议相比,物质诉求往往能够得到媒体的支持、同情和政府的持续关注。这是因为,物质诉求的对象通常是具体的,预期目标也相对有限,例如要求彻查某一项政府政策的执行情况,或者是希望得到体制的公平对待等。对于这一类有限度的诉求,一方面,政府可以快速识别并采取应对措施;另一方面政府的施政行为也会受到监督,其政策效果也能够很好地得到公众的检验。另外,由于民众诉求的范围缩小,意味着中央政府与地方政府之间的着眼点将会出现不完全的重合,从某种意义上说,这一类的集体行动可以被视为希望国家能够不断进步并得到长远发展,而不是对国家统一的质疑。很多时候,中央政府并不希望地方政府的个别行为与国家的总体政策存在着不一致,这将极大地削弱国家本身的合法性。也就是说,中央政府在某种程度上能够扮演一个中立裁决者的角色并施加来自上层的压力。而地方政府在与当地民众的利益博弈过程中也将受到制约与规束,寻求与民众的妥协与谈判,把诉求矛盾导入常规的协商进程之中。因此,只要物质诉求不超出一定的限度,国家则更愿意进行安抚而不是过多地干预。

可以说,暴力行为的出现会扰乱原本的社会秩序,与政治稳定的目标相冲突,甚至危及到对国家统一的认同感。这对寻求巩固统治的中央政府以及处于问责制之下的地方政府而言,无疑是确切的威胁。因此,一旦暴力行为出现,官方态度是保守而谨慎的,政府介入的可能性也会加大。而且,一旦暴力行为升级为分裂活动,政府部门的危机意识被激发,一系列国家动员的反应机制也将迅速启动。因为任何的分裂活动都意味着一种实质上的国家主权诉求,这将导致局势的失控和不可预计的风险,所以政府必须要在国家主权问题上显示不可退让的决心。在国家统一得不到保证的情况下,国家的合法性建构自然岌岌可危,在国际社会中也会受到较大的压力与质疑。因此,政府所采取手段也会由初始的危机管控转化为镇压。

综上所述,从政治制度角度出发,绩效型政体始终要面临着不确定的风险,而简单地通过国家媒体来获得民众的普遍支持同样存在较大的困难。其次，以政府表现来考虑的话，谨慎的国家主义策略在周边不安（南海、东海争端）与威胁外溢（西藏、新疆分裂势力）的严峻局势下，或许能够行之有效。最后，在社会层次上来看，开放的因特网络难免会让族群民族主义的不满找到相互联系的窗口，并得以分享不同于官方发布的消息，发起针对国家统一的冲击行动。一旦这种跨区域的分离主义力量聚集，那么族群冲突可能会被再次放大。总而言之，在族群冲突频繁发生的今天，中国应该如何有效地参与国际事务，并借助国际力量制定合适的策略，无疑是值得考虑的问题。

中国在安哥拉投资开发石油资源的现状与利益保护[*]

汪 峰[**]

安哥拉是南部非洲幅员最辽阔的国家，石油资源丰富。2002年内战结束后，安政府相继出台了一系列优惠政策吸引各国投资安哥拉的石油勘探与开发，以推动国民经济的恢复和发展。中国与安哥拉1983年正式建交，两国在政治、经贸、文化等领域合作密切。2013年，中安进出口贸易总额达359.4亿美元，在非洲国家中位列第二（仅次于南非）。中安贸易以石油为大宗商品，双方能源开发合作的大规模开展既适应了中国经济发展与能源供应渠道多元化的战略，也满足了安哥拉国家重建与自主发展的内在需求，是互利共赢的典范。但随着安哥拉经济的成功起步和迈入快速发展的新阶段，中国经济也走过了以规模扩张为主的经济大国建设阶段，开始了以结构转型和产业升级为内容的经济强国建设阶段。如何转型升级中安之间传统的能源开发模式，继承和发展既有的优势，寻找新的合作增长点，是在新的经济环境和发展阶段维护拓展中国能源利益的紧迫任务。

---

[*] 本文系教育部人文社会科学研究青年项目"非洲区域经济一体化探索：南部非洲共同体30年"（项目编号：12YJC770069）的阶段性成果之一。本文已发表于《战略决策研究》2015年第1期。

[**] 汪峰，上海师范大学人文与传播学院研究生。

一、安哥拉的石油资源与早期勘探开发

（一）安哥拉拥有丰富的石油资源

石油是安哥拉最重要的能源矿产，其出产的原油多为低硫含量的中轻质油，质量很高。据《英国石油公司（BP）世界能源统计 2014》数据显示，到 2013 年底，安哥拉的石油探明储量为 127 亿桶（折合 17 亿吨），约占世界总储量的 0.8%。同时，安哥拉的石油产量也大幅提高，2008 年创纪录达 190.1 万桶/日。此后受全球金融危机的影响，产量略有下降，但仍保持在 170 万桶/日以上。2013 年恢复至 180.1 万桶/日，约占世界总产量的 2.1%。[①] 安哥拉仍是撒哈拉以南非洲仅次于尼日利亚的第二号产油国。安哥拉的油田主要集中在卡宾达、扎伊尔三角洲及罗安达地区，分为陆地（罗安达地区）、近海（扎伊尔三角洲）、深海和超深海（卡宾达海域）四种类型。近年来，随着勘探、钻井技术的提高，大量深海和超深海油田得到开发，安哥拉石油探明储量和产量的增加是理所当然的，其在国际能源格局中的地位也显著增强。2007 年 1 月安哥拉加入欧佩克组织，2009 年担任轮值主席国，安已成为非洲首屈一指的欧佩克产油国。

表 14—1　安哥拉近年来石油日产量

年代	2003	2004	2005	2006	2007	2008	2009	2010	2011	2012	2013
产量（万桶/日）	87.0	110.3	140.4	142.1	168.4	190.1	180.4	186.3	172.6	178.4	180.1

资料来源：BP. Statistical Review of World Energy, 2014。

[①] See BP, *Statistical Review of World Energy* 2014, pp. 6 – 8, http://www.bp.com/content/dam/bp/pdf/Energy-economics/statistical-review-2014/BP-statistical-review-of-world-energy-2014-full-report.pdf.

(二) 安哥拉石油的早期勘探开发

葡萄牙殖民时期，安哥拉的经济收入主要来源于咖啡和钻石生产，但其石油勘探的历史也可谓源远流长。早在18世纪90年代甚至更早些时候，安哥拉的石油样品就已拿到了里斯本，1922年安哥拉石油公司（以里斯本为基地的一家石油勘探公司）建立后，开始调查当地石油蕴藏量。[①] 然而，迟至1956年商业性的石油开采和生产才真正开始。20世纪60年代中期，美国卡宾达海湾石油公司（CABOG，今谢夫隆—德士古公司）在安哥拉的卡宾达飞地发现了储量巨大的近海油田，安石油产量陡增。至1973年，石油取代咖啡成为安哥拉的首要出口产品，石油采掘业逐步成为国民经济的支柱产业。[②] 国家独立后，安政府直接介入石油的勘探和生产，于1976年成立安哥拉国家石油公司（Sonangol），随后将葡萄牙、美国在安哥拉的石油公司的多数股份收归国有，并给予国家石油公司在海岸地区勘探和开发石油的特许权。同时，安政府也重视吸引外国资本。1978年8月出台《石油法》，规定外国石油公司在安哥拉发现新油田，可以从该油田所生产的原油中得到25%—30%的产量并对钻井最多、产量增加最快的外国石油公司实行奖励。[③] 受此鼓励，英国石油公司、法国道达尔公司（Total）、意大利阿吉普公司（Agip）、美国谢夫隆-德士古公司（Chevron Texaco）等石油巨头与安哥拉国家石油公司签署合作协议，纷纷参与安哥拉的石油勘探和生产。因而，独立后的安哥拉尽管屡遭内战破坏，但石油业仍然保持发展。尤其是20世纪90年代以来，随着一批深海与超深海油田的发现，已探明的原油储量从1987年的20亿桶增加

[①] [美] 道格拉斯·惠勒、[法] 勒内·佩利西埃著，史陵山译：《安哥拉》（上），商务印书馆1973年版，第307页。

[②] See World Bank, *Angola: Oil, Broad-based Growth, and Equity*, Washington: The World Bank, 2007, p.39.

[③] 刘海方：《列国志——安哥拉》，社会科学文献出版社2006年版，第236页。

到 1997 年的 39 亿桶，2007 年达 90 亿桶。[1] 正是依赖丰富的石油收入，安哥拉政府才得以从残酷的内战中生存下来，而战后安哥拉的重建计划也是以石油出口作为主要支撑。在未来相当长的时期内，安哥拉的石油勘探和开采会继续扩大，与各国公司的合作也将越发频繁密切。

二、中国与安哥拉石油合作的概况和优势

（一）安哥拉是中国主要的原油供应国

2013 年是中国经济走下高速增长台阶的标志性一年，石油需求增长开始放缓。在 2011 年和 2012 年石油需求连续两年增长 5% 之后，2013 年国内石油消费量增幅只有 3.5%，包括原油、成品油、液化石油气和其他产品在内的石油净进口量仅增长 3.8%（过去五年的年均增幅为 9.8%），但首次突破 3 亿吨，上升到 3.042 亿吨的历史最高水平，石油进口依存度达 61.7%。[2] 而随着美国页岩油大量增产，预计未来两三年内，中国将超过美国成为全球最大的原油进口国。对中国而言，扩大海外能源供应的压力并没有因为经济增速放缓而明显减轻。中安能源合作始自 20 世纪 90 年代初，1992 年中国开始从安哥拉进口原油，当年进口量仅 20 万吨。2002 年内战后，中安石油贸易发展迅猛。短短几年，安哥拉对中国的原油出口增长了 7 倍多，在安哥拉原油的出口对象中，中国所占比重从 9.3% 激增

---

[1] See BP, *Statistical Review of World Energy* 2008, p. 6, http://www.bp.com/liveassets/bp_internet/globalbp/globalbp_uk_english/reports_and_publications/statistical_energy_review_2008/STAGING/local_assets/downloads/pdf/statistical_review_of_world_energy_full_review_2008.pdf.

[2] 田春荣："2013 年中国石油和天然气进出口状况分析"，《国际石油经济》2014 年第 3 期，第 29 页。

到30%左右。① 另据美国能源资料协会（EIA）统计显示，2012年安哥拉出口原油170万桶/日，其中大约46%出口中国，美国、欧盟、印度分别占13%、11%和10%，中国已经是安哥拉原油最重要的买主。② 而在中国对外进口原油的国家中，安哥拉一直是中国在非洲最大的原油供应方，并于2004年超过伊朗成为第二大对华石油供应国（低于沙特）。尽管海湾国家仍然是中国最主要的原油供给来源，但"阿拉伯之春"以来，中东政局动荡，内乱频发，如何在中东以外开辟新的稳定的能源供给源是当务之急。目前，中安石油贸易发展势头强劲，两国成果合作丰硕，拓展空间广阔，以安哥拉为代表的非洲产油国必然是中国加快推进能源供应多元化战略的首选地区。

表14—2　2005—2013年中国从安哥拉、沙特、伊朗进口原油量（单位：万吨）

国家	年份								
	2005	2006	2007	2008	2009	2010	2011	2012	2013
安哥拉	1746	2345	2499	2989	3217	3938	3115	4015	4001
沙特阿拉伯	2217	2387	2633	3636	4195	4463	5027	5390	5389
伊朗	1427	1677	2053	2132	2314	2131	2775	2200	2144

资料来源：田春荣："2010年中国石油进出口状况分析"和"2013年中国石油和天然气进出口状况分析"。

（二）中安石油合作的新方式

当前的安哥拉处于恢复和发展经济的新时期，但27年的战乱（1961—1975年的独立战争、1975—2002年的内战）致使其基础设施破坏殆尽，发展资金严重短缺。为此，安政府实施依靠石油资源吸引更多外

---

① Indira Campos and Alex Vines, "Angola and China: A Pragmatic Partnership", p. 12, http://csis.org/files/media/csis/pubs/080306_ angolachina.pdf.

② EIA, Angola Analysis, http://www.eia.gov/countries/cab.cfm? fips = AO, Febuary 5, 2014.

援和外资的政策。中国政府与企业把握时机，大举投资安哥拉，尤其是尝试了一些新的方式扩大中安合作。

首先是著名的"安哥拉模式"。2004年3月，经两国磋商达成协议，中国进出口银行向安哥拉提供20亿美元的低息贷款，用以在安建设铁路、公路、农业灌溉、医院、学校等公共服务设施，安方承诺17年内每天为中方提供1万桶原油（后增至4万桶），这种"资源—信贷—项目"一揽子的合作方式即被称为"安哥拉模式"。[1] 该合作模式既满足了安政府获取重建资金和改善基建条件的迫切需要，又保证和扩大了中国从安哥拉的石油进口，可谓一举两得。截至2007年底，协议第一期约10亿美元的工程陆续竣工，涉及修缮医院、学校、供水、电信等50个项目。第二期工程的52个项目也已经开工，正在稳步推进。由于前两份协议的顺利实施，中、安两国在2007年9月又签署了第二个贷款框架合作协议，主要内容与2004年协议类似，贷款金额仍是20亿美元。

其次，是两国石油企业的合作。目前，投资安哥拉的中国公司多为国有企业，主要集中在石油和基础设施建设等领域，其中以中国石化集团与安哥拉国家石油公司的合作最为抢眼。2006年双方合资组建中石化—安哥拉石油国际公司（Sonangol-Sinopec International），中、安分别拥有75%、25%的股份。[2] 公司曾经计划在洛比托投资新建价值50亿美元的炼油厂，后因中安双方在具体的细节上未能达成一致而搁浅，安哥拉国家石油公司宣布单独承接炼油厂的建设任务。此外，中石化还通过该合资公司在安哥拉的第15、17、18号石油生产区块握有20%、27.5%、40%的权

---

[1] See Vivien Foster, William Butterfield, Chuan Chen and Nataliya Pushak, *Building Bridges: China's Growing Role as Infrastructure Financier for Sub-Saharan Africa*, Washington: The World Bank, 2009, p. 27.

[2] See Vivien Foster, William Butterfield, Chuan Chen and Nataliya Pushak, *Building Bridges: China's Growing Role as Infrastructure Financier for Sub-Saharan Africa*, p. 49–50.

益。[1] 2013年6月,中石化又宣布通过该合资公司出资15.2亿美元(约合93.42亿元人民币)收购美国马拉松石油公司所持安哥拉31号区块10%的油气勘探开发权益。[2] 依靠充裕的资金、联合参股的合作方式,中国石油企业已经成功"走进"安哥拉,在安油气勘探和生产领域占据重要一席。

(三) 良好的政治关系是两国石油合作的保障

中国和安哥拉相隔万里,但传统友谊深厚。两国都有着被殖民侵略的历史,尤其是中国澳门与安哥拉都曾长期遭受葡萄牙的殖民统治。相近的历史遭遇,使得澳门成为连接中、安双方的特殊纽带。长久以来,中国与安哥拉在许多国际事务中也相互支持、彼此合作。早在20世纪60、70年代,中国政府就旗帜鲜明地支持安哥拉的独立运动,安方也在中印边界争端、中国核实验、中国恢复联合国合法席位等问题上站在中方一边。1983年1月中、安正式建交后,两国关系发展顺利。中国坚决支持安政府的统一运动,为推动和平进程,在联合国安理会投票赞成制裁安哥拉反政府武装"安盟"。而安政府也在台湾问题、人权问题上给予中方很多支持。安内战结束后,中国政府慷慨援助安哥拉的重建工作,两国高层互访频繁,在重大国际问题和地区事务中的合作更加密切。2010年11月,中安发表联合声明正式确立战略合作伙伴关系,标志着两国的能源开发合作已提升至战略高度。

---

[1] See Dorothy-Grace Guerrero and Firoze Manji, eds., *China's New Role in Africa and the South*, p. 168.

[2] "中石化93亿揽安哥拉油气资源",新华网,http://news.xinhuanet.com/energy/2013-06/25/c_124905993.htm。

（四）中安石油合作的互补性分析

安哥拉石油资源丰富，但缺少勘探、开采所需的资金和技术，急需外国石油公司的援助。而我国石油工业资金雄厚，拥有大量专业人才和先进的技术设备。更重要的是，安哥拉的石油下游工业落后，急需提升本国的石油提炼能力；中国国内炼油能力过剩，但受经济增速放缓的影响，2013年炼油厂原油加工量仅增长3.3%，远低于此前5年7.0%的平均增幅，生产能力未能充分释放。当前，安仅有一座建于20世纪50年代的罗安达炼油厂，产量远远不能满足其国内对成品油日益增长的需要。据统计，2012年安哥拉的成品油消耗达9.4万桶/日，消费量是十年前的两倍，其中超过一半需要进口。[①] 为此，安政府每年不得不花费巨资输入成品油，这与该国递增的原油产量形成鲜明对比。西方石油公司在安哥拉坚持只采油，不炼油的政策，不愿帮助建设炼油厂，欲图维持安哥拉经济对西方的依附性。但中安合作曾尝试打破这种不平等的局面。由安哥拉国家石油公司单独承建的洛比托炼油厂已于2012年破土动工，预计2017年投产，初期产量12万桶/日，但是否能如期完工投产尚有许多不确定的因素。中石化对该项目曾经有过投资计划，尽管后来中止的具体原因尚不清楚，但确信安方仍然迫切需要可靠的合作伙伴。如果中安双方能够开诚布公，化解分歧，重启合作不是没有可能，而中国投资方的加入势必会加速炼油厂的完工和投产，甚至会大幅提升预期产量，有效缓解安国内成品油短缺的现象。当前，转型期的中国既需要加大对外投资，建立稳固的海外油气供应基地，又需要转移国内过剩的炼油能力，把产能负担转变成新的投资优势，树立中国企业真诚帮助非洲的良好形象；安哥拉作为石油输出国则需引进外资，提高石油的勘探和冶炼能力，寻找稳定的出口对象，增强经济的独立性。两国合作具有很强的互补性，是互利共赢的好事。

---

① EIA, Angola Analysis, http://www.eia.gov/countries/cab.cfm? fips = AO, Febuary 5, 2014.

三、中国和安哥拉石油合作面临的挑战

(一) 安哥拉"荷兰病"现象严重,经济结构失衡

所谓"荷兰病",特指一些中小国家的经济因为某项初级产品部门的异常繁荣而导致其他部门衰退或发展停滞的现象。安哥拉是典型的资源输出型经济体,国家长期依赖石油、钻石等矿产品出口。内战结束后,在石油出口的带动下,安经济保持高速发展,2000年至2010年的GDP年均增长率为12.9%,其中2005年、2007年更是高达20.6%和20.3%。[①] 这种资源产业的过度繁荣是以牺牲其他行业为代价,安农业、制造业、服务业的发展严重滞后。据世界银行估算,2010年安哥拉的农业、制造业、服务业占GDP的比重分别为10%、5.8%、27.1%,而同期以石油业为主导的采掘行业占比竟达62.9%。[②] 显然,石油行业的繁荣使得安哥拉单一的经济结构越来越固化,国家主要依靠石油出口创收,但石油收入取决于国际市场上的供求变动,存在很大的不确定性。2008年以来,由于受全球金融危机和经济危机的剧烈冲击,安哥拉的石油出口收入大幅度缩减,GDP年增长率跌至近十年新低,安国民经济的脆弱性暴露无遗。这种结构失衡的问题若不妥善解决,势必影响到安哥拉经济的持续发展,危及在安投资的外国公司。中国石油企业大力开拓安石油市场的同时,应密切关注其内外经济形势的异常波动,提早做好准备,规避可能存在的风险。

---

① See World Bank, "Angola at a glance", http://devdata.worldbank.org/AAG/ago_aag.pdf, March 29, 2009.

② See World Bank, "Angola at a glance", http://devdata.worldbank.org/AAG/ago_aag.pdf, March 29, 2012.

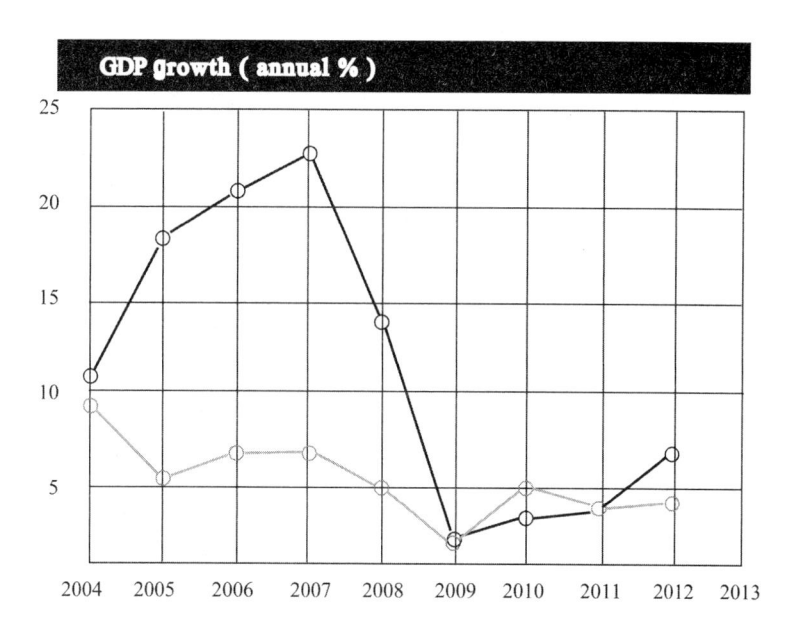

GDP growth (annual %)

黑色曲线：安哥拉的 GDP 年增长率

灰色曲线：撒哈拉以南非洲的 GDP 年增长率

图 14—1　安哥拉 GDP 年增长情况（2004—2012 年）

资料来源：http://www.worldbank.org/en/country/angola。

（二）悬而未解的卡宾达问题

卡宾达是安哥拉本土以外的一块飞地，周边海域石油储量丰富。自 20 世纪 50 年代发现油田以来，该地石油产量始终处于领先地位，几乎占安全国总产量的 70%，各国石油公司的投资也多集中于此。但卡宾达一直是块是非之地，冲突至今未止。早在安独立战争时期，当地部族就组建起"卡宾达解放阵线"（KLEC），但该组织拒绝与安本土的民族主义组织合作，而是追求建立所谓的"卡宾达共和国"，实为地方分裂势力。安内战期间，它坚持与中央政府为敌，不断进行破坏活动。2002 年后，安政府出动重兵镇压了卡宾达的分裂活动，KLEC 退入山林进行游击战，武装人员仍有数千。2006 年该武装领导人本贝与政府达成协议，参加和平进程。但大量武装分子拒不接受招安，坚持谋求飞地的独立，加之近年来众多深海油田在卡宾达海域发现，而当地民众没有从增加的石油财富中分得好处，不满情绪迅速滋长，卡宾达的局势依旧紧张。KLEC 针对安哥拉军事人员和相关设施、外国石油公司及建筑工人的袭击事件时有发生，2010年1月就曾对在卡宾达参加非洲杯的多哥足球队发动枪击，造成2死9伤的惨剧。① 上述暴力事件虽然不可能破坏安哥拉和平重建的大局，但中国投资的第15、17、18号等石油生产区块均靠近卡宾达海域，中资企业员工的生命及财产安全需要格外警惕，特别是近期 KLEC 的部分派系将袭击目标转向中国项目和工人，批评中国人"为政府工作，不是我们的客人"。事实表明，中国正在不可避免地深度卷入非洲国家的内部冲突，成为各种政治势力角逐过程中竞相争取或批评的对象，中国不再是非洲和平与安全问题的"旁观者"，而是实实在在的"利益攸关者"。

（三）西方国家对中安合作的诋毁

随着中安能源合作渐成规模，一些别有用心的西方媒体和政客开始"妖魔化"中国，抹黑中安合作。最甚嚣尘上的是形形色色的"新殖民主义"。有欧美学者指责中国在非洲搞"外科手术式的殖民主义"，以低限度的破坏攫取非洲的自然资源，甚至将中非间的合作与16世纪葡、西殖民美洲以及19世纪英、法、德等国瓜分非洲相提并论，认为中国只是在方式上更加温和而已。② 此外，西方还批评以不干涉内政为原则的"北京共识"，破坏了以建设良政和改善人权为条件的"华盛顿共识"。理由是中国首创的"资源—信贷—项目"一揽子合作方式向安哥拉提供了巨额贷款，导致安政府拒绝了国家货币基金组织的援助，而后者以石油收入透明化、建立廉洁政府为前提。③ 西方反复鼓吹，中国在安哥拉所关心的只

---

① "卡宾达的宁静时光"，新华社，2010年1月25日，http://news.xinhuanet.com/world/2010-01/25/content_12860821_2.htm。

② See Albert J. Bergesen, "The New Surgical Colonialism: China, Africa, and Oil", pp. 4-5, 8-9, http://www.allacademic.com/meta/p237190_index.html.

③ See Albert J. Bergesen, "The New Surgical Colonialism: China, Africa, and Oil", p. 5.

有石油，一切投资和援助只为掠夺资源，中国在安持续扩大的影响将加剧腐败、恶化人权和加重债务负担。这些卑劣的宣传早已被有识之士戳穿。美国中非关系问题专家德博拉·布罗伊蒂加姆指出，中国在非洲不是无偿的捐助者，但认为中国对非援助会破坏稳定、恶化管理、加剧贫困的观点是错误的，中国向非洲提供贷款、机器设备、建筑服务，非洲则用石油和其他资源偿还，这是一种双赢的合作。① 安哥拉著名经济学家罗莎也公开表示："目前中安经济、财政和政治关系不断深化是很自然的事，中国是第一个为安哥拉国家重建做出贡献的国家，而且仍在继续这么做。尽管中国的融资相对缺乏透明度，也的确会加重安哥拉的外债负担，但安外债指标仍然处在可控范围。"②

（四）中国石油企业自身的经营压力

首先，中国公司进入安哥拉油气领域的时间较晚，在技术、规模、经营管理方面与西方石油巨头存在差距。目前，安哥拉发现的多为深海和超深海油田，要求较高的海上勘探开发技术，这恰恰是中国石油企业的软肋。2006 年 5 月，中石化竞标安哥拉七个石油区块中的三个油田开发特许权时，就因为安哥拉评标委员会认为中石化没有领导深水油田开发技术而未能成功。③ 其次，中国企业的属地化经营水平有限，雇工以中国人为主。原因是中国工人与安哥拉人相比，工资水平较低，旷工率低，有熟练

---

① See Deborah Brautigam, *The Dragon's Gift: The Real Story of China in Africa*, New York: Oxford University Press, 2009, p. 307.

② 驻安哥拉使馆经商处："安哥拉经济学家认为中安关系不影响其经济政策和发展模式"，http://ao.mofcom.gov.cn/article/zxhz/hzjj/201102/20110207413360.shtml，2011 年 2 月 23 日。

③ 罗佐县："中非石油合作面临的机遇和挑战"，http://www.pbnews.com.cn/system/2007/06/19/001103569.shtml，2007 年 6 月 15 日。

的技术，且一人能身兼数职。① 但是，不雇佣当地人引起了安哥拉民众对中资企业的不满，许多人认为他们并没有获得实在的好处，而安政府也希望中国的投资能增加就业，造福社区。再次，是语言障碍。有调查显示，中国企业在安哥拉的最大挑战是语言问题。② 安哥拉的官方用语是葡萄牙语和本地的奥温本杜语，只有少数受教育的精英才会讲法语和英语，多数人对汉语没有概念，而中国石油公司在海外的工作人员一般以英语作为第二语言，这使双方的交流存在严重障碍，影响到企业的合作与生产。同时也加剧了中国石油公司与周边环境的隔阂，使其难以融入安哥拉社会。

（五）"安哥拉模式"延续发展的空间有限

"安哥拉模式"成功打开了安油气市场，在战后重建的启动时期赢得了安政府的普遍欢迎。但随着时间的推移，安哥拉经济步入了快速发展阶段，基础设施建设的高潮正在消退，其经济发展目标及利益发生改变，安政府对"资源—信贷—项目"一揽子合作方式的兴趣不再高涨，中安在能源资源领域的合作转入了平缓状态。专家预测，未来5—10年安哥拉仍需筹建相当规模的基建项目。但值得注意的是，即便在国际金融危机和经济危机期间，安哥拉经济面临巨大的资金缺口和下行压力，安政府虽然继续向中国寻求贷款，却没有提及石油抵押担保的问题。2010年和2014年，在中国国家开发银行向安哥拉财政部分别授信的15亿美元和25亿美元的融资贷款合同中，都没有出现涉及石油抵押的条款。③ 另外，越来越多的新兴经济体也加大了对安哥拉的援助力度，扩大在安哥拉的石油投

---

① See Dorothy-Grace Guerrero and Firoze Manji, eds., *China's New Role in Africa and the South*, pp. 174–176.

② Ibid., p. 177.

③ 驻安哥拉使馆经商处："中国国家开发银行与安哥拉财政部签署新一期融资贷款合作协议"，http://ao.mofcom.gov.cn/article/sqfb/201405/20140500590705.shtml，2014年5月14日。

资。单以巴西为例，最近巴西向安哥拉提供了新一笔 20 亿美元的贷款用于支持安能源和基础设施建设，而自内战结束以来，安哥拉一共从巴西政府方面获得了五笔贷款，总额 78.3 亿美元。[①] 同时，大量巴西企业也活跃在安哥拉的能源和基建领域，如在巴西最负盛名的 Odebrecht 公司。未来，新兴经济体对能源资源的需求将持续走高，加上他们拥有大量外汇储备，支付能力强，在修缮和新建道路、桥梁、水利水电等大型公共工程方面相对成熟，更容易成为安政府在中国以外优先选择的合作伙伴，这必然会在一定程度上抵消"安哥拉模式"的传统优势，增加安政府挑选合作对象的余地，提高合作姿态。由此可以窥见，安哥拉与中国开展石油开发合作的心态正在发生微妙变化，中方务必抓紧安基建高潮的末期，创新思维，改进和升级传统的合作方式，探寻中安合作新的操作方法和共赢点。

四、加强中安石油开发合作的几点对策

（一）坚持不干涉内政的援助原则，但要保持和平介入的能力

中国对非援助与西方国家的主要区别在于不附加任何政治条件。欧美向安哥拉提供援助往往以人权、民主化改革、建立良政为前提，将西方的价值观念和发展模式强加于安哥拉。但中国政府一直尊重安政府和人民的选择，双方是平等互信的关系。中国援助安哥拉从不对其内政指手划脚，这也是赢得好感的重要原因。不干涉内政是中国外交的制胜法宝和优良传统，我国在安哥拉开展石油外交必须坚持这一原则。当然，不干涉内政绝不意味着不作为和不负责任，在涉及我国石油权益、援助贷款的合法使用以及保障企业员工生命财产安全等重要问题上，中方要坚持立场、表明态

[①] 姚桂梅："中国对非洲投资合作的主要模式及挑战"，《西亚非洲》2013 年第 5 期，第 109 页；驻安哥拉使馆经商处："巴西向安哥拉提供新一笔 20 亿美元贷款"，http://ao.mofcom.gov.cn/article/sqfb/201406/20140600630313.shtml，2014 年 6 月 18 日。

度，向安政府明确传达以上是中国在安哥拉的核心利益和合理诉求，必须得到安政府的尊重和保证。当发生一些突发性事件和出现摩擦时，中国政府要发挥作为主要援助方的影响力，统筹运用商务力量、外交力量和军事力量，用各种调解、斡旋、谈判的和平介入方式，而不是西方那种带有武力的、强制的、以大欺小恃强凌弱的干涉方式，在新的政治经济形势下继承和发展中安传统的政治友谊，以一个负责任的大国形象确保中安合作的大局不乱。

（二）坚持互利互惠的合作方式，回击西方国家质疑和非难

西方跨国公司在安哥拉开发石油几十年，采取掠夺式的经营方法，片面追求公司利润的最大化。中国石油企业一开始就避免走西方的老路，实行平等互利、互惠共赢的合作方式，广受安政府好评。以后，中方要提升企业的属地化程度，加紧培训当地的技术人员，更多地雇佣本地员工，帮助安方发展石化工业，提高其石油加工精炼能力，这些正是安哥拉所急切需要的。此外，中国石油公司还要拿出更多的资金设立教育培训基金、减贫基金，支援地方发展，让当地民众感受到实惠。通过这些利民措施，不但能够增进安民众对中国投资的正面认知，加快中资企业融入当地社区，也是对国际上相关指责的有力回击，有助于打破西方的话语霸权。

（三）加强与当地石油企业、西方跨国石油公司的合作

实践已经证明，如果中国与安哥拉的石油企业合作，建立合资公司，就能争取到更多石油生产区块的权益，毕竟东道国企业具有本土优势。另外，在安哥拉开发石油不单纯是中安合作的问题，更是大国间的合作博弈。当前，安哥拉对外开放的油田多为勘探难度高、前期投入大的部分，单凭某一公司难以完成，这为各大国石油企业的强强联合提供了可能。通过与欧美石油公司的合作，中国企业可以分担投资风险，学习先进管理经验和技术，尤其是海上勘探开发技术，为竞标安哥拉的深海和超深海油田

做好准备。但必须提醒的是，多国的强强联合首先要考虑和尊重东道国的意见，避免让安政府误解所谓的联合开发只是大国之间的游戏、是"列强"瓜分安哥拉油气资源的一种手段。

（四）重视人文领域的开发利用，发挥中国的文化"软实力"

"软实力"是指一国的文化所具有的普遍性和确立国际规范及国际制度的能力，这是一种合作型权力，强调的是文化联系、经济相互依存和国际机制对国家的影响。中国石油公司在安哥拉遭遇语言障碍，不仅暴露了两国之间人文交流的缺失，也从某种程度上反映了中国文化在非洲的感召力和吸引力不高。对企业而言，要扎根安哥拉首先必须解决语言问题，消除文化隔阂。一面要加紧培养葡语人才，另一面也可以在企业内部定期举办中文培训班，向安哥拉员工传授汉语，与当地政府、群众合办一些文化娱乐活动，宣传和介绍中国文化和谐共赢的内涵，增进好感与信任。而对政府而言，任务显得更加紧迫。美国政府早在20世纪60年代就推出所谓的"和平队"计划，向全球推广美式的价值观、生活方式和工作技巧。美国之所以有超级大国的影响力和地位，不仅是因为拥有高科技武器的强大硬实力，其独特的文化渗透和扩张能力值得中国借鉴。坦率地说，我国某些部门把人文领域的对非援助与交流，看成是可有可无的软指标，经常调子高、口号响，但落实慢、贯彻不到位，特别是在培养非洲新生代的亲华精英上严重滞后。随着非洲独立运动时期的老一代政治领袖相继去世和隐退（安哥拉现总统多斯桑托斯已74岁高龄），有着西方留学背景、深受西方文化和价值观熏陶的新一代非洲领导人正在步入国家权力的中心，对于依靠高层政治关系打开安哥拉、苏丹等非洲资源富国市场的中国政府，如何培养一批新的留学中国、亲华、知华的政治和知识精英需要认真研究，这是关系到中国在非能源权益未来发展的长远筹划。

(五)升级"安哥拉模式",变资源换基础设施为资源换制造业

"安哥拉模式"实现了资源开发与基础设施建设的联动,解决了东道国在经济起步阶段改善基建状况、优化投资和商业环境的燃眉之急,但随着安哥拉经济的高速发展和越来越多的新兴经济体加大对安战后重建的援助力度,如何才能使传统的"安哥拉模式"在保持既有优势的同时增添新的竞争优势,如何才能确保中国在安能源市场竞争激烈化的情势下继续独占鳌头?关键在于,要把握安哥拉在经济发展新形势新阶段的新要求。对安政府而言,国家的长远发展一是要建立完整的现代油气工业体系,提升安油气工业的自生能力和持续发展的潜力;二是要改变单一的经济结构,降低采掘业在国民经济中的比重,增加制造业经济的贡献。简而言之,就是希望外国投资者能把投资重点转移到原油开采以外的领域,帮助安哥拉建立完整的多样化的国民经济体系。而当前的中国恰逢产业结构升级的关键时期,由于生产成本提升、资源供给趋紧、生态环境破坏、国际需求下降,中国劳动与资源密集型产业的低成本优势不再明显,中国需要加快发展高新技术产业和战略新兴产业,从国际分工和产业价值链的低端向高端迈进。在转型任务紧迫的背景下,一些产能严重过剩的制造业中劳动力和资源密集型加工环节,如石化冶炼、钢铁冶炼、电器组装、服装与制鞋等行业可以向海外渐次转移以降低中国结构转型的代价,而那些人力资源和自然资源丰富、政局渐趋稳定、经济前景良好、与中国没有主权利益冲突(相对于东南亚)的非洲国家恰好是中国制造业对外投资的理想选择。林毅夫在世界银行担任首席经济学家时就指出:近年来非洲一些国家的经济发展阶段与结构条件和中国20世纪80年代有相似之处,从长远来看,是具有最大潜力承接中国劳动密集型产业的地区。[①] 中国可以首先扩大对安哥拉油气工业中、下游的投资,转移国内过剩的炼油能力,帮助

[①] 林毅夫:《繁荣的求索——发展中经济如何崛起》,北京大学出版社2012年版,第126—129页。

新建高产量的石油冶炼厂，再仿效在赞比亚、埃及等国建立经贸合作区的经验，以石化工业为核心对外辐射发展其他制造产业，建立一个独具安哥拉特色的中—安经贸园区，进而以此与安哥拉商谈新的石油供应协议。"安哥拉模式"的成功经验就是顺应了东道国实际的政治经济利益需求，但需求不可能是一成不变的，当初石油可以交换基建贷款，现在当然也能换取制造业投资。

经过多年的摸索和积累，中国在安哥拉的能源投资已经形成规模。它以多方面的创新和成果验证了互利共赢、共同发展的正确性，不仅推进了中国企业走出国门获取海外资源的步伐，有助于提高企业的经济效益，增强国际竞争力，更为安哥拉这样欠发达的资源富国提供了全方位多层次的支持和援助，帮助安探寻到一条以资源开发带动国民经济和社会发展的道路。当前国际经济形势深刻变动，中、安经济都处在新的发展阶段面临新的发展要求，在全新的历史机遇和挑战面前，我们要保持审慎理性的态度，坚持经济合理原则和灵活应变的方式，利用好中安发展的梯度结构，根据安哥拉的切实需要有针对有选择地转移中国过剩的中低端工业生产能力，实现中国向高端产业转型的同时让安哥拉等非洲国家补位，助推安哥拉打破资源诅咒的恶性循环，实现各自结构升级与中安资源经济合作的深度融合，为南南合作树立可持续发展和繁荣的典范。

附　录

附录一
南南合作圆桌会共同主席新闻公报

（2015年9月26日，纽约）

2015年9月26日，中华人民共和国主席习近平和联合国秘书长潘基文在纽约联合国总部共同主持召开南南合作圆桌会。这是在联合国发展峰会举行期间和2015年后发展议程刚刚通过的重要时刻举办的一次重要会议。孟加拉国、贝宁、丹麦、厄瓜多尔、埃及、印尼、马来西亚、尼泊尔、尼日利亚、巴基斯坦、萨摩亚、南非、乌干达、赞比亚等国领导人，巴西、哈萨克斯坦、马尔代夫、沙特、津巴布韦等国元首代表，以及联合国开发计划署、世界银行、国际货币基金组织、世界贸易组织、联合国粮农组织、金砖国家新开发银行、联合国亚太经社会等国际组织负责人出席会议。

过去几十年以来，发展中国家积极探索符合本国国情的发展道路，取得了举世瞩目的成就。发展中国家在国际事务中发挥着日益重要的作用，改变了全球政治经济版图，促进了全球经济治理变革，推动了经济全球化进程。

当前，全球落实千年发展目标取得重要进展，但落实情况并不平衡，特别是在脆弱国家。国际社会应进一步加强国际发展合作，筹集更多发展资源，建立更加有力的发展伙伴关系，创造良好有益的国际发展环境，帮助发展中国家实现可持续发展。

联合国发展峰会通过了具有历史意义和变革性的2015年后发展议程，

为各国提出了更具雄心的发展目标,也为国际发展合作提供了新机遇,受到各方欢迎。国际社会应坚持南北合作在国际发展合作中的主渠道地位,鼓励发达国家兑现官方发展援助承诺,特别是将国民总收入的0.7%用于官方发展援助,其中用于支援最不发达国家的官方发展援助应占其国民总收入的0.15%—0.2%。发展伙伴应至少将官方发展援助的一半提供给最不发达国家。

南南合作应该继续遵循相互尊重、平等互信、合作共赢、团结协作等原则,帮助发展中国家走出公平、开放、全面、创新的发展之路。

各国应加强发展理念和经验的交流,深化宏观经济政策协调,使贸易投资服务于发展中国家人民。建议各国重点加强基础设施建设、推进互联互通,共同从全球价值链中受益。各国应重视发展绿色经济,加强环境保护,打造南南合作的高质量旗舰项目,包括通过"一带一路"等倡议,用好亚洲基础设施投资银行、金砖国家新开发银行等融资平台,激发合作潜力,展示合作活力,实现联动发展。

国际社会应推动全球经济治理改革,巩固多边贸易体制,建设开放型世界经济,提高发展中国家,特别是最脆弱国家的代表性和发言权,实现世界经济强劲、持久、平衡、包容增长。当前世界经济增长缓慢,低于预期。各国应加强宏观政策协调,解决国际金融危机暴露出的结构性、长期性问题,支持经济复苏,减少有关政策对发展中国家的负面溢出效应,支持发达国家和发展中国家都实现发展,特别是脆弱国家实现发展。

联合国为推动南北合作、促进南南合作发挥了重要作用,期待联合国各基金、方案、专门机构和其他实体充分发挥各自优势,加大对南南合作的投入,在政策协调、战略研究、知识共享、技术支持、能力建设等方面向南南合作提供更大支持。

南南合作在落实"伊斯坦布尔最不发达国家行动纲领"、"小岛屿发展中国家萨摩亚路径"、"内陆发展中国家维也纳行动计划"等全球发展框架方面发挥着重要的补充作用。南南合作是人力资源和生产能力建设、技术支持、经验交流的重要平台,尤其是在健康、教育、职业技能培训、农业、环境、科技、贸易投资等方面。发展伙伴应支持设立技术银行、科技创新机制以及最不发达国家投资促进机制。

南南合作是南北合作的补充而非替代。尽管南南合作面临一些复杂挑战，但在实现2015年后发展议程设定的发展愿景方面可以发挥很大潜力。南南合作可以帮助发展中国家尤其是最不发达国家、内陆发展中国家和小岛屿发展中国家应对发展挑战，提供最具针对性和借鉴意义的解决方案。发展中国家加强紧密合作有助于促进发展中国家间的贸易和资金流动，增强科技能力，促进经济增长，因此将成为支持2015年后发展议程的主要途径之一。

与会各方感谢中国为此次圆桌会议发挥的领导作用，感谢联合国秘书长对南南合作的高度重视，感谢联合国特殊处境国家办公室为会议实质性工作和后勤安排提供的大力支持。各国领导人同意今后适时再次举行类似的会议，共商南南合作大计，推动2015年后发展议程的落实。

附录二

南南合作与国际开发：
经合组织与联合国[*]

[巴西] 保罗·伊斯特维斯　玛娜拉·阿苏柯[**]
杨濡嘉[***] 译

自2011年韩国釜山第四届援助有效性高级别论坛召开以来，很多分析家不断强调国际开发领域显著而快速的转变。其中一些人提出"旧的援助体系深陷危机"，[①]另一些人则试图将这一转变过程理解为对"援助产业"[②]的一次建设性的摧毁。而罗萨琳·埃本（Rosalind Eyben）、劳拉·萨维奇（Laura Savage）则将这一趋势描绘为更为复杂和多样化的图景。[③]现有的国际开发机制是在过去40年间形成的，包含了国际货币基金组织、世界银行、经合组织及其发展援助委员会这样的主导机构、数个联合国组

---

[*] 本文原载《第三世界季刊》（Third World Quarterly）2014年第35卷第10期，第1775—1790页，原标题是"South-South Cooperation and the International Development Battlefield: between the OECD and the UN"。

[**] 保罗·伊斯特维斯（Paulo Esteves）、玛娜拉·阿苏柯（Manaira Assuncao），巴西天主教大学国际关系学院。

[***] 杨濡嘉，毕业于复旦大学联合国研究中心，现在中国国际问题研究院工作。

① Gore, "The New Development Cooperation Landscape", 770.
② Kharas and Rogerson, Horizon 2025.
③ Eyben and Laura, "Emerging and Submerging Powers".

织、以及发达国家与发展中国家间的双边机构。而日益复杂化的趋势带来了未来的国际开发机制向何处去的疑问。基于布迪厄（Pierre Bourdieu）的理论工具，本文通过关注南南合作在重塑国际开发领域所扮演的角色来分析这些转变。相较于由发达国家垄断的国际开发领域，釜山高级别论坛可谓是一个新的有利开端，能够通过回溯历史轨迹将相关实践进行比较。因此，基于史实的南南合作实践的重新构建让我们能够理解自20世纪90年代以来国际开发领域的争论的由来。

本文认为，南南合作的兴起，从机构与合法性两个方面推动了国际开发领域的去中心化。在这一过程中，由经济合作发展组织发展援助委员会所主导的"有效开发合作全球伙伴计划"与联合国开发合作论坛成为了边界正被重新定义的国际开发这一战场上的两块重要阵地。本文首先讨论了国际开发领域的机制和南南合作的兴起；文章第二部分介绍了这一领域在21世纪前10年的动态发展、有效性议程的诞生以及南南合作援助国日益崛起成为国际开发领域的主角；最后，文章以20世纪末和釜山高级别论坛之后发生的国际开发领域的去中心化过程作为结束。

一、国际开发领域与南南合作的诞生

国际开发的出现是冷战阴影下欧洲重建和殖民体系最终瓦解这两大政治进程的结果。欧洲复苏计划即马歇尔计划，成为第一次大规模、系统性地针对独立主权国家提供技术和经济援助的实验。[1] 马歇尔计划的确建立起一套环环紧扣的实践，包括针对政策、方案、项目的永久性同行评估以及程序协调机制，这些实践后来成为南北合作的范本。不仅如此，1961年正式成立的经合组织直接脱胎于欧洲经济合作组织，而后者正是1948年为执行马歇尔计划而成立的。

---

[1] Woodward, The Organization for Economic Co-operation and Development.

欧洲殖民帝国的分崩离析为冷战对峙中的美苏两个超级大国间的竞争开辟了新的空间。对外援助（技术上、经济上以及大多数情况下的军事上）被作为所谓扩大影响力的手段而被广泛使用。尽管如此，对外援助还是逐步从国际安全和大国地缘政治利益中分离出来。这一进程最终产生了两方面影响：一是一个自主领域的建立；二是国际体系再度分裂为发达国家与所谓"欠发达"国家。

第一个影响与对发展终极含义的普世性理解及合法地达成发展目标的方式相关。布迪厄称之为主体间常识性的"套语"，[1] 即某一领域的各个主体之间的共识、理所当然的价值观和论述。因此，谈论国际开发套语指的是假设参与发展实践的个体拥有相同的信仰和话语体系。参与者在一个由"套语实践"[2] 形成的特定领域内共享实用的感知结构，从而将特定认识转化成为不证自明的真理。[3] 就国际开发援助而言，尽管其起源于二战以后超级大国的竞争，一个发展共同体依旧得以产生，并建立了关于开发合作的合法性实践的共识。这一共识在1969年至1972年期间通过发展援助委员会提出的"官方发展援助"的概念而得以正式确立：官方发展援助是由官方政府（国家或地方）及其执行机构对发展中国家和多边组织提供的物资流动，这一流动需满足以下两个条件：a）以促进发展中国家经济发展和福利水平的提高为首要目标；b）援助必须有优惠条件且赠予比例不低于25%。[4]

除去技术性和可能稍显安慰性的措辞外，这一定义包含若干政治意义。这一定义强调了国际开发援助的终极社会目的是"促进发展中国家经济发展水平和福利水平的提高"。同时将官方发展援助确立为促进发展和福利的重要手段。国际开发援助的社会目标和公认的合法性实践构成了该领域的套语。这一定义还暗示了国际开发合作不应仅是贸易、投资和军

---

[1] Bourdieu, Outline of a Theory.
[2] Leander, "Thinking Tools", 9.
[3] Villumsen, "Capitalizing on Bourdieu".
[4] Führer, The Story of Official Development Assistance", 24.

事援助。因此，该定义将官方发展援助同其他政府间的资本流动区分开来，在国际开发领域，官方发展援助成为了一个具有明确界限和内涵的套语实践。

布迪厄认为，领域是指一个结构化的社会空间，空间内的个体相互关联并进行着社会斗争，[①] 同时也是一个地位相对固化的空间。正如官方发展援助所定义的那样，国际开发援助领域由两个部分构成，即发达国家和发展中国家，或者说是援助国与受援国。这种二元结构自20世纪70年代建立以来，稳定运行了40个年头，不仅固化了援助国与受援国的地位，而且巩固了动态监管发展中国家演进为发达国家路径这一法则。作为援助国俱乐部，发展援助委员会曾是一个完美的机制安排，它不仅将援助国聚集起来，而且积极强化了国际开发援助这一领域的边界。它和布雷顿森林体系一起，为建立和巩固国际开发领域发挥了不可取代的作用。通过发展援助委员会，一举解决了两大难题：一是如何确定援助国在培育国际开发援助中所扮演的角色（"援助国谜题"）；二是援助国与受援国如何处理彼此的关系（"援助国—受援国谜题"）。

援助国谜题由国际和国内两个方面组成。国内方面指的是相关机构被授权开展行动（并花费本国经济资源、象征性资源和社会资源）以促进他国发展的社会进程。实际上，正如上文所提到的，冷战期间的发展援助很多情况下是作为更为广泛的遏制战略的一部分而取得国内授权的。援助国谜题的第二个方面，指的是发达国家塑造自身在国际开发领域角色的能力。援助国与受援国间结构化的位置是抽象的，这由参与国际开发援助各方的行为模式所决定。尽管过去的几十年间发生了诸多变化，援助国的地位依旧稳固，它们在发展实践中实现特定目标的能力依旧不断强化。

一旦获得援助国的地位，相关发展援助机构的一言一行就代表着国际

[①] According to Bourdieu, the definition encompasses two dimensions: it 'is a field of forces, whose neces-sity is imposed on agents who are engaged in it, and...a field of struggles within which agents confront each other, with differentiated means and ends according to their position in the structure of the field of forces'. Bourdieu, Practical Reason, 32.

开发援助的利益——即带领处于南方世界的受援国沿着共同的发展路径前行,尽管经济上的不对称性是建立这种二元结构的必要条件。援助国为保持其地位的稳固需要确保受赠国充分认识其权威性的地位,即援助国应该有能力统辖发展领域、明确行动内容和确定采用何种方式来促进发展和福利。

援助国与受援国之间的关系构成了第二谜题,并在国际开发领域起源时就被解决。援助国的合法领导权(援助国权力)是国际开发领域作为一个实践领域得以稳定的终极条件。尽管这一条件最终达成,但南方国家精心设计了它们的战略以确保其在国际开发领域乃至整个国际体系中都处于一个相对独立的地位。这些战略包括在国际开发的框架下推动南南合作,挑战约定俗成的共识,并对发展领域的界限施加压力。

普遍认为,南南合作的出现源于 1955 年的万隆会议和之后的不结盟运动。万隆公报将亚非区域内部的国家合作认定为"以共同利益为基础、尊重各国主权"的合作,并把此类合作与发展中国家和发达国家之间的合作区分开来。[1] 前殖民地国家间进行合作的战略不仅是为了加强新独立国家的能力(实现国家独立自主),更是为了建设集体能力(即实现发展中国家集体的独立自主)。

在万隆会议上,经济和政治合作是新兴独立国家进行更广义的联合的一部分内容,这种联合在其后的 40 年中逐步展现出更多的方式。如 1964 年建立的联合国贸易和发展会议(简称"贸发会议")、七十七国集团(G77)和随后于 1974 年提出的国际经济新秩序(NIEO)。[2] 万隆会议后,认为后殖民地国家虽然正式独立,但仍未能摆脱经济依赖外国的观点愈发高涨。对经济独立自主的强调和后殖民时代对真正意义上的政治独立的呼

---

[1] Final Communiqué of the Asian – African Conference, Bandung, April 24, 1995.

[2] The Sixth Special Session of the UN General Assembly, April 9 to May 2, 1974, adopted, on May 1, 1974, the "Declaration on the Establishment of a New International Economic Order", A/RES/3201 (S-VI); and the "Programme of Action on the Establishment of a New International Economic Order", A/RES/3202 (S-VI).

联合国与南南合作

吁将南北国家之间的分歧转化为在联合国大会和其他国际论坛上的公开对立。[1] 这种对立产生了机制性的影响。南方国家不仅在联合国大会或经社理事会上强调组织结构问题,更将这一观点突出表现在联合国贸易与发展会议上。对于南方国家来说,联合国的成员制度(由世界所有国家平等参与)在本质上就是南方国家所争论的结构改革的重要论据。

在后殖民地国家中,日益兴起这样一种观点,认为由发展援助委员会所建立的原则将帮助发达国家永久地维持世界发展的不公平性。然而北方国家的观点却认为,此类公平性的要求在官方发展援助的概念中已然得到充分体现,并在日益兴起的双边合作机构和诸如国际货币基金组织、世界银行此类的多边组织中得到了解决。虽然如此,南方国家联盟依旧认为官方发展援助是在国际体系下二次制造不对等性。实际上,援助国—受援国的二元结构将经济不对称性转化为政治等级差别。这种等级制被植入大部分的国际组织中,如发展援助委员会和世界银行。这些机构等同于发达国家俱乐部,它们的机构设置和决策模式进一步加深了南北国家的差距。

尽管援助国—受援国二元结构伴随国际开发领域的源起同时出现,南方国家联盟依旧质疑这一充满等级的结构的合法性,并主张进行机构改革来为南方国家在制定发展政策上保持自主性提供必要条件。此外,建立国际经济新秩序的诉求和七十七国集团的建立将国际开发领域中业已存在的共识再次推到风口浪尖,质疑其基础性假设的正确性及其地位。建立国际经济新秩序的呼吁为诸多南方国家政府提供了加入对国际开发共识争论的途径,以争取其在国际社会及其诸多分支机构中的正当权利。[2]

同时,在联合国贸易与发展会议秘书处和七十七国集团内部,形成发展中国家间的技术合作和经济合作两种南南合作方式。随后,南南合作的重点领域落在了技术合作上。第32届联合国大会讨论了技术合作的原则,并将其主要目标定义为:促进发展中国家个别和集体的自力更生,并增强其创造性能力以解决它们的发展问题。在1978年联合国发展中国家间技

---

[1] Shaw, "The Non-Aligned Movement".
[2] Villumsen, "Capitalizing on Bourdieu".

术合作会议上，138个国家签署了《促进和实施发展中国家间技术合作的布宜诺斯艾利斯行动方案》（BAPA），该文件继承并补充了万隆会议提出的原则，指出发展中国家间的技术合作应加强发展中国家独立自主解决发展问题的能力。《布宜诺斯艾利斯行动方案》首次采用了"横向合作"（horizontal cooperation）的说法，这是一个界定南南合作性质的关键概念，也是发展中国家间合作的同义词。此外，除了用来说明相互获利的性质，"横向合作"也被用来将南南合作同经合组织所培育的南北间"纵向合作"的模式加以区别和对比。[1]

尽管《布宜诺斯艾利斯行动方案》提出加强南南合作的期望，20世纪80年代的债务危机对所有形式的开发合作都产生了负面影响，特别是南南合作。彼时，南南合作几乎失去了对国际体系进行改革和修正的全部动力。国际经济新秩序计划的失败使传统的国际开发领域再度得以巩固，南方国家在当时作为受援国存在。南南合作成为它们的一项战略，使它们同时扮演着受援国（相对于北方国家）和合作伙伴（相对于其他发展中国家）双重角色。在这段时间里，在委内瑞拉首都加拉加斯举行的联合国发展中国家间经济合作高级别会议为南南合作实践者们制定了一套行动计划。这项计划保持了开发合作与国际经济新秩序的联系，并承认南南合作是由发展中国家间经济互补的特性决定的。尽管如此，南南合作实际上要在21世纪以后，当新兴国家成为国际开发领域的主角后才得到有益的修正和发展。2000年4月，七十七国集团在古巴哈瓦那举行第一届南方国家峰会，峰会宣言强调南南合作在新千年的重要性并主张更多南方国家积极参与国际体系的决策机制。[2]

从上文可以看出，南南合作的兴起既是一系列为促进发展中国家发展的实践的结果，也是一种试图通过此主张改革国际体系的战略。不仅如

---

[1] United Nations, Buenos Aires Plan of Action for Promoting and Implementing Technical Co-operation among Developing Countries 1978 Documentation, 1978.

[2] Group of 77 South Summit, "Declaration of the South Summit", Havana, Cuba, April 10 – 14, 2000.

此，作为一项集体战略，南南合作帮助发展中国家巩固其政治联合，并催生了七十七国集团和不结盟运动。然而，一项对于冷战后会议会谈所公布的行动计划、宣言和公告的研究显示，万隆会议所传承下来的南南合作对于国际体系的修正动力已逐步减弱。实际上，尽管这种修正动力还保留在一些南南合作行为体的表述中，这些主张也仅仅是出于技术性和政治性的冲动，试图扩大发展援助委员会设定的国际开发领域框架。

到20世纪90年代，这种转变不仅出现在南南合作对南北合作的补充声明中，也出现在试图对照南北合作后将南南合作进一步提升到标准化的实践中。因此，如果说改变国际秩序的主张仍存在于部分南南合作机构中，它们现在正被所谓霸权化的援助模式和一系列给予"官方发展援助"的实践所压制。修正国际秩序和改写霸权发展模式的张力可能成为21世纪南南合作的最为显著的特点。

二、十年危机：国际开发的战场

21世纪伊始，两大进程改变了国际开发领域：市场导向改革的衰竭和联合国千年发展目标开展的扶贫措施。1999年世界贸易组织部长级会议期间发生的"西雅图之争"，在质疑经济治理机制结构不平衡及其产生的不公正效果的同时，把华盛顿共识的承诺带到了争论的焦点。[①] 对贸易和金融机构诉讼的抗议促使市场导向改革合法性的削弱，并对国际发展领域产生影响，人们越来越认识到华盛顿共识下的经济一体化的负面和排他性效果。不仅如此，发展中国家和跨国社会运动进一步争论以援助国为中心的国际开发结构的合法性。发展援助的条件作为强制手段加深了援助国与受援国之间的鸿沟并强调二者认知上的分歧。对于很多南方国家来说，发达国家所提供的官方发展援助所附带的条件是对其内政的一种干涉，更

---

① Raghavan, "After Seattle".

是一种促进援助国利益的途径，而远非促进受援国的发展。与千年发展目标和千年宣言同期兴起的，是广大被联合国会议调动起来的政府和转型中的社会运动纷纷关注经济全球化的社会成本。

因此，在 21 世纪伊始，发展机构面临日益具有争议性的工作领域，援助国的地位和权力都受到质疑。此外，发展的基本目标和获取方式都变得有争议性。在西雅图的抗议只是一个更深层次的危机的表现，或者是围绕信念的斗争的一部分。自冷战以来拼好的国际开发的拼图再次被打乱。援助国谜题"代理人如何被授权成为援助者"，考虑到发达国家经济体不断出现的财政赤字，这个问题演变成如何证明自身的正确性——当国家面临严重的财政紧缩时还要将国内稀少的纳税人的钱用于促进外国的发展水平提高？[①] 而对于援助国—受援国谜题来说，随着援助项目被越来越认为使援助国和受援国同时受益，如何在坚持援助国原则的同时，让受援国能够管控发展进程？这场关于发展理念的讨论与发展领域有着密切的关系。特别是当它提出发展领域的概念界限和合法性实践的定义的问题。

总之，这些问题促使国际开发领域的理念被重新组合。以通过援助有效性议题建立新的援助国与受援国的伙伴关系，就像理查德·曼宁（Richard Manning）后来阐述的那样，这一转变十分必要，能够再次平衡援助国—受援国关系，使之不再是原先的"附带诸多条件并由援助国占主导权"的时代。[②] 面临合法性危机，北方国家作为援助国试图重新建立彼此之间以及它们与南方受援国家之间的关系。据说援助国曾考虑将对发展项目的部分控制权转交给受援国，这一举动被认为是能够终止干涉发展中国家内政的限制条款。

自 2001 年至 2005 年，这项广泛的议程被写进一系列第二次高级别论坛所确立的、援助国和发展援助委员会为重建其地位拉拢发展中国家的原则中。大会最终宣言由 61 个双边和多边援助机构和 6 个受援国签署。这些在巴黎签署的原则包括了从管理角度上看的"有效援助"的观点和从

---

① Chin and Qadir, "Introduction", 496.
② Manning, The DAC, 3.

政治角度上看的"由国家领导的伙伴关系"、"共同负责"的原则。所谓"改革"包括以下五个原则：受援国对发展议程的拥有权、援助国与合作伙伴的目标一致、对本国体制的高度自信、多方援助者之间的相互协调与简化和谐的行动、"共同负责"与"结果管控"。国际开发领域的权威性论证差不多就在这份巴黎宣言中得以确立。后者很快成为一项品质标志，因为这些原则承诺挑战国际开发领域的多边谜题。实际上，既支持"共同负责"也支持"结果管控"的管理学观点是用来试图解决援助国难题的，至少是帮助发达国家在国内支持和官方发展援助的合法性上解决其困境。对于援助国之间和谐透明和集体行动的呼吁则解决了援助国之间的关系。和谐透明是要建立一个有凝聚力的监管机制以巩固援助国地位的条件。

所有权原则是宣言的基础内容，让受援国掌握方向盘，并转化了传统国际开发领域的不对等性。不仅如此，巴黎宣言认为发展援助应该以扶贫减负和实现千年发展目标为努力方向，因此巴黎原则似乎将国际开发这一领域的合作与更广范围的联合国议程联系了起来。涉及双边和多边合作时，这一原则变得更加务实，即要求官方发展援助必须为国家战略服务。①

尽管传统意义的援助国（发达国家）正努力用巴黎议程重新振兴国际开发领域，但南南合作伴随新兴国家逐渐成为国际主角的形势而日益兴起。尽管传统援助国仍在提供大半的开发合作，新兴国家的积极参与，特别是近十年的蓬勃发展势头，已经无可争议地改变了局面。传统援助国认为，新兴国家大举开展的开发合作，打破了主流的援助逻辑，不符合一个认知统一的援助国共同体。② 2008 年经济危机以后，这一现状更加凸显，官方发展援助和其他形式的政府间资本流通受到了北方援助国财政紧缩和

---

① Dijkstra, "The PRSP Approach"; Gottschalk, "The Macro Content"; Gottschalk, "The Effectiveness"; and Lavers, The Politics of Bilateral Donor Assistance.

② Mawdsley et al., "A 'Post-aid World'?," 29.

发展中国家债务问题的影响。[1]

对于新兴援助国家（南方出资国）来说，经济危机提供了展现传统官方发展援助和南南合作的差异并建立其在国际体系中新地位的宝贵机会。如前面所讲，国际开发领域建立之初就孕育了援助国—受助国的二元结构的理念。从南方世界逐渐产生的新兴援助国家挑战这一长存的结果，重新改变国际开发领域的拼图。与传统援助国所持的意见不同，新兴援助国坚称自己是合作伙伴，不认为自己是援助国，也拒绝使用这些它们认为是干涉别国内政的传统援助模式。相反，它们认为自己是与受援国平等的伙伴，并声称通过"横向原则"和互惠原则进行开发合作。[2]

不管新兴援助国家声称什么内容，伙伴地位和伙伴关系实践本身就是面临困境的复杂政治难题，并且在国内和国外不断演变。在国内，新兴伙伴国必须接受审查，不仅如此，它们还需声称不能成为或者代表北方国家的利益。事实上，南方大部分政府还在处理贫困和国内不公平的问题，在这样的情况下如何论证将公共财富投放到国外的社会发展的花销行为是合理的呢？因此，这些代理机构经常受到国内的抵制以至于它们要付出更多代价以维持在南南合作中的地位。不仅如此，为融入现行的国际开发领域，新兴援助国还需遵行现有的原则和目标，这使得它们面临的问题更加复杂。新兴援助国不仅要有别于官方发展援助的传统援助国，还要与之协调进行开发实践。在这个问题上，新兴援助国的阵营一分为二，一边是韩国、墨西哥等国与官方发展援助国进行接触和谈判；另一边是以巴西、印度和中国为代表的国家直接拒绝官方发展援助的原则。尽管传统援助国认

---

[1] United Nations, World Economic Situation and Prospects.

[2] For DAC the emergence of Southern providers implied rearranging the classification schemes and creating new hybrid categories such as 'donor - recipient' agents. The terminology of 'hybrid actors' points to emerging taxonomies, which are disputed by the actors within the field, at the same time as previous cat - egorisations – including 'developed' and 'developing' countries – lose their interchangeable character and applicability. See Davies, "Towards a New Development Co-operation Dynamic".

为南南合作是对官方发展援助的补充,然而新兴援助国则拒绝成为传统援助国,它们坚持认为南南合作与传统援助体系不同。

在金融危机的背景下,新兴援助国对传统援助国的影响力日益增强。北方国家在过去20年里一直关注良好治理能力和制度的建设,并重新审视经济增长模式,以期减少贫困;南方国家则围绕全面可持续发展与经济增长的关系展开辩论。这些争论由于缺少共同的话语基础而难以达成一致,进而深化了一项观点:以官方发展援助的思想统一国际开发领域已不再可能,国际开发领域的重要问题仍需重新界定和讨论。

面对新的理念之争,发展援助委员会尽力维系传统援助国及受援国与新兴援助国之间的共识。成立有效援助工作组(WP-EFF)[1]就是发展援助委员会的一项重大举措。工作组鼓励多方参与,极具包容性。截至2009年已拥有80个成员,其中包括24个受援国和31个援助国。有效援助工作组设立了南南合作工作小组,依据巴黎议程总结南南合作经验,认识到在开发实践中需要尊重多样性。[2]然而,发展援助委员会与有效援助工作组之间分工不明联系暧昧,使得有效援助工作组并未获得全面的接受。很多人认为这只是发展援助委员会为了维持现有的理念版图而进行的最后反击。[3]

参与南南合作的新兴援助国的观点是发展援助委员会改革始终在沿袭旧有体制的权力不平等的特性,因此新兴援助国认为确保自身获得更大影

---

[1] The WP-EFF was responsible for managing the Paris Meeting and the process of high-level meetings, as well as the Open Forum for CSO Development Effectiveness. In 2003 the working group started as a DAC subsidiary.

[2] The Task Team on South – South Cooperation (TT-SSC) was created in 2009 and derived from the Accra Agenda for Action commitment to partnerships. WPF-EFF and DAC consider it a Southern-led platform. Its main achievement was the mapping of 110 cases of South – South and triangular cooperation presented at the Bogotá High-level Event on South – South Cooperation and Capacity Development in 2010.

[3] Killen and Rogerson, "Global Governance".

响力的绝佳方式应该是建立一个新的机制。① 在 2005 年联合国大会后经由七十七国集团倡议成立的联合国发展论坛（Development Cooperation Forum，DCF）被很多人认为是对国际开发合作回顾得范围最广、包容性最强的论坛，这也是七十七国集团在反对和挑战发展援助委员会在变化中的国际开发领域的主导地位的直观证明②。由于工作任务和流程相当类似，开发合作论坛和发展援助委员会经常面临二者之间在国际开发领域发挥作用的比较。③ 特别是在关于"发展援助委员会作为由北方国家发起的机构是否适合引领南南合作？"这一问题的争论中，开发合作论坛作为更为合适的替代选择出现。这场辩论背后隐藏的重要意义是，有效援助工作组以及整个有效性援助议程都应该交给联合国系统来管理，④ 作为联合国系统的一部分，开发合作论坛当仁不让可以接手这部分工作，进而挑战发展援助委员会的支配地位。尽管开发合作论坛羽翼未丰，并曾因为其松散的工作机制而饱受诟病，⑤ 但在与其他开发机构比较时，开发合作论坛的更大包容性空间依旧对很多南方国家充满吸引力。例如，金砖五国（巴西、俄罗斯、印度、中国和南非）都确认参加开发合作论坛并明确表示将该论坛作为升级南南合作的第一选择。⑥ 因此，成立开发合作论坛是新兴国家对于援助国地位之争的正面回应。源自围绕华盛顿共识产生种种争论的国际开发危机，在全球金融危机和新兴国家崛起的双重压力下，于 21 世纪第一个十年末达到了最严重的程度。在那段时间，受国内和国际的双重影响，发达国家在国际开发体系中的地位和实践受到了全面的抵制

---

① Mawdsley, From Recipients to Donors, 76.

② Three years later the DCF was established and became operational as a new ECOSOC function. Its structure embraces biennial cycles of high-level meetings and a final DCF meeting held at UN headquarters. See Kindornay and Samy, Establishing a Legitimate Development Co-operation Architecture.

③ Verschaeve, "Is the Development Assistance Committee?".

④ Glennie, "Who should Lead the Aid Effectiveness Debate in the Future?".

⑤ Verschaeve, "Is Development Assistance Committee?".

⑥ Molina, "Can the UN Development Cooperation Forum?".

和反对，随着国际开发的固有结构和限制被不断挑战，该领域的各派理念纷争四起。

三、争夺阵地：釜山高级别论坛

在发展援助委员会组织的一系列回顾有效性援助和重塑国际开发格局的论坛中，于2011年在韩国釜山举办的第四届高级别论坛成为了国际开发领域的另一个里程碑。釜山论坛回顾了第二届高级别论坛后国际开发领域取得的进展，虽然如此，但就如本文前面所叙述的那样，国际开发领域的各项难题再次受到激烈争夺。

从传统援助国的角度看，金融危机的爆发、持续衰退的经济和不断紧缩的财政政策使得公众对于本国支出是否应该用于国际开发展开了激烈争论。此外，对于发展援助有效性的调查（2006年、2008年和2011年）显示，发达国家鲜有进步并且从未达到2005年设立的12项援助目标。援助国及其代理机构在国内再次受到严重的审查。与此同时，传统援助国开始在超出官方发展援助的范围外工作，援助国的地位受到了国内和国际的双重压力。

此外，由于南方国家使用与官方发展援助定义明显不同但又未被明令禁止的开发合作形式，由此带来的另一类压力也随之产生。南方国家采取灵活方式，另一方面可以根据情况提供如官方发展援助一样的援助国—受援国二元结构合作模式（"纵向合作"），一方面可以采取南南合作的伙伴关系模式。南方国家声称其意图在于推广"横向合作"而非加强"纵向合作"。此外，南方国家认为开发合作应当建立在共同利益的基础上而非单纯依靠援助。根据共同利益的概念，贸易和投资也可以纳入国际开发援助内容中，这就与传统的开发援助的定义有了根本上的不同。南方国家通过合作协定不断扩大影响，修改国际开发的范畴和内涵。欠发达国家一下子拥有了双重身份，它们既是根据官方发展援助定义的受援国，也是根据南南合作定义的平等的伙伴。从务实的角度看，无论是定义为援助国还是合作伙伴，新兴援助国的增加对于欠发达国家来说都至少有三个积极影响。其一，欠发达国家能够在特定的援助和项目的谈判中取得更加有利的地位，或者说至少拥有更多的谈判筹码。其二，不同援助国之间的潜在的逻辑之争有可能进一步强化国际开发领域的理念之争，从而形成一种"底线竞争"的态势。① 其三，在这场理念之争中，欠发达国家可以在传统援助国和新兴援助国之间挑拨离间以获取更大的利益。

面对这些卷土重来的挑战，发展援助委员会无法再通过召开新的高级别会议来评测有效性议程。釜山论坛之所以能够一直被认为是一个重要的历史转折点主要是由于这次论坛承认了开发实践的多样性，并且首次在多边场合明确指出发展援助委员会的缺陷，这直接挑战了发展援助委员会在国际开发领域的支配地位。② 不仅如此，釜山论坛还提出了有别于以往高级别论坛的合作方式，③ 虽然这些方式因其过高的技术性要求而受到批评。

釜山论坛的成果性文件提出了两大重要革新：一是承认除了传统援助国以外存在其他国际开发行为体（包括新兴援助国和私人部门）；二是基于承认其他行为体的存在，号召建立新的"有效开发合作全球伙伴计划关系"（Global Partnership for Effective Development Cooperation, GPEDC），在代表性和包容性上找到更好的平衡点，这是解决国际开发领域合法性问题的重要途径。基于这个举措，更多的新兴成员得以加入国际开发领域。"有效开发合作全球伙伴计划关系"的倡议建议南北国家双方都作出妥协。

---

① Indeed, the doxic battle is eroding the main principles of both modalities, NSC and SSC. Assessed from the Southern position, aid practices, as predicted by the effectiveness agenda, are still hiding under the principle of ownership, the structural hierarchy of the field, and the customary conditionalities. Neverthe-less, while evaluating Southern practices, Northern donors consider that SSC is either complementary to NSC or a new colonial enterprise.

② Kharas, The Global Partnership.

③ Already in the WP-EFF the idea was to move away from previous HLFs, which were criticised for their highly technical nature. See Kindornay and Samy, Establishing a Legitimate Development Co-operation Architecture.

一方面，在有效性援助与开发合作（即超出传统援助范畴之外的合作）之间进行妥协；另一方面，在传统援助国和新兴援助国之间进行妥协。① "有效开发合作全球伙伴计划关系"倡议的支持者认为，该倡议既从促进国际开发的范本和模式上展开对话，又承认新兴援助国家和私人部门在国际开发领域的地位。②

总的来说，釜山论坛共有四项重大革新值得我们关注：开发有效性的概念的产生，承认南南合作在国际开发中的合法性、承认私人部门在国际开发中的合法性、呼吁建立新的国际机制以囊括所有的参与者和实践方式。尽管如此，釜山论坛并没有建立起国际开发的目标和实践方式的集体共识，而是为更为激烈的争论拉开了序幕。有效性开发议程作为论坛最重要的成果，成为国际开发中的热门词汇，而其含义也被广泛讨论。③ 对于传统援助国来说，这一概念的意义既强调开发成果也强调对于有效性援助议程的继承和发展；对于新兴援助国来说，这一概念意味着国际开发领域边界的延伸。因此，对于新兴援助国来说，有效性发展的概念削弱了传统援助国的地位，为南南合作开放了新的空间。然而对于传统援助国来说，其活动空间却被进一步缩小。

新兴援助国的出现和它们在南南合作中的积极表现这两大转变加深了新兴援助国与传统援助国之间的分歧。根植于南北差异之中，这一分歧再次催生了围绕国际开发和实践方式的理念性的争论。釜山论坛上新兴援助国所提出的"共同原则与不同责任"的说法再次深化了南北国家之间的鸿沟。④ 此外，传统援助国与新兴援助国之间的争端使以盈利为目的的私人部门得以进入国际开发领域。私人部门以解决官方发展援助的失败为旗

---

① Kim and Lee, "Busan and Beyond".

② Atwood, "Creating a Global Partnership".

③ Eyben, "Struggles in Paris", 88.

④ Busan Outcome Document, Busan Partnership for Effective Development Co-operation, Fourth High-Level Forum on Aid Effectiveness, Busan, South Korea, December 1, 2011, §2.

号，不顾传统援助国与受援国的反对，① 加入国际开发的活动中。传统援助国和新兴援助国彼此相争之下，都鼓励混合性的伙伴关系加入以促进国际开发。②

最后，国际开发领域的体制改革依然是充满争议性的问题。尽管经合组织和传统援助国都支持"全球有效发展伙伴关系"，将其视为是具有关注开发合作进程意愿的行为体的联合，③ 一些新兴国家还是将之视为"新瓶装旧酒"，④ 认为"全球有效发展伙伴关系"的指导委员会仍旧在复制旧有机制。尽管该倡议的目标是更好地代表国际开发领域所有的参与者，但目前传统援助国—受援国的二元结构依旧处于核心地位。

四、结论

釜山进程和"全球有效发展伙伴关系"倡议并未终结国际开发领域旷日持久的论战，相反地，却成为其理念之争的前沿阵地。实际上，釜山论坛上最重要的问题就是国际开发领域最持久的概念——官方发展援助应该何去何从。因此，在明确指出官方发展援助各项缺陷的同时，釜山论坛也为理解国际开发领域的战场创造了一个俯瞰全程的机会，通过回顾国际

---

① Eyben and Savage, "Emerging and Submerging Powers".
② Verschaeve, "Is Development Assistance Committee?".
③ Atwood, "Creating a Global Partnership".
④ There are different views among middle-income countries and SSC providers. While some countries, like China, Brazil, and India, are highly critical of the GPEDC process, others, like Mexico, Turkey, and Indo – nesia, identify it as the right forum for standardizing principles on SSC. Within the GPEDC's Steering Com – mittee, three distinct constituencies were established (recipient countries, donor countries, and providers and recipients of development cooperation, among others), drawing on WP – EFF's member categories: ODA recipient countries; recipients and providers of assistance; and donor countries reporting to DAC. See Kharas, The Global Partnership; and Assun?? o and Esteves, "The BRICS and the GPEDC".

联合国与南南合作

开发领域中援助国、受援国谜题的产生，官方发展援助的出现，南南合作的兴起，横向合作与纵向合作之争，釜山论坛帮助我们回溯并理解了国际开发领域的理念之争。官方发展援助理念的出现帮助北方国家取得国内的支持，将本国的财政支出延伸到国外，促进国际开发；并且帮助北方国家建立援助国的身份和地位。这一地位的产生，解决了所谓的"援助国难题"。此外，这一理念也在近40年的时间里维护了国际开发的边界。相应地，在冷战期间，官方发展援助的理念也抑制了南方国家通过七十七国集团和不结盟运动所提出的如建立国际经济新秩序等诉求表达出的修正主义潮流。

官方发展援助打败了这些诉求并且把提出修正诉求的发展中国家变成了受援国，从而解决了所谓的"援助国—受援国难题"。发展中国家作为受援国心照不宣地接受官方发展援助的合法性（援助国权力）和国际开发的界限所在。然而援助国取得的胜利并不代表受援国对于援助国—受援国这种不对等的二元结构的全盘接受。南南合作的出现就是曾经的受援国对于传统国际开发体制的反击。尽管南南合作直到20世纪90年代末都被认为乏善可陈，但南南合作依旧是南方国家政治联盟的一项可行战略，并且对传统的国际开发机制和边界发出了强有力的冲击。

到20世纪90年代末期，整个国际开发领域的结构和机制都陷入争议。然而在10年危机的影响下和巴黎议程为北方国家注入新的力量后，官方发展援助依旧是国际开发的核心，保持了它对于开发的概念界定和争议性的支配地位。金融危机的爆发和南方新兴国家的崛起揭示了巴黎议程走向尽头。经过近十年的变迁，援助国集团因为内部关系紧张和外部压力频现（压力分别来自南方国家挑战、援助国权力的维系、国内社会质疑和私人部门冲击等），国际开发的参与者们纷纷前往釜山进行讨论，分析官方发展援助是否还能够适应国际开发领域的新形势（多样化的参与者和实践方式）。经过讨论，釜山论坛得出明确结论，国际开发领域正在经历一个去中心化的过程，试图将旧有中心官方发展援助的理念作为唯一合法性理念指导国际开发领域已经不复可能。国际开发领域多重身份的参与者（传统援助国、新兴援助国、私人部门）和多种实践方式（纵向合作与横向合作）的合法性均被承认。当传统援助国还在努力维持经合组织的官方发展援助在国际开发领域的中心地位时，南方国家则支持联合国的开发合作论坛作为革新和协调规则制定的新平台。由经济合作发展组织发展援助委员会所主导的"有效开发合作全球伙伴计划"与联合国开发合作论坛成为国际开发这一战场上的两块重要阵地。这场战争远没有结束，而国际开发这块战场本身，边界仍在被不断重新划定。

附录三
联合国有关南南合作机构*

一、联合国开发计划署[①]

联合国开发计划署（The United Nations Development Programme，UNDP）是联合国的一个下属机构，同时也是世界上最大的技术援助多边机构。其总部位于美国纽约，前身是1949年成立的技术援助扩大方案和1958年设立的旨在向较大规模发展项目提供投资前援助的特别基金。根据联合国大会决议，这两个组织于1965年合并，成为今天的开发署。它致力于推动人类的可持续发展，协助各国提高适应能力，帮助人们创造更美好的生活。目前，它的工作重点是为发展中国家提供技术上的建议、培训人才并提供设备，特别是对最不发达国家进行帮助。

开发署的下属机构包括：（1）执行局。是开发署的决策机构，由36个成员国组成，其中亚洲七个、非洲八个、东欧亚四个、拉美五个、西欧和其他国家12个。执行局成员由经社理事会按地区分配原则和主要捐助国和受援国的代表性原则选举产生，任期三年，执行局每年举行三次常会、

---

* 本附录由复旦大学联合国研究中心博士生申文整理。

① 资料来源：联合国开发计划署官方网站，http://www.undp.org/；联合国开发计划署中国网站，http://www.cn.undp.org/；及中华人民共和国外交部网站，http://www.fmprc.gov.cn/。

一次年会。(2) 秘书处。按照执行局制定的政策在署长领导下处理具体事务。署长任期4年。现任署长海伦·克拉克 (Helen Clark) 于2009年4月17日正式上任，2013年获得连任。她是该机构的首位女署长，也是新西兰历史上首位女总理。2013年起，中国的徐浩良担任联合国开发计划署助理署长兼开发署亚太局局长。

开发署的资金来自不同合作伙伴的自愿捐助，其中包括联合国成员国和其他多边组织。合作伙伴的捐助将用作常规资金，或用于捐助方指定的其他用途。2012年，开发计划署的常规资金来自50个国家的捐助，总额达8.46亿美元。2012年，开发计划署的其他资金达37.9亿美元，由项目国提供的资金比2011年增长了5.3%。另外，由多国共同提供的资金增加至15亿美元。

联合国开发计划署的职责是为发展中国家提供专业建议、培训及其他支持措施，并日益关注对最不发达国家的援助。为实现千年发展目标，促进全球发展，联合国开发计划署重点关注减贫、对抗艾滋、善治、能源与环境、社会发展和危机预防与恢复等工作，并将保护人权、能力建设和女性赋权融入所有项目之中。

联合国开发计划署与成员国政府、其他联合国机构、公民社会和其他发展组织就四个领域的工作进行合作：民主治理、减贫与平等、能源与环境以及灾害管理。此外，联合国开发计划署还专门就南南合作展开工作，帮助中国与其他发展中国家分享发展经验。

根据联合国大会的授权，联合国开发计划署也是联合国驻地协调员系统的托管机构。联合国开发计划署驻华代表同时兼任联合国系统的驻华协调员，他/她是级别最高的联合国驻华官员，也是联合国驻华使团的最高领导人。驻华协调员的职责包括在驻地代表联合国，协调运作、管理，及提供人道主义援助及紧急援助，向总部进行年度汇报、工作评估、协议签署等。目前，开发计划署在177个国家设有驻地代表处。

联合国开发计划署与中国的合作始于中国的改革开放。1979年9月，开发计划署与中国政府签署了《中国政府—联合国开发计划署标准基本援助协议》，开始了长期的合作。迄今，联合国开发计划署已经调动超过

10亿美元资金，用于支持中国发展，共完成了900多个项目，领域涉及包括农业、工业、能源、公共卫生、减贫和经济重建。1982年以来，联合国开发计划署与中国国际经济技术交流中心密切合作，成功实施了五期"国别方案"及"合作框架"。通过合作伙伴关系以及许多其他项目的成功实施，数千人接受了培训，重点部委和科研机构的能力得到了强化。

开发署在中国设有代表处，由一位国别主任负责日常运营与项目管理。他/她的主要职责是保证驻华办事处的高效运转，并通过总负责在华的所有项目，明确开发计划署在华工作的战略方向。两位副国别主任负责支持国别主任的工作。代表处与十几个中央部委及合作伙伴紧密合作，来保证其工作与中国的发展计划的一致性。现任驻华代表为来自贝宁的诺德厚先生（Alain Noudehou）。

二、联合国贸易与发展会议[①]

联合国贸易和发展会议（United Nations Conference on Trade and Development，UNCTAD）是联合国大会处理有关贸易和发展问题的常设机构，是审议有关国家贸易与经济发展问题的国际经济组织，简称"贸易会议"。它由发展中国家倡议并根据第19届联大第1995号决议于1964年成立。贸发会议的宗旨是最大限度地促进发展中国家的贸易和投资机会，并帮助它们应对全球化带来的挑战和在公平的基础上融入世界经济。秘书长是贸发会议的最高行政长官，其职位等同于联合国副秘书长。现任秘书长是肯尼亚人穆希萨·基图伊（Mukhisa Kituyi），他于2013年担任该职务，任期四年。

第二次世界大战结束后，世界上许多国家摆脱殖民统治而获得独立，但旧的国际政治经济秩序严重阻碍了其经济发展。发达国家在贸易上对发

---

① 资料来源：联合国贸发会议官方网站，http://unctad.org/en/Pages/。

展中国家的歧视以及冷战时期两个超级大国对发展中国家的激烈争夺,使发展中国家的经济遭到严重损害,因此广大发展中国家迫切要求改善国际贸易环境。在发展中国家的积极推动下,联合国大会于1962年通过了召开贸发会议的决议。1964年3—6月,首届贸发会议在瑞士日内瓦举行。同年12月,第19届联大根据首届贸发会议的建议,通过第1995号决议,决定正式成立贸发会议,并将其作为联大的常设机构之一。阿根廷著名经济学家普雷什维(Raúl Prebisch)成为首任秘书长。决议还决定成立贸易和发展理事会,作为贸发会议的执行机构,总部设在日内瓦。

20世纪60—70年代,贸发会议的角色是各国政府间南北对话和谈判的论坛,新国际经济秩序是重要的讨论议题。期间,贸发会议还担负起提供发展问题研究分析和政策建议的任务。80年代,随着国际政治经济发生变化,贸发会议重点关注的问题转移到如下议程:(1)宏观经济调控、国际金融货币等;(2)通过召开联合国最不发达国家会议,推动对欠发达国家的关注。1990年以来,随着冷战的结束,世界经济贸易一体化进一步加速,同时伴随着国际金融资本流动等因素,世界金融市场呈现不稳定的状态。金融危机带来的巨大破坏力也促使人们更多的思考。由此,贸发会议加强了对贸易、投资、技术及企业之间联系的分析研究;为发展中国家提供国际贸易的积极议程,并协助它们更好地了解复杂的多边国际贸易谈判。同时,贸发会议将工作领域拓展至国际投资和技术援助等领域。

经过半个多世纪的发展,目前贸发会议共有192个成员,其中155个国家是理事会成员。至2012年,贸发会议先后在日内瓦、新德里、圣地亚哥、内罗毕、马尼拉、贝尔格莱德、卡塔赫纳(哥伦比亚)、米德兰(南非)、曼谷、圣保罗、阿克拉(加纳)和多哈等举行过13届大会。中国于1972年加入贸发会议,目前是贸发会议、贸发理事会以及所属各主要委员会的成员。

1992年2月在哥伦比亚卡塔赫纳举行的第八届贸发会议大会同意建立一套新的组织机构。其中最高权力机构是贸发大会,由全体成员国参加,每四年举行一次。贸发会议的常设机构是贸易和发展理事会,每年举行一届常会和三次执行会议。理事会下设三个委员会:货物和服务贸易及商品委员会；投资、技术和相关资金问题委员会；企业、商业便利和发展委员会。日常事务由设在日内瓦的秘书处承担，主要为贸发大会、理事会及附属机构服务，并从事研究、调查、政策分析及其他活动，以期促进政府间的讨论和建立共识以及监测、执行和贯彻政府间的决定，向其成员国和政府间机构提供咨询服务，并在它们要求下进行其他类型的技术合作活动。贸发会议的活动资金有三个来源：信托基金、联合国开发计划署及联合国计划预算。

贸发会议每年主要的出版物有：《贸易和发展报告》、《世界投资报告》和《最不发达国家报告》。这些报告提供最新的资料，分析全球趋势，制定政府和私营部门的实用政策建议。

三、联合国南南合作办公室[①]

1974 年，联合国大会通过第 3251 号决议，决定"在联合国开发计划署内成立一个特殊的部门，推进发展中国家间的技术合作"，南南合作专门机构由此成立。1978 年，布宜诺斯艾利斯行动计划（Buenos Aires Plan of Action，BAPA）为推动和落实发展中国家之间技术合作而做出的建议得到联合国大会（33/134 号决议）承认，BAPA 的 34 号建议阐述了特别部门的首要职责：推进、协调、支持全球及联合国系统内的南南或三角合作。

2003 年，联合国大会在第 58 次会议上做出了四项战略决定：（1）将该机构更名为南南合作特设局，整合了促进发展中国家技术合作和发展中国家经济合作的职能；（2）将 12 月 19 日指定为联合国南南合作日；（3）将发展中国家技术合作高级委员会更名为南南合作高级委员会；（4）重申南南合作特设局是联合国系统中南南合作工作的独立实体和核

---

① 联合国南南合作办公室即原联合国南南合作特设局，资料来源：联合国南南合作办公室官网（http://ssc.undp.org/content/ssc.html）和中国南南合作网（http://www.ecdc.net.cn/）。

心机构。2004 年，特别部门正式改名为南南合作特设局（The Special Unit for South-South Cooperation）。2014 年，南南合作特设局改名为南南合作办公室（United Nations Office for South-South Cooperation），简称"南南办"，自 2004 年起一直担任特设局局长的周一平被任命为联合国南南合作特使。

南南办接受联合国大会南南合作高级委员会、联合国大会以及联合国开发计划署的任命和指导，联合国开发计划署提供该机构的行政和项目预算。具体而言，南南办在法律上受联合国大会高级委员会领导，同时它还是南南合作高级委员会秘书处、联合国南南合作系统协调机构、联合国计划开发署 77 国集团的核心机构；在预算上，行政和项目预算由联合国开发计划署提供，其他非核心资源由南南信托基金补充；在运作与管理上，在联合国开发计划署内部，办公室与其他基金和项目（如联合国妇女发展基金）处于同一级别，通过联合国开发计划署助理署长向署长报告，根据联合国开发计划署/联合国人口活动基金会执行委员会批准的"三年合作框架"开展具体活动。

南南办的职能可以概括为以下四个层次：联合国系统南南合作总秘书处、联合国南南合作知识中心、南南伙伴关系的建设者、南南转让交易的促成者。

南南办的主要作用有：（1）发挥它具有的全球覆盖面优势及政策制定能力，帮助联合国机构及发展中国家加强其南南合作能力，使南南合作成为联合国系统内及国际发展中社会的一种主流趋势。认同、分享、转移南方国家的发展解决经验，来帮助发展中国家管理、设计及实施南南合作政策及倡议；（2）广泛吸收合作伙伴，包括国家、联合国机构、多边机构、私人企业和社会团体，以便为南南合作提供最为充分、有效和综合性的支持；（3）为发展中伙伴寻找、展示、转移具有前瞻性的发展解决方案进行创新，帮助他们应对当今发展中的挑战；（4）让新兴的、中等收入及欠发达的发展中国家协作开发丰富的资源，无论是有形还是无形的，以支持国家、地区及全球的发展工作；（5）作为南南合作高级别委员会（HLC）的秘书处及联合国大会的分支机构，为世界范围内的南南合作进程提供政策、指导及评估。在此背景下，南南办监控联合国系统内及全球范围内的趋势，为各类政府间组织提供报告，包括联合国秘书长关于南南合作的报告；（6）管理联合国南南合作基金及佩雷兹·格雷罗发展中国家间经济技术合作信托基金。其中，前者成立于2002年，当年联合国大会第57/263决议进一步决定将南南信托基金列入联合国开发活动认捐会议；后者成立于1983年，最初名为联合国发展计划署发展中国家间经济技术合作信托基金，由办公室代表77国集团进行管理，当77国集团中有三个或者更多的成员开展合作项目时，为该项目提供催化资金。1986年，为纪念已故委内瑞拉官员佩雷兹·格雷罗先生而改为现名。

南南办通过三个主干平台来推进、协调及支持南南和第三方合作，以及实施具体政策和支持社会发展。第一个主干平台是全球南南发展学院（Global South-South Development Academy），作为一个在线平台，它鉴定、收集及管理大量的南方发展解决方案和专家。第二个主干平台是全球南南发展博览会（Global South-South Development Expo）。博览会每年汇聚发展的实践者，联合国系统、政府、私人企业及社会团体的代表，在联合国的重要场合展示精选的成功发展范例。第三个主干平台是全球南南技术产权交易所（South-South Global Assets and Technology Exchange）。通过它的实体中心及网络平台，方便被证明有效的发展方案转让，提供一个安全的环境为技术、方案及资金的需求方和转让方提供配对。办公室致力于建立及加强与发达及发展中国家、联合国系统、私人企业、社会团体组织的伙伴关系，以实现其目标。

南南办自从成立以来，与中国开展了多项不同类型及层次的项目合作，周一平先生更是致力于加深加强中国与特设局之间的合作。2008年11月，作为特设局三大主干平台之一的全球南南技术产权交易所在上海揭牌成立。2008年，在联合国秘书长的政策指导中，明确了南南交易所的重点服务领域：（1）为小型及中型企业提供农业技术产权交易；（2）以公私伙伴关系为重点的环境及清洁能源交易；（3）全球健康产权技术交易。该平台不仅为技术合作和产权交易提供平台，也为国际间开展企业并购重组、资源优化配置提供了信息和资本服务场所。截至2014年底，交易所已经在40个国家建成50个交易中心，1000多个组织受益。

四、七十七国集团[①]

77国集团（The Group of 77）是冷战时期发展中国家在反对西方国家控制、剥削、掠夺的斗争中逐渐形成和发展起来的一个国际集团。它也是一个发展中国家为改变国际经济贸易中的被动地位，改善日益恶化的交往环境，为制止发展中国家国际收支逆差不断扩大而建立起来的政府间组织。

77国集团发端于联合国贸易和发展会议。1963年在18届联大讨论召开贸易和发展会议问题时，73个亚非拉发展中国家以及南斯拉夫、新西兰共同提出了一个《联合宣言》，当时这些国家被称为"75国集团"。这是77集团的雏形。随后在1964年日内瓦召开的第一届联合国贸易发展会议上，有77个发展中国家和地区与发达国家在重大贸易问题上产生了尖锐的分歧，他们共同发表了《77国联合宣言》，要求建立公正、合理的国际经贸秩序，并以此组成一个集团参加联合国贸易和发展会议的谈判。以《77国联合宣言》为标志，77国集团宣告成立。1967年，第一届77国集团部长会议在阿尔及利亚召开，会议上首次通过了章程"阿尔及尔宪章"。1971年10月在秘鲁首都利马举行第二次会议，通过《利马宣言》。1974年4月，联大第六届特别会议又通过由该集团起草的《关于建立国际经济新秩序的宣言》和《行动纲领》，规定了建立国际经济新秩序的一系列重要原则。到1979年2月在坦桑尼亚阿鲁沙召开第四次会议时，集团成员已增加到120个。同时，77国集团逐渐从设在日内瓦的贸发会议扩展到联合国其他一些机构。在联合国的一些重要会议里也有77国集团的影子。截至2014年，该组织已具有成员国134个，但是为了纪念历

[①] 主要资料来源：77国集团网站，http://www.g77.org/doc/。

史仍沿用了77国集团的名称。虽然77国集团缺乏明确、统一的章程和预算,但由于成员国有着共同的利害关系,它们在同发达国家谈判时,往往能以"一个声音讲话",反映了发展中国家为维护切身利益而走向联合斗争的共同愿望。77国集团为推动南南合作和南北合作做出了重要贡献。

值得一提的是,1960年中期至1970年末,77集团推行了卓有成效的联合行动:(1)它运用了第三世界在联合国内平等表决制形成的多数优势,促使联合国的各种机构通过了比较公平合理和有利于发展中国家的决议,其中包括若干具有法律约束力的决定;(2)推动联合国创设了一些新的机构或机制,实施各种有助于贫弱国家经济增长的各种方案;(3)通过联合国各种讲坛的论战或有关的决议,对国际社会中的政治霸权和经济霸权,加以批判、抵制和约束;(4)敦促联合国各有关机构就全球性经济发展严重失衡、世界财富的国际分配严重不公、南北两类国家贫富悬殊的鸿沟不断扩大等重大问题,加强研究评析,采取相应的有效措施,逐步加以解决。

77国集团自成立之初,就以行动设定自己的行动宗旨:(1)为发展中国家旗帜鲜明地表述自己的正义主张,促进发展中国家集体的经济权益;(2)在联合国体制内部,在有关国际经济一切重大问题的南北谈判中,增强发展中国家的"集体谈判能力";(3)在发展中国家之间,加强经济合作和技术合作。

组织架构方面,77国集团没有正式的组织章程,是广大发展中国家的一个松散的磋商机制,其总部设在纽约。77国集团设主席国一职,在组织内具有最高的政治地位,主席国在亚、非、拉三大洲之间轮换,每届任期一年。2015年的轮值主席国是南非。

自2000年起77国集团加大了内部的机构设置力度,南方峰会(South Summit)成为77国集团的最高决策机构。2000年、2005年第一届峰会与第二届峰会分别于古巴的哈瓦那和卡塔尔的多哈召开。根据大洲轮转的原则,下届峰会将于非洲召开。

77国集团另设几类部长级别会议:(1)外交部长会议,该会议于每年联合国大会开始时召开;(2)专业部长会议(Sectoral Ministerial Meeting)，77 国集团成员为准备每届联合国贸发会议、联合国工业发展组织大会、联合国教科文组织大会而定期召开；（3）特别部长会议，一般在 77 国集团重大纪念场合召开，迄今已经召开 5 次。（4）其他各类专业部长会议，从 1995 年开始 77 国集团在其他相关领域，如农业与食品、投资与金融、科学与技术，召开部长级会议，商讨南南合作的大计。（5）南南合作政府间后续行动及协调会议，作为监督及回顾南方峰会及加拉加斯行动计划执行情况的监督机构，该会议每两年召开一次，全体 77 国集团高级官员出席会议。自 1982 年以来，后继行动及协调会议已召开了 12 届。

中国不是 77 国集团成员，但作为最大的发展中国家，一贯重视发展同 77 国集团的合作，支持 77 国集团的正义主张和合理要求，并与其保持良好的合作关系。中国曾以特别客人或观察员的身份多次出席 77 国集团的部长级会议。自 1990 年以来，中国同该集团的关系在原有基础上有进一步提升，形成了"77 国集团 + 中国"的新合作模式。2000 年 4 月第一届、2005 年 6 月第二届会议分别在古巴哈瓦那和卡塔尔多哈召开，中国全面参加了与该集团的所有会议和活动。

五、南方中心[①]

南方中心（South Centre）是发展中国家建立的政府间国际组织。它成立于 1990 年，其前身是部分发展中国家于 1987 年发起成立的南方委员会（South Commission），曾经提出过著名的报告《对南方的挑战》。作为一个发展中国家创办的独立智库，它分析发展中国家的发展问题，鼓励发展中国家之间分享共同的发展经验，并为发展中国家提供政策和智力支持（特别是国际层面的）。1995 年，根据一系列条约，南方中心转变成为一

---

① 主要资料来源：南方中心官方网站，http：//www.southcentre.int；新华网，http：//news.xinhuanet.com；中华人民共和国外交部官网，http：//www.fmprc.gov.cn/。

个政府间组织，在涉及南方国家的广泛领域开展工作，如发展政策、可持续发展问题、气候问题等。中心现有 51 个成员国，总部设于日内瓦，现任负责人为执行主任马来西亚人许国平（Martin Khor），董事会主席为坦桑尼亚前总统本杰明·姆卡帕（Benjamin William MKAPA）。

南方中心的组织机构有三个，分别是：代表理事会、董事会和秘书处。代表理事会由各成员国派代表组成，是中心的最高权力机构，主要任务是评估由执行主任提交的工作计划及董事会提交的预算及财务情况。董事会由代表理事会任命的主席及九名董事组成，他们不代表国家，仅以个人身份工作，负责监督指导中心工作。秘书处是中心的办事机构，由执行主任直接领导，在董事会主席及董事会的指导下执行南方中心的工作。主要活动为每年召开一次代表理事会会议，两次董事会会议。

根据 2005 年第六届南方中心代表大会通过的决议，南方中心的资金来源是各会员国的自愿捐款。此外，政府、非政府的专业机构、基金以及政府间组织的捐款也是资金来源的一部分。

南方中心的基本宗旨是：（1）加强南方各国的团结，促进南方各国的觉醒，增进南方各国及其人民相互之间的理解；（2）加强各种形式的南南合作、一致行动、南南联系和信息互通；（3）促使发展中国家在各种国际论坛上，就南南事务、南北事务以及其他全球性事务，协同步调、互相配合、促进共同利益；（4）在涉及发展、主权与安全等全球经济、政治与战略性问题上，促使南方各国形成共同的观点，采取共同的态度；（5）在公平和公正的基础上，促进南北之间的互谅和合作，促进联合国及其有关组织实现民主化。

1995 年中国正式加入南方中心。2014 年 3 月，南方中心正式任命中国外交学会杨文昌会长为董事会董事。1996 年中国向中心捐款 50 万美元。自 2002 年起，中国每年向中心捐款 10 万美元。2007 年 1 月 31 日至 2 月 2 日，中心第 18 次董事会会议在安徽省黄山市举行，中国宣布向中心捐款 100 万美元。

六、不结盟运动

不结盟运动（The Non-Aligned Movement）成立于1961年9月，包括了近2/3的联合国会员国，其中绝大部分是亚洲、非洲和拉丁美洲的发展中国家，人口占世界总人口的55%左右，在国际社会具有广泛的代表性。自成立以来，不结盟运动坚持独立、自主和非集团的宗旨和原则，支持各国人民，特别是广大发展中国家，维护民族独立、捍卫国家主权以及发展民族经济和文化的斗争。

1956年，南斯拉夫总统铁托、埃及总统纳赛尔和印度总理尼赫鲁举行会谈，针对当时东西方两大军事集团严重对抗殃及广大中小国家的情况，提出了不结盟的主张。1960年，第15届联合国大会期间，这三位领袖又与印度尼西亚总统苏加诺和加纳总统恩克鲁玛在纽约会晤磋商建立美苏之外的第三股政治势力。1961年9月，首次不结盟国家首脑会议在埃及、南斯拉夫、印度、印度尼西亚、阿富汗五国的发起下，于南斯拉夫首都贝尔格莱德举行，25个国家的代表出席了会议，不结盟运动正式形成，该次会议通过了《不结盟国家的国家和政府首脑宣言》，反对任何形式的"殖民主义、帝国主义和新殖民主义"，要求签订国际性的裁军条约，消除经济不平衡，废除国际贸易中心的不等价交换。宣言还明确表态支持阿尔及利亚、安哥拉、突尼斯、古巴等国的民族解放运动，以及争取中华人民共和国在联合国的席位。

此后，第二届到第四届会议分别于1964年10月在埃及开罗，1970年9月在赞比亚首都卢萨卡，1973年9月在阿尔及利亚首都阿尔及尔召开。第四届不结盟运动首脑会议召开时，适逢世界石油危机，一些出产石油的不结盟运动的成员国已经跻身前次会议所称的"富国"行列，该组织成员在经济上开始分化。到第六次不结盟运动首脑会议举行时，成员国之间的政治与外交分歧公开，并成为矛盾，不结盟方针也严重动摇。在古巴举行的这次会议上，因柬埔寨（当时被越南占领）的地位问题发生了争议，导致缅甸最终决定退出不结盟运动。同时，许多国家虽然依然表示奉行独立自主的外交政策，但实际上却不得不屈服于现实政治的实际：例如古巴始终是苏联忠实的盟友、越南战争中一些中东、东南亚的国家倒向美国；甚至连运动的创始国之一的印度，也开始倒向苏联。冷战之后，不结盟运动继续存续，但是在国际政治经济格局中的地位大大削减，已经被边缘化，其政经功能已经被许多后来者取代。最近一次的不结盟运动首脑会议 2012 年在伊朗首都德黑兰举行，会议主题是"联合全球治理，促进世界和平"。来自 100 多个国家的与会代表成员国分别就不结盟运动面临的挑战、联合国改革、巴勒斯坦问题、伊朗核问题以及叙利亚危机等热点议题展开讨论，并通过了指导不结盟运动未来 3 年发展方向的最后文件。2015 年第 17 届不结盟运动峰会将在委内瑞拉召开。

作为一个松散的政府间国际组织，不结盟运动不设总部，无常设机构，无成文章程。1961 年 9 月，首次不结盟国家首脑会议在南斯拉夫贝尔格莱德召开。1970 年起，首脑会议会期制度化，每三年举行一次。不结盟运动各种会议均采取协商一致的原则，如有分歧，各成员国可采取书面形式向主席国正式提出保留意见，以示不受有关决议或文件的约束。该组织现有 120 个成员国、17 个观察员国和 10 个观察员组织。

不结盟运动的主要机构是松散和不明确的，基本的设置是：主席国、协调局及各级别的高级会议。主席国的职责是，在其任期内领导并协调组织在联合国及其他国际论坛中的活动，如果需要的话，主席国协调组织的运作。协调局由 1973 年第 4 次首脑会议决定成立，主要作用是协调各国在联合国内的立场，一般每月在纽约召开一次会议，也可以根据需要随时召开会议。各级别会议不定期召开，但一般在每年联合国大会召开期间运作的会议最为集中，包括首脑峰会、部长级别会议，联大期间部长会议。此外，还有协调局内部的部长会议、各个工作小组及项目小组会议，它们一同组成了不结盟运动的会议体系。首脑峰会自然是运动的最高权力决议机构，每三年召开一次，会议于当年的联合国大会召开前一个月举行，峰会还会选举出下一届主席国。

中国重视发展和加强与不结盟运动的关系。1992 年 9 月，中国国务委员兼外交部部长钱其琛应邀率团出席了在雅加达举行的第 10 次首脑会议。会上，中国正式成为观察员国，同不结盟运动的关系得到了进一步发展。中国派团出席了此后历次首脑会议及协调局部长级会议，并同不结盟运动成员在联合国保持着经常磋商与合作。

七、联合国工业发展组织[①]

联合国工业发展组织（United Nations Industrial Development Organization，UNIDO），简称"工发组织"，成立于 1966 年，原是联合国大会下属的多边技术援助机构，1985 年 6 月正式改为联合国专门机构，总部设在奥地利维也纳。该组织的任务是"帮助促进和加速发展中国家的工业化和协调联合国系统在工业发展方面的活动"，宗旨是通过开展技术援助和工业合作促进发展中国家和经济转型国家的经济发展和工业化进程。除作为一个全球性的政府间有关工业领域问题的论坛外，其主要活动是通过一系列的综合服务，在政策、机构和企业三个层次上帮助广大发展中国家和经济转型国家实现三个发展：提高经济竞争力，改善环境，增加生产性就业。

工发组织的组织机构包括大会、工业发展理事会、方案预算委员会和秘书处。工发大会是该组织的最高决策机构，每两年举行一届全会，由全体成员国参加，负责讨论方针政策并作出决策；工业发展理事会是常设决策机构，由 53 个成员国组成，每年召开两次常会，负责审议行政、业务、人事和财政预算等重大问题并提交大会通过；方案预算委员会是理事会的附属机构，有 27 个成员国，每两年为一届，每年举行一次会议，任务是协助理事会编制和审查工作方案、预算和其他财务事项。秘书处的主要职能和任务是处理该组织的日常事务。目前，秘书处由总干事和三名执行干

[①] 主要资料来源：联合国工业发展组织官方网站，http://www.unido.org/。

事以及其他工作人员组成。中国财政部副部长李勇于 2013 年当选为第七任总干事,任期四年。工发组织有三个部门:项目发展和技术合作部,产业政策、外联及领域代表(Field Representation)部,项目支援及综合管理部。

工发组织在总部和其他驻地办事处任用工作人员 700 余名,每年借用 2500 名国际国内的专家为各类项目服务,其中近 60% 的专家来自发展中国家。此外,工发组织 170 个成员国,在 35 个国家设有区域或国别代表处,并正在推行权力下放改革,通过与联合国开发计划署的合作使该组织覆盖 80 余个国家。此外,该组织还在九个国家设有投资促进处,形成一个独特的全球投资和技术促进网络。

工发组织的经费预算分为经常预算、业务预算和自愿捐款三个部分。经常预算来自成员国的会费,这一预算大部分用于工发组织的职员工资和行政开支,只有 6% 用于技术合作活动;业务预算来自项目管理费的收入;自愿捐款包括成员国和国际机构的捐款。

工发组织具有四项功能:(1)推进技术合作;(2)研究与分析及政策咨询服务(3)确立质量标准及规范;(4)汇聚知识转让、网络化交流及工业合作,形成伙伴关系。

1972 年 12 月,中国首次派观察员出席工发组织第一届常务委员会。1973 年正式参加工发组织以来,中国一直是理事会成员。自参加工发组织后,中国逐渐同该组织建立了良好的合作关系,一向按时缴纳会费,同时每年对该组织工业发展基金(IDF)提供一定数额的外汇和人民币自愿捐款,用于促进我国工业技术进步的各项活动,以及中国与其他发展中国家的技术交流活动。目前,中国每年向工发组织认捐 60 万美元的工业发展基金(可兑换部分)和 80 万人民币(不可兑换部分)。2007 年中国向工发组织缴纳会费为 223 万欧元,占 2.987%,位居第七位。该组织历任总干事均应邀访问过中国,有的曾多次访华,并受到国家领导人的接见。工发组织还于 1979 年在中国设代表处,并于 2006 年提升为区域代表处,管辖范围包括中国、蒙古、朝鲜和韩国四个国家,同时也负责保持与驻中国、日本和韩国的联合国工业发展组织投资与技术促进办公室的联络。

工发组织将在中国建立南南工业合作中心，促进中国与非洲等发展中国家的合作。工发组织于 2011 年发起并主办全球 CEO 发展大会。2014 年，在工信部及上海市政府支持下，"全球 CEO 发展大会"确立了与"全球城市信息化论坛"及"中国国际工业博览会"三会合一，联合举行开幕式的长效机制。2015 年，第 5 届全球 CEO 发展大会定于 11 月 3 日在上海国际会议中心举行。

后记

2014年10月24日是"联合国日"。当天，上海联合国研究会在同济大学举行年会暨首届联合国研究青年论坛，主题是"联合国与南南合作"。联合国前副秘书长、上海联合国研究会名誉会长陈健大使为获奖的论文作者颁奖。获奖的十多篇论文在论坛上进行了交流，并由专家点评。

首届联合国研究青年论坛得到广泛的关注和参与。应征论文作者既有青年教师，也有博士生、硕士生，甚至本科生；既有上海本地的研究人员，也有外地甚至海外留学的学子。作为论坛的组织者，我除了对各位的参与表示衷心感谢外，更多的是祝贺、祝福和祝愿。

首届论坛得到联合国秘书长南南合作特使、联合国南南合作办公室主任周一平先生的大力支持。首届论坛的主题就是在周一平先生访问上海和在复旦大学演讲时确定的。他对部分获奖论文给予了很高的评价，并欣然为本书作序。

首届论坛的举行离不开上海市社会科学联合会的支持。市社联把本次论坛列为第八届学会学术活动月项目，此论坛还获得优秀组织奖和学会特色活动奖。

我们希望并相信每年举行的论坛活动，能够动员、鼓励和支持更多的青年学者和学子从事联合国问题的研究，不断提高中国的联合国研究水平，为联合国事业和中国的联合国外交服务。

张贵洪
2015年10月24日

图书在版编目（CIP）数据

联合国与南南合作：首届联合国研究青年论坛获奖论文集/张贵洪主编. —北京：时事出版社，2015.12
ISBN 978-7-80232-906-5

Ⅰ.①联… Ⅱ.①张… Ⅲ.①联合国—关系—南南合作—文集 Ⅳ.①D813.2-53②F114.43-53

中国版本图书馆CIP数据核字（2015）第251006号

出版发行：时事出版社
地　　址：北京市海淀区万寿寺甲2号
邮　　编：100081
发行热线：（010）88547590　88547591
读者服务部：（010）88547595
传　　真：（010）88547592
电子邮箱：shishichubanshe@sina.com
网　　址：www.shishishe.com
印　　刷：北京市昌平百善印刷厂

开本：787×1092　1/16　印张：19.5　字数：290千字
2015年12月第1版　2015年12月第1次印刷
定价：85.00元
（如有印装质量问题，请与本社发行部联系调换）